KB150166

세월은
쉬어가지 않는다

이형문 인생교양 에세이

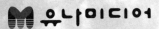
유나미디어

세월은
쉬어가지 않는다

이형문 인생교양 에세이

차 례

제2부 | 덕(德)과 복(福) 그리고 종교

차 례

제3부 | 인연따라 흘러가는 인생

차 례

책 첫 머리에...

어린 시절 경남 통영 해변에서 자라면서 크면 넓은 대양을 휘젓고 다니는 마도로스 선장이 되겠다는 게 꿈이었습니다. 그래서 해군사관학교에 응시했으나 영어 실력이 달려 낙방하고 말았지요.

이후, 교직생활을 거쳐 회사 부장직까지 올랐으나 기어이 접고, 역마살이 도져 무역업으로 전환하여 세계를 누비고 다녔습니다. 그 꿈은 고등학교 시절 어느 날 우연히 여수 신항 부두에 정박해 있던 큰 상선 선장이 금테 두른 하얀 모자에 마도로스 파이프를 물고 유유히 바다로 배를 끌고 나가는 모습을 보고 꾸었습니다. 그 황홀한 모습에 홀딱 반해버렸걸랑요.

그보다 더 큰 이유는 고등학교 2학년 시절 기하선생님이 언제나 교탁 위에 차돌멩이 하나를 올려놓고 "피다고라스" 문제를 풀다 말고 하시는 말씀이 돌대가리(a stupid fellow)가 되지 말어! 세상은 넓고 넓은 거야! 세상을 두루 돌아다니다 보면 인생에 많은 경험을 쌓게 되고 성공하는 게지!.... 그 몇 마디 여운이 남아 늘 한평생에 지워지지 않는 동반자로 살아온 것 같습니다.

그러다 보니 세상일에 취해 분별없이 헤집고 다녔던 젊은 날들이 어제 같은데 어느새 한국 나이로 80이라니 정말 기가 찰 노릇입니다. 그래서 이제부터라도 좀 더 멋지게 나이 들도록 인생을 갈무리지어야 할 일들이 무엇이며, 평생 못다 이룬 후회스러운 일들까지 합쳐보니 아직도 가마득한데 정신 차릴 사이도 주지 않고 세월이 나 몰라라 하고 달아나 버립니다. 어쨌거나 이젠 가슴에 묻어둔 응어리마저 다 끄집어내 망각의 강물에 띄워 보내야 할 땐가 봅니다.

최근 유행가 가운데 '고장 난 벽시계' 니 '부초 같은 인생' 이니 하는 노래가 현실에 아주 걸맞아 불러봅니다. "세상은 가만 있는데 우리만 변하는구려.....고장 난 벽시계는 멈추었는데 저 세월은 고장도 없네."등 가는 세월을 잡아 둘 수 없다는 인생사가 허무하기 짝이 없습니다.

'삶이 고해' 라고도 하지만, 이제야 뒤늦게 개 발에 땀 나듯 다급해진 요즘, 집사람과 날마다 책 읽는 경쟁에서부터 시작해 참삶(Well Being)이 무엇인지? 곱게 늙어가는 방법이나 여행과 산 등반까지 꽉 짜 놔 봐도 초조해지는 날 타령뿐이랍니다.

뒤돌아보니 한평생이 봄바람같이 순풍에 돛단배도 아니었고, 만신창이 질곡의 상처에 파묻혀 살아온 것만도 아닌데, 늘 허리 한번 똑바로 펴 보지 못한 날들뿐이랍니다. 그렇다면 과연

난 내 인생을 후회 없이 산 것인가? 바보처럼 살아온 것인가? 다른 사람들도 죽을 때 이 한마디 답을 떳떳이 하고 가는 사람 그 몇이나 될까?

그러다 보니 무엇이 날이면 날마다 이토록 나를 힘들게 했는지? 전분세락이라……개똥밭에 뒹굴어도 저승보다는 이승이 좋다는 말같이 뭐든지 잘 먹고, 똥(糞) 잘 싸고, 잠 잘 잔 덕으로 이제껏 별 탈 없이 살아온 게 기적 같은데 하나님이 나를 찬찬이 들여다보더니 "그래 그렇게 세상을 사는 기여! 사는 게 별 것 있당가? 나머지 날들까지도 하루하루를 더 열심히 착하게 하나님 믿고 잘 살면 그때 날 봐서 데려 갈 것이니 그리 알게!!" 라는 하늘의 엄포가 들리는 듯합니다.

사실 제가 어느 날 내 죗값도 뉘우치지 못한 주제에 자만에 차 껍적거리고 살아오다 보니 하나님이 "네 이놈!" 하고 한번 혼쭐을 낸 일이 있걸랑요.

그러니까 2012년 6월에 느닷없이 건강검진을 받아 보니 '악성대장암 3기' 라나요. 하늘이 무너지듯 한숨만 쉬며 당황하고 지내던 어느 날, 내가 쓰는 신문사 칼럼을 열심히 읽는다는 한 독자 분 집 앞을 우연히 지나다 "선상님 요즘 어떻게 지내신데유? 우리 집에 좀 들어 오시시요. 차라도 한잔하시게라."그런 친절에 거절치 못하고 거실에 들어서니 "선상님 얼굴에 수심이 좀 있어 보이네요. 집안에 무슨 일 있당가요?"라고 묻는 말에 "그렇게 보여요? 사실은 요즘 제가 좀 고민거리가 생겼답니다." 그런 후 거짓 없이 말했지요. 그런데 이 여인(김미연)분이 나중에 '구세주'가 될 줄이야 생각도 못한 일이랍니다.

"큰일이네요? 잉.......가만있어 보시시요. 내 남편도 얼마 전에 위암 수술을 그 빙원에서 받았는디 혹 한번 알아봐 볼게라. 허나 믿지는 마시시오 잉......" 앞이 캄캄하던 차에 지푸라기라도 잡고 싶은 심정이라 무조건 잘 부탁한다고 매달려 봤답니다.

알고 보니 그 병원(김포 뉴고려병원)은 보건복지부 지정 뼈 전문 수술 의료기관으로 인증 받은 곳인데 병원 회장이 이 여인 남편(강진 부산사료상회 김동복 사장)의 손자뻘이 된다고 하는군요. 전화해 뒀으니 한번 가보라고 해 집사람과 뒷날 아침 부랴부랴 고속버스로 서울에 내려 다시 물어 찾아갔는데 그 병원 유지상 과장이 여긴 뼈 전문병원이니 암 수술은 곤란합니다. 다시 전남대학병원으로 내려가라는 말에 억장이 무너져 사실은 강진(김동복) 사장분의 소개로 왔다고 말하니 이 분이 그때야 확인해 본 뒤 나중에 알고 보니 병원 회장의 특별한 지시로 삼성의료진 두 분을 모셔와 그 병원에서 바로 대장 17센티미터 정도를 도려내는 대수술을 받은 행운의 케이스가 되었답니다.

그런 한 달쯤 후 퇴원 무렵에 혹시나 해서 집사람도 내시경 검사를 받아본 결과 뜻하지도 않게 위암 선고를 받고 위 70%를 도려내고 난 뒤 조직검사 결과 두 사람 다 단순 암으로 밝혀져 안심하고 퇴원해도 된다고 하더군요.

필자는 남태평양 피지에서 거의 책속에 파묻혀 지내던 어느 날 유령 같은 내 몰골을 보고는 필사적으로 몸부림치듯 반사적으로 일어나서 죽더라도 내 고국 땅에 뼈라도 묻고 싶어 아내에게만 귀띔해 두고 무작정 비행기에 몸을 실었습니다.

전국을 이 잡듯 뒤지고 다니던 때입니다. 전라도 해남 땅끝에서 다시 순천 쪽을 가던 중간 지점에서 창밖을 보아하니 자연경관이 너무 좋아 곁에 있는 분에게 여기가 어디인가요? 물으니 "인심 좋고 살기 좋은 강진 땅이지라우.....", "아! 그래요 잉.... " 하며 귀가 번쩍 뜨여 무작정 내린 것이 인연이 되어 이곳에서 살아온 지 어언 7년의 세월이 후다닥 가버렸습니다. 정말 이곳 강진이야말로 어머님 품같이 포근히 감싸주는 자연경관에 참 살기 좋은 고장입니다.

집 뒤 보은산에 새벽이면 집사람과 어김없이 손잡고 산행을 하며 오만 새소리와 맑은 피톤치드를 흠뻑 마시다 보니 고생하던 비후성비염도 감쪽같이 없어졌어요. 산수 수려한 강진 땅뿐 아니라 주위 장흥에는 국립공원 천관산 편백숲길이 유명하고 철쭉제 행사 때는 전국에서 관광객이 구름처럼 모여들지요. 이밖에도 남한의 소금강산이라 부를 정도의 빼어난 영암 월출산이며, 그곳의 무의사 등 주변의 유명한 명승지에 완전히 매료돼 버리고 맙니다.

이 살기 좋은 기적 같은 천혜의 고장에 귀촌하여 나만의 호기심에 가득한 세상을 발견하며 '아직 끝나지 않은 인생길 여행'에 깊이 고인 우물물을 두레박으로 남들이 곤히 잠든 새벽에 홀로 퍼내다 보니 맑게 샘솟는 생명수가 마냥 솟아나고 있습니다.

이래저래 강진에서 《빌려 쓰고 가는 우리인생》이란 에세이집을 세상에 내놔 호평을 받은데 이어 지금까지 쓰고 있는 강진고을신문(147회)과 장강신문(38회)의 인생교양칼럼들을 함께 모아 또다시 책을 펴내려 하고 있습니다.

세월이 삶을 기다려주지 않고, 청춘도 다시 오지 않는다(盛年不重來 歲月不待人)고 하듯 남은 인생은 아까운 시간을 쪼개며 모질도록 열심히 사는 방법밖에 더는 없습니다. 단 한번뿐인 내 인생! 어차피 다 털어버리고 여한 없이 떠날 몸, 사는 동안 꼭 지켜야 할 세 가지라면 첫째 이 세상에 보내준 하나님과 부모님에 감사하고, 둘째 혹독하게 배고팠던 가난에서 벗어나 잘 살게 해준 나라님에 감사하며, 마지막으로 평생토록 내조하면서 처진 나의 어깨를 언제나 어루만져 주며 함께 아파해준 아내에게 눈물겹도록 감사드립니다.

인간의 마음이란 '연못처럼 깊고, 하늘처럼 넓은 그릇'이라고 한다지요. 그 그릇 속에 무엇을 담느냐에 따라 인생이 달라지겠지요. 자신의 수양을 통해 마음을 넓히고, '전혀 표시 없이 덕을 쌓으며 실천해 가는 삶'은 어려운 고난의 길이지만, 훗날 자손들이 복 받는 길이 될 것입니다. 젊은 시절 필자도 20여년을 그렇게 살아 본 흔적이 있답니다.

인생이 일장춘몽이라 무상한 것이기에 빌려 쓴 우리 몸뚱이를 결승점에서 깨끗이 하나님께 되돌려드려야 마땅한 도리이고, 사는 동안 후회 없는 자세로 의미 있게 잘 살아가는 처신이 중요하겠지요. 이기심과 탐욕은 큰 죄악이며 우상이기 때문에 버리면 진짜 행복해집니다.

외롭고 힘들고, 마음에 상처를 받고, 삶의 의욕조차 잃어 깊
숙이 숨어서 울고 싶을 때, 내가 세상에 나와 해 놓은 것 하나
없이 날만 보내버린 사상누각 같은 모든 것, 이제 다 털어버리
고 진실의 울림이 와 닿을 수 있는 아픔의 시간을 내 책과 인연
맺어 손잡고 동행 길에 한번 나서 보시지요. 좀 마음의 위로가
되실 것입니다.

필자가 지금 사는 이곳은 1801년 다산 정약용 선생이 강진 땅
에서 18년간의 유배생활을 시작할 때 처음 4년 동안 귀양살이
(living in exile)했던 사의재(四宜齋) 주막에서 500여 미터 떨
어져 있습니다. 이런 좋은 고장에서 제가 죽는 날까지 공부하
며 글을 쓸 수 있도록 하나님이 지켜주셔서 감사하고, 읽어주
시는 독자님들이 있어 감사하며, 글 읽으시는 분들마다 행운이
언제나 함께하여 축배를 들 수 있어 감사를 드립니다.

2014년 청말띠 해 꽃피는 이른 봄에.....
著者 이 형 문(李馨汶) 올림

이형문

제1부

삶에 정답은 없다

잃어버린 세월

세월의 흐름 따라 흐르다 보니 청말띠 갑오년(甲午年) 아침 여기까지 흘러왔네요.

세월 이긴 장사 없다고, 이 몸 오래 쓰고 나니 고장이 잦아집니다.

내 가슴 내가 좋아 쓰다듬고, 허파에 바람 잠재우고 살아온 세월, 내 것인 양 쓰고 왔는데 이젠 돌려주고 갈 것에 불과한 망가진 몸뚱이, 애달파지는 미련 그지없네요.

지난 세월 얼룩진 상처들, 서리서리 엮어 놓은 굴비처럼 침묵 속에 묻어두고 웃고 살던 그 세월의 뒤안길, 그리움 되어 가슴에 파고드는군요.

이 풍진세상 인생살이 매듭이 있었다면 다 풀고 가야 할 내 성찰(省察)이겠지요.

나머지 사는 동안이라도 내 굳은 마음 풀어주시고 이 몸 별 탈 없이 잘 쓰다가 돌려주고 갔으면 싶네요.

세상사 함께하자고 했던 벗들, 그 흔하디흔한 인사 한마디 나눠보지도 못하고 훌쩍 떠나버린 자리에 빛바랜 수첩만이 다 스러져 버린 메아리로 남아 세찬 칼바람 허허로운 벌판 낙목한천(落木寒天)에………

여린 몸매로 내 님과 두 손 꼭 잡고 보은산을 쓸쓸히 넘고 있네요.

밑바닥까지 내려앉은 내 흐느낌 달랠 길 없어 이 시대 마지막 빈 잔만 들고 서서

슬픈 가시나무새가 되지 말아야지라며 섧도록 외워본 황혼길…….

도닥이는 눈보라만 소리소리 내어 쏟아져 내려옵니다.

다 내려놓고 사는 삶이어도 아직 욕심이 남아있다면, 남몰래 좋은 일 좀 더 해서 혹여 내 뜻이 하늘에 닿아 마지막 가는 날까지 돈 처바르는 일 없이 웃으면서 갔으면 얼마나 좋을까싶네요.

설령, 하늘에도 빈틈이 있어 이별 없는 그런 세상이 다시 온다면, 어찌 그런 복을 바라랴만, 세월은 자꾸 가는데 붙들어 매고 늘어져 봐야 헛일이고 이제 혼자 사는 연습과 늙어가는 것, 괭이로도 막고, 칼로 내리쳐 바쁘게 살다보면 늙을 시간이 없으려나? 그게 문제일세.,,,,,,,,.

하나님! 그럴 때 당신에게 쥐어진 화살을 가만히 내게로 당겨주소서.

그리하여 가는 날 사랑하는 나의 가족들에게 슬퍼하지 말라고 달래면서 먼저 오고, 먼저 가는 이치를 알려주리다.

아직 끝나지 않은 내 인생길 여행, 마지막 승부의 도장. 역지사지의 모습으로 살아갈 본향의 길뿐.........

역지사지(易地思之)....
내 입장에서만 생각 말고, 상대의 입장에 서서 생각하는 정신.

1) 되돌려주고 가는 우리 인생인데.....

우리들 인생 누구나가 이 세상에 선택돼 온 것을 감사하고 살아가야 하겠습니다. 만일 기어 다니는 풀벌레나 해충, 독사나 날짐승으로 태어났다고 가정한다면, 그 얼마나 인간으로 태어나는 것을 부러워했겠습니까? 우리에게 한세상을 살아가도록 이 값진 몸을 주신 하나님의 은혜를 가마득히 잊으며 살아가고 있습니다. 인간이 피할 수 없는 한 가지가 있다면 그것은 누구나 늙으면 죽는다는 만고불변의 진리인 것입니다.

나이가 들면서 지켜야 되는 것이 무엇일까요? 그것은 사는 동안 오직 바르고 진실되게 사는 길뿐입니다. 혼자만 잘살겠다고 오만 욕심을 다 부린다면 하나님은 반드시 벌(罰)주신다는 사실을 믿고 살아가야 합니다.

홀로 가만히 생각해 봅니다. 자신이 입고 있는 옷, 집과 먹을 수 있다는 그 감사함을 모르고 더 갖자고 욕심부리고, 싸우고 분노합니다. 왜 그래야 되지요?

예로 들어봅니다. 전직 대통령이라면 그 명예가 얼마나 대단한가요. 나라를 잘 다스리고 백성에게 칭송을 들으며 나라에서 주는 연금만으로도 평생을 호의호식하고 즐기면서 얼마든지 대우받으며 보람된 한세상을 살아갈 수 있을 텐데 TV나 신문을 보면 한 분의 비자금을 밝혀낸다고 네 자식들 돈줄까지 뒤지고 있으니 그 얼마나 추(醜)하고 망신스러운 일입니까? 또한 분 대통령도 들통이 나니 벼랑에서 투신자살로까지 인생을 마감하지 않았던가요.

그런데도 한 분은 외려 얼굴에다 철판을 깐 것인지? 웃는 낯짝이고, 끝까지 교통비 몇 천원밖에 없다면서 골프 치러는 왜 다니는지? 국민들이 더 괘씸죄를 추가해야 한다고 한 말이 옳은 심판인 것 같이 들립니다.

깊이 생각해 보면 하루 세끼 밥 굶지 않고 살아갈 수 있으면 되는 게지, 뭐를 더 가지려고 그러는지? 그런 분들 어찌 보면 '정말 불쌍한 분'이라는 동정심이 드는군요.

인간이 떠날 때는 시간이라는 모래밭 위에 남겨놓아야 할 발자국이 있고, 값진 흔적이 남을 수 있도록 하고 떠나야 다음 세상에 후손들이 복을 받아 잘산다고 하지요.

우리는 사회에서 번 돈 사회로 돌려주고 살아가야 합니다. 세끼 밥만 먹을 수 있으면 되니까요. 바르게 사는 법은 좋은 집을 지으려 하기 전에 좋은 가정을 만들어야 하듯 오막살이 안에도 웃음꽃은 언제나 피어날 수 있답니다.

좋은 일이든, 궂은일이든, 다 한때이지만 우리가 겪은 일들이

격세지감으로 반드시 남게 됩니다. 되돌려주고 가는 우리 인생인데 그 사람의 인품은 먼 훗날 다 평가가 나오게 됩니다.

2) 우렁이, 가시고기, 문어와 같은 인생사

(1) 자식들도 이젠 남이다

한여름 논두렁에 나가보면 수렁이나 논길에 서식하는 '우렁이'를 많이 봅니다. 알에서 나온 우렁이 새끼들은 어미 몸에 붙어 살을 뜯어먹으며 성장합니다. 논둑에 가면 다 뜯어 먹힌 어미의 녹갈색 빈껍데기가 물위로 둥둥 떠다니는 모습을 종종 보게 되지요. 또, 냇물 실개천 모서리에 늘어진 버드나무 아래 늪지에 많이 서식하는 '가시고기'는 어미가 알을 까고 어딘가로 떠나버린 그 자리를 아빠 가시고기가 대신하여 새끼들이 다 성장하도록 보호하다가 마지막에는 자기 몸마저 다 뜯어 먹히고 일생을 마친다고 합니다. 마찬가지로 큰 바다의 문어 또한 가시고기와 같이 자기 살을 자식들에게 다 뜯어 먹히고 난 뒤 죽게 되면 물살에 해변으로 떠밀려옵니다. 갯가에까지 밀려와 흐물흐물 떠다니는 문어발은 마지막엔 해삼들이 가득 붙어 파먹습니다. 요 근래에는 볼 수 없지만, 필자의 어린 시절 고향 해변에서 자주자주 보던 그 광경이 기억납니다.

그같이 특히 우리나라 부모님들의 일생도 마치 자식들을 위해 한평생 희생하며 살아가는 우렁이나 가시고기, 문어와 같은 삶을 인생의 철칙인 양 알고 살아왔습니다.

그런데 우리나라 노인들의 자살률이 최근 2012년에 발표된 통계로 세계 제1위라는 사실이 밝혀지면서 이젠 우리 부모님들도 더 이상 자식들을 위해 일생을 바치는 그런 의식구조부터 늦은 감은 있으나 바꿔야 할 시대인 것 같습니다.

자살하는 노인들의 이유를 알고 보니 자식들에게 처절하게 배신당하거나 양로원 혹은 의지할 곳조차 없이 고독하고 우울함을 견딜 수 없어 노숙자로나 길거리에서 방황하는 나날을 보낸다는 노인이 65% 이상을 차지한다고 하지요.

옛날에는 서양 사람들이 우리나라 미풍양속인 부자유친의 효사상을 그 얼마나 부러워했던가요. 그러나 지금 시대는 이젠 꺼져 버린 화롯불 신세처럼 재만 흩날리고 있습니다. 물론 부모님들에게도 당연히 책임은 있지요. 그저 내 새끼 오냐오냐하며 버릇없이 출세만 시켜두면 부모의 말년도 보장되고 편해질 것이라고만 생각했던 큰 잘못을 이제 와 느끼며 후회하고 있으나 배 떠난 뒤 손 흔드는 꼴이 되었습니다.

서양인들이나 이웃 일본의 경우 성년식이 끝나는 그날 이후부터는 자식을 완전히 자립시키도록 냉정하게 대한답니다. 그런데 우리나라의 경우는 젊은 세대들이 성년 이후가 되어도 부모를 모실 생각은 접어두고, 우선 급하면 부모의 재산을 제 예금통장인 양 강압적으로 꺼내 쓰려고 하지요. 자식 이기는 부모 없다고, 부모는 눈물을 머금고 자신의 노후를 포기하면서까지 이번만 봐주자 하다 보니 마지막에는 거덜이 나고 맙니다.

그러다 보니 옛말에 좋은 일은 천천히 오는데 나쁜 일은 곱으로 겹쳐서 달려와 더 답답한 신세가 되고 맙니다. 그렇게 자식들을 위해 나중엔 빈털터리 빛 좋은 개살구 신세가 되고 말지요. 이런 불공평한 일이 또 어디 있습니까? 이 모두가 한국인들의 그 모진 부자간의 정 때문에 피는 속일 수 없나 봅니다.

하기야 자식들 말도 일리는 있습니다. 부모가 자기들 좋아서 난 자식 끝까지 애프터서비스를 해야 당연한 것 아니냐? 얼마 전에 뉴스를 들어보니 9살짜리 자식이 스마트폰만 가지고 놀며 공부도 않는다고 엄마가 이마에 주먹질을 한 모양인데 얻어맞은 아들이 112로 경찰에 고발했다나요. 요즘 세상이 그렇게 무서운 세상으로 변해 갑니다.

지금 환갑 나이 60을 지난 7080세대들은 그런 가족제도 속에서 부모를 오직 존경하고 따르며 효도하는 가부장적 삶이 몸에 배어 살아온 마지막 세대이고, 가족 먹여 살리느라 뼈 빠지게 일만 하다가 은퇴를 하여 노후라도 좀 즐기려 했더니 마지막에는 마누라에게까지 찍소리 못하고 벌벌 기는 여성 상위시대의 불쌍한 아빠들이 돼 버렸습니다.

이제 사회가 산업화하면서 교육받은 여성들도 시부모 모시기를 꺼려하고 서구사회같이 돼 갑니다. 서구는 우리나라보다 앞서 19세기에 산업혁명을 거치면서 농경사회가 붕괴되어 자연스럽게 효도란 풍습이 사라져 버린 것입니다. 그래서 이들은 자연스럽게 부모세대가 노후대책으로 자생력을 키우게 된 원인이 되었지요.

그러므로 이젠 내 인생이 중요한 때입니다. 그토록 힘들게 인생항로의 파도를 헤쳐 왔으면 이젠 내 인생을 즐길 권리도 챙길 줄 알아야지요. 노년까지 '슬픈 전설의 가시나무 새'가 되어서는 안 됩니다. 자식들의 멍에와 굴레에서 과감히 벗어나십시오. 우리 인생은 늘 삶과 죽음의 경계에 서 이 있기 때문이 아닙니까?

(2) 남자들의 눈물겨운 사연들

필자가 저술한 《빌려 쓰고 가는 우리 인생》이란 책이 중앙지 신문들에 광고가 여러 차례 나가다 보니 전국 곳곳에서 책을 읽은 독자 분들의 편지가 많이 옵니다. 그중 두 분만을 소개해 봅니다.

한 분은 현재 청송보호감호소에서 7년형을 선고받고 3년을 살고 있는 47세 되는 죄인이라 하고, 한 분은 조선소 사업을 하다 자금난으로 부도가 나면서 자신의 처와 정부가 얽힌 살인으로 역시 6년형을 선고받고 진주교도소에 4년째 수감 중인 56세의 분이라고 합니다.

이 두 분들의 얽힌 사연을 들어보니 참으로 아빠의 서러운 고통의 세상사가 마치 우렁이나 가시고기 문어 같은 삶을 살아온 기구한 가시나무 새의 슬픈 전설 같은 운명의 사연들이어서 가슴이 찡했습니다. 운명의 탓이지요.

한 분은 경상도 성포 쪽 가조도 작은 섬에서 독자로 태어났다고 합니다. 섬에서 초등학교를 마친 것이 전부인데 엄마는 자기를 낳다가 돌아가셨기에 얼굴조차도 모르고, 아빠가 자기를 스물세 살이 되도록 길러주신 후 원인 모를 가슴앓이 병으로 신음하시다가 요절하셨다고 합니다. 외로운 고아로 자라던 해 그 섬 이장 집 큰딸과 결혼을 하게 되어 슬하에 2남 2녀를 두었다고 합니다. 처가살이를 하며 뱃일을 거들면서도 애들은 커가는데 장래가 보이지 않아 아내와 자식을 섬에 두고 부산으로 일거리를 찾아 나섰다지요.

우연히 부산 원양어선이 많은 자갈치 어시장 근방에서 한 분의 소개로 참치잡이 원양어선에 승선하게 되었답니다. 남태평양 사모아 전진기지의 참치잡이 현장이 영하 40도를 오르내리는 혹한 속에 위험한 삼각파도와 싸우며 깊은 수심 아래에서 잡히는 눈다랑어(빅아이), 날개다랑어(알바코), 황다랑어(옐로핀) 등 다랑어 종류를 잡아 올리면 급성 냉동시켜 뒀다가 사모아 섬에 도착된 후 비행기로 바로 미국 LA나 일본으로 공수하고 3년 정도에 한번 씩 부산항에 귀착한다고 하지요.

부산항에서 반갑게 맞아야 할 아내와 자식들을 잔뜩 기대하며 기다리고 있던 날, 장모님만이 홀로 나타나 물어보니 아내는 뭍에 다녀온다고 나갔는데 나중에 들은 소식으로 1년 전쯤에 다른 남자와 눈이 맞아 대구 쪽으로 갔다는데 한번 연락이 온 이후 끊어졌고, 자식들을 다 섬에 두고 가버렸다는 것이며, 막내아들은 홍역을 치르다가 열꽃이 심하게 오르더니 그만 죽었다는 기막힌 말을 들었습니다. 돈 많이 벌어 자식들과 오붓하고 행복하게 살려고 했던 고생이 마누라마저 떠나가 버리고 한순간 산산이 다 부서져 버렸습니다.

이 분은 마음을 가눌 길 없어 함께 승선했던 동료 두 분과 자갈치 어시장 이층 식당에서 술을 마시며 울분을 참지 못해 통곡하고 있을 때 곁에 건달 젊은이들 중 몸에 문신까지 한 분이 시끄럽다고 곁에 오더니 자기 뺨을 때리고 발로 차는 것에 순간 분통을 참지 못하고, 그 자리에 있던 맥주병으로 그 젊은이 머리와 눈을 때리니 눈은 실명되고, 얼마 후 병원에서 절명해 버렸다는 것입니다. 순간의 실수로 엄청난 죄과를 범했다며 이젠 성경공부를 열심히 하고 뉘우치면서 다른 죄수들에게도 필자의 책을 권하고 싶다면서 3권만 보내 달라는 편지 내용이었습니다.

또 한 분은 온갖 고생을 다 겪으며 최종적으로 거제도에서 소규모 선박 수리 조선소를 인수하여 경영하던 때 대출이자에 운전자금과 직원 급료에 시달리고 선박 인도 날짜를 무리하게 맞추려다 보니 결제일을 몇 차례 넘기면서 부도가 나고 말았다고 합니다.

아내가 남편을 대신하여 은행 처리문제와 회사 직원들 임금 관계 등 뒷바라지 문제들을 수습하는 과정에서 개인 사채업자와 접촉하는 사이 고리대금업자에 휘말리며 아내마저 어느 날 술자리를 함께하게 된 이후 추행까지 수차 당해야 했다는 말을 들은 남편이 분노를 참을 수 없어 흉기를 들고 가 계획적인 살인을 하고 말았다고 합니다.

집안은 파산되고 다 큰 자식들만이 면회를 오면서 필자의《빌

려쓰고 가는 우리인생》 책을 넣어준 모양입니다. 앞으로 살아
가며 자신의 잘못을 회개하고 아내도 용서하며 자식들 셋과 함
께 재출발하겠다는 삶의 목표를 편지로 보내왔습니다.

　세상사가 공덕을 쌓기는 어려워도, 없애기는 정말 쉽습니다.
순간적인 화는 모든 공덕을 무너뜨리는 불씨가 되지요. 공든
탑이 무너진다는 말과 같이 잠깐의 마음을 다스리지 못하는 분
노에 끌려가지 말아야 하는 정신적 수양은 오직 신앙심에 의지
하는 믿음이 큰 비중을 차지합니다.

잡초 같은
나그네 여행길

우리 인생이 나서 죽음까지 100세까지로 친다면 그때까지 유한의 존재로 여행하는 나그네 길 인생사입니다. 그러고 보니 내가 사는 집도, 가진 재산도 다 내 것이 아니요, 잠시 빌려 쓰며 자고 가는 한 여인숙에 불과하지요. 죽으면 땅에 파묻고, 썩어버리는 물질 같은 한 그릇에 지나지 않기에 실상은 우리들 인생사가 죽음에서 도피할 수 없는 필연의 존재이며 고독한 여행길이랍니다. 죽음 앞엔 누구나 같은 존재이니까요.

요 며칠 전 필자가 셋째 여동생 남편인 매제가 오랜 병으로 임종했습니다. 시신을 관 속에 넣는 자리에 나도 한사코 들어가 눈물로 떠나보내는 가족들 곁에 섰지요. 나는 마지막으로 보내는 얼음장같이 찬 매제의 맑디맑은 이마를 쓰다듬어 보며 소리 없이 흘러내리는 눈물을 감출 수가 없었답니다.

장지에서 하늘나라로 떠나보내는 목사님이 천국환송 예배 말씀으로 "오늘 날 어린아이들까지도 살아가는 것이 버거운 과외가 짐이고, 고통이며 피곤한 세상인데 하물며 어른들이야 더 말할 필요 없는 고통을 짊어지고 사는 인생이다. 이제 주님이 편히 쉬게 하리라. 하늘 가는 밝은 길이 네 앞에 놓여 있으니 슬픔과 고통의 어두운 그늘 헤치고 빛을 보도다"라고 하십니다. 꽃가루를 뿌린 그 자리에 한 삽, 두 삽 시신을 덮으며 목놓아 우는 식구들 모습. 독일서 온 조카 내외 녀석들과 그의 손녀와 쌍둥이 두 놈들까지 그리고 매제를 떠나보내느라 지친 여동생을 위로해 주며 아쉬움을 뒤로하고 강진행 버스에 몸을 실었답니다.

차창을 바라보며 한세상을 살다간 매제와의 인연을 되뇌어 보며 인생사를 논하던 젊은 시절이 어제 같은데 영원히 다시 볼 수 없는 길로 떠난 매제를 그리워하며 한 스님이 말씀하기를 "삶이 값진 것은 사라지기 때문이다"라고 한 말을 기억해 봅니다.

우리 인생살이가 뉘라 할 것 없이 잡초같이 짓밟히고 찢기고, 할퀴이면서 살아가는 한평생 인생살이가 마치 자유를 갈구하려는 더스틴 호프먼의 '빠삐용' 영화장면처럼 사는 게 다 고통이요, 버거운 짐이고 지친 삶입니다. 결국 우리들 인생의 마지막 종착지에 다다라 뒤돌아보니 덧없는 허무한 날들이 다 지친 상처투성이인 흔적의 모습들로 가득할 뿐이지요.

왜 우리 인생은 한평생을 초연한 삶으로 살아갈 수 없게 하나님은 만들어 놨을까? 그래서 부처님께서도 이승을 가리켜 "삼계를 윤회하는 고통의 바다로 표현했으며 대죄인 보잘것없는 이 몸뚱이 일체 세간사 모든 애착 놓으라"고 엄포를 놓았답니다.

　그러나 어리석은 우리 인간들이 살아가다 보면 그 과욕의 울타리를 결국 벗어나지 못하고 맙니다. 그러므로 행복과 불행, 아름다움과 추함도 이 한 공간속에 존재하기에 그 모두가 인생무상이듯 모든 것은 다 지나가게 되어 있지만, 흔적만은 반드시 남게 되는 게지요. 비록 지금이 너무 고단하고, 어려워도 어떻게 잘 극복하는가에 따라 하나님은 미래의 내 모습 그대로 지켜주고 심판하고 계시다는 사실입니다.

　남을 등치고, 피눈물 나게 울려서 모아 논 재산 오래가고, 대대로 잘살아 갈 것 같아도 깊이 들여다보면 반드시 크나큰 신상(고칠 수 없는 엄청난 고질병)이나 사정에 얽혀져 수십 곱의 벌을 언젠가 반드시 받는다는 사실입니다. 그것은 세상사의 철칙입니다.

우리가 사는 게 꼭 무슨 법칙이 있고, 공식이 따로 있는 건 아니지만, 삶의 순리가 그렇다는 것이고, 순리를 지켜 산다는 것, 그것은 참으로 중요한 과제입니다.

　진정 여유 있는 삶이란 남의 뒤편에서 손가락질받는 사람이 아니고, 내가 가진 만큼으로 자족하고, 남의 것 탐냄 없이 남의 눈에 슬픈 눈물 흐르게 하지 아니하며 구름같이 물 흐르듯 조용히 사는 삶이어야 합니다. 남들은 저리도 잘 사는데 하고 부러워하지도 말고, 양보하고 덕 쌓으며 그냥 마음 편하게 사는 것이 바른 도리입니다.

아직 끝나지 않은
인생길 여행

1) 승차권 하나들고 길 떠나는 여행길

　인생이란 보이지 않는 승차권 하나 손에 쥐고 무한한 길을 떠나는 여행길입니다. 아무런 연습이나 기회도 주지 않고 떠나는 길이지만, 도중에 하차할 수도 없고, 다시 연습하여 되돌릴 수도 없는 진짜로 떠나는 실전의 현장인 인생 여행길이랍니다.

　봄바람 따라가다 보니 강아지풀이나 할미꽃이 반기며 손 흔드는 들길이 있는가 하면, 푸른 숲으로 꽉 둘러쳐진 구불구불한 산길이며, 금빛 눈부신 모래사장에서 파도가 스쳐간 자리에 흔적이 남았다 사라지고, 세상 속 깊숙한 곳에 숨어서 자연을 만끽해 보기도 하면서, 때로는 북풍한설 눈보라가 휘몰아치는 어둠의 터널 매서운 길에서 방황하거나, 뜨겁게 달궈진 사막에서 길을 잃고 헤매는 때도 있고, 망망 창파 삼각파도에 휘말려 위태로운 고난의 순간에도 누구 한 사람 애처롭게 따뜻이 손잡아주는 이 하나도 없습니다.

　그러나 고통과 막막함이 산산이 깨어지는 그 순간까지도 내가 손에 쥔 그 티켓만은 놓칠 수도, 내팽개쳐 찢어버릴 수도 없는 귀한 승차권이 틀림없는데 이제 너무 허약하고 지쳐 어쩔 수 없이 가물가물 내 촛불이 애처롭게 꺼져만 가고 있습니다.

　기약도 없는 인생길........아! 난 이런 때 하나님께 구원을 청해야 하나요?

　부처님께 무릎이 닳도록 108배를 올려야 하나요?

달리는 차창에 비는 내리고 눈보라 치며 산산이 부서지는 이름이어도 이별의 시간표대로 가야만 합니다. 저 불꽃이 비록 다 꺼져가고 쫓기듯 지쳐 사는 삶이어도 승차권을 찢어버리거나 중도에 주저앉는 어리석은 짓은 말아야 하니까요. 그 어두움의 터널을 벗어나고 보면 보다 아름다운 광명의 햇살이 당신의 머리 위에 따스하게 내려쬘는지요?......

　아직 끝나지 않은 인생길 여행! 앞만 보고 살아왔는데 무언가 좋아지겠지 하며 바라고 살아왔는데 해는 서산에 걸리고, 칼바람에 눈발만 휘날리는구나! 돌아다보니 아득한 길, 첩첩이 쌓인 깊은 계곡 저 산 허리를 어떻게 헤치고 넘어왔을까? 내 인생 망가진 대차대조표가 너무 초라하구나!

　물같이 소리 없이 흘러가는 세월에도 봄은 어김없이 저렇게 와 꽃이 피는데 나는 어이 봄이 오질 않고 추운 빈방 구석에서 홀로 간이 오그라들고만 있는가! 터질 것만 같은 분노, 삶이 물과 갔다는데 '바다가 강물을 물리치지 않는 것' 처럼 내 어이 해

불양수(海不讓水)같이 더럽고 깨끗한 것을 합쳐놓지 못할까?

성인이 되지 못한 탓이로다. 비우자, 비워야지!..... 마음에 더러운 오염 덩어리 모두를 다 비우고 보자. 그리하여 사랑을 나누어주고, 덕을 심자. 그런 나머지 여행을 나서보자....
훨씬 넓어질 황혼의 즐거운 여행길이 되리라.......

당신 때문에 행복해지는 사람들이 있습니다. 그러니 당신은 귀한 존재입니다. 당신 때문에 다른 이들이 위안을 받기도 하고, 그 모든 것을 받아들이는 사람이 많아져 감사할 일입니다.

깊이 내린 뿌리에서 삶의 소중함을 알기 때문이겠지요. 사랑은 상대적이라야 하기에 당신이 사랑하는 사람 모두가 당신의 가장 귀한 분들입니다. 그런 긍정적이고, 밝은 생각으로 하루하루 열심히 살아간다 해도 때로는 부정적으로 보일 때가 많아집니다. 완벽을 추구하며 세심하게 살피고 살아가도 어려운 세상이기 때문이지요.

자아도취에 빠져 자신의 허실을 감출 때가 많아집니다. 지극히 평범하면서도 늘 변하지 않는 사람이라도 때로는 술에 취해 흔들리는 세상을 바라볼 때도 있답니다. 만사가 제 뜻대로 되는 게 하나도 없어 우울함 속에 파묻혀 살기도 하고, 심술궂게 내를 억누르고 일어서려는 사람을 보면 속에서 부글부글 끓어오를 때도 있습니다. 하니 무조건 지고 사는 게 상책일까요?

때때로 찾아오는 자신의 변화에 혼란스러울 때도 많습니다. 오직 한 길, 한 모습만 바라보고 산다는 사람도 어려운 고비가 있게 마련이지요. 인생이란 그 자체가 미완성인 꼬리표가 누구에게나 매달린 삶이기에 저울로 달면 다 거기서 거기고, 백지장 한 장 차이인데 그 모습과 태도가 다르기 때문에 성인군자로 구분되나 봅니다.

일시적으로 흔들린다고 하여 그 사람을 쉽게 평해버리는 짓은 자신의 모자람입니다. 가끔은 흔들려 보기도 하고 때로는 모든 걸 놓고 휴식시간을 가져보면 자신의 존재 안에서 참 좋은 나만의 내일을 위한 찬스가 되겠지요.

긴긴 터널을 지나 창문을 열고 봄이 오는 소리를 듣습니다. 문밖의 작은 텃밭에도 겨우내 견뎌온 풀꽃들이 눈부시게 아픔을 털고 새싹이 돋아납니다. 아무리 야박한 세상이어도, 닭의 목을 비틀어도, 어김없이 대지에 봄은 찾아옵니다.

세상이 연두에서 진초록으로 변해가면서 나의 글귀도 햇볕을 받으며 일어나고, 빛의 고통에서 대자연의 장엄한 모습에 그만 넋을 잃어버립니다. 이제 나도 이 속에 숨었다 툭툭 털고 일어나 꿋꿋이 새봄의 아침을 맞으며 소원을 조용히 빌어 보렵니다. 아직 끝나지 않은 인생길 여행이라고.......

2) 왕복 차표가 없는 우리 인생

내가 살아있는 이유는 내 삶이 아직 뜨거워 살아있기 때문입니다.

돌이켜보니 젊은 날, 수없는 아픔의 꿈도 꾸고, 삶의 현장에서 속아도 보고, 목 놓아 울고 싶어도 참아야 한다는 남자라는 오기로 이날까지 꿈을 짊어지고 살아오다 보니 해는 벌써 서산에 기울어 버렸네요. 이젠 꿈 없는 가냘픈 허공에서서 그래도 남은 날들을 위하여 다시 설계를 멋있게 꾸미고 있답니다. 남은 날이 언제까지일는지는 모르지만.........

그러면서 멋있게 건강한 모습으로 웃고 있는 내 얼굴의 그림을 그려보면서 다시 꿈을 꿔보려고 하고 있습니다. 그건 내가 아직 살아있다는 이유이고, 지나간 인생을 감추어 두기보다 이젠 다 펼쳐놓고, 다시 곱씹어 보고 싶어서이기 때문입니다. 그러므로 삶이 고마운 것은 아직 내가 살아있다는 증거이기에 남은 날들마다 좋은 날과 나의 순수한 가치를 드높이는 숨은 꿈을 꾸며 구겨진 남은 차표 한 장이나마 찢지 않고 꼼꼼히 챙겨야 할 때입니다.

그건 우리인생이 어떤 정해진 기간이 아니라 마음의 상태를 말하기 때문이지요.

세계적인 경영학자 피터 드러커는 96세로 타계하기까지 강연과 집필을 계속했다고 하며 "인간은 호기심(好奇心)을 잃는 순간 늙는다"고 했습니다. 또, 마음이 청춘이면 몸도 청춘이 된다고 말하며 항상 끊임없이 젊은 마음을 가지고 새로운 일에 도전하면서 바쁘게 사는 것이 장수의 비결이었다고 했습니다.

수정이 불가능한 지나간 날들이지만, 나이 들었다고 한탄하고, 한숨만 쉬어봤자 도저히 되돌릴 수 없다는 사실을 빨리 깨달아야 합니다. 가령, 잘 못쓴 글의 문장은 다시 고쳐 쓸 수 있으나 한번 찍어내 버린 활자는 수정이나 교정이 불가능하기 때문이지요.

우리가 태어날 때 받은 인생이란 차표는 한번 떠나면 받은 하나님의 귀한 선물이지만, 그게 다시 돌아오는 차표가 아니랍니다. 다만, 죽음이란 종점까지는 보장된 티켓일 뿐입니다.

그 차표 속에는 실패와 성공이 써져 있지야 않지만, 후회가 없는 인생, 값진 삶과 허송한 날들의 삶이 무엇인지 하나님이 나중에 심판해 주는 엄청난 티켓임에는 틀림없습니다.

우리는 자신의 삶에 대하여 항상 되씹어 보고, 자신을 충고나 수정을 해 보고, 그래도 안 되면 어떻게 바른 교정을 빨리 해 보느냐에 따라 살아가는 인생의 값어치도 결정될 사항입니다.

인생의 진정한 행복과 재미란 살아가는 삶속에서 남과 잘 어우러져 이뤄내는 과정이지요.

삶의 소소한 일거리들이 순간순간 모여서 가장 평범한 행복이 될 수 있기 때문입니다. 중요한 것은 자신의 삶을 안 된다고 세상을 탓하지만 말고 사는 날까지 절대로 용기를 잃지 말아야 합니다. 삶의 길을 잃어버리거나 낙오자로 비록 추락했다 하더라도 하늘이 무너져도 솟아날 구멍은 있다고 했습니다. 용기를 잃으면 다 잃는 것입니다.

삶에 어떤 공식이 꼭 있는 것은 아니기에 우린 사는 날까지 차표를 놓치지 말고 힘차게 살아가야 할 의무가 있습니다. 노년의 인생을 즐기려면 건강을 저축하십시오.

살기 힘들고 고단할 때 가끔씩 한숨 한번 크게 쉬고 하늘에 떠가는 흰 구름을 바라보십시오. 멈추면 보이는 것이 참 많습니다. 어려웠을 때 가까운 친구를 찾으십시오. 그런 후 함께 너털웃음을 웃으며 다 털어버리십시오.

　내가 가진 차표 한 장만은 끝까지 잘 지켰다 하나님께 감사히 돌려줍시다.

3) 인생길은 어차피 자신이 짊어지고 가야 할 그림자

　이 세상에 태어난 우리는 죽음을 누구나 짊어지고 한생을 열심히 살아가다 태어난 고향인 흙으로 결국 돌아갑니다. 덧없는 세월 시간이라는 속에 예측할 수 없는 삶을 살아가다 보니 어느덧 한생을 마감하는 인생 황혼길 여행의 종지부를 찍게 됩니다.

　불교에서 말하기를 우연이란 절대 없다고 말하지요. 그것은 인간 자체의 몸으로 태어난 것부터가 모든 인과에 의한 필연이기에 윤회와 인과를 알지 못하면 물과 기름처럼 겉돌 수밖에 없다고 합니다. 그 까닭은 무한한 우주 속에서 깨알처럼 많은 존재 속에 던져진 나 한 점의 티끌이란 사실과 만남입니다. 하늘에 떠있는 저 많은 별들 속에 유난히도 반짝이는 별 하나, 나 하나 '깨어있는 영혼' 바로 당신과 내 자신들입니다.

　김광섭은 '저녁'이란 시에서 이렇게 읊었습니다. "저렇게 많은 별 중에서 /별 하나가 나를 내려다본다 /이렇게 많은 사람들 중에서 /그 별 하나를 쳐다본다 //밤이 깊을수록 /별은 밝음 속에 사라지고 /나는 어둠 속에 사라진다 //이렇게 정다운 /너 하나 나 하나는 /어디서 무엇이 되어 / 다시 만나랴." 불교에서 말하는 우리 인간이 되기까지 참으로 수많은 깊고 깊은 인연을 넘어 모래알같이 많은 사람들 가운데 하필 당신과 나의 만남을 소박하고 절실한 윤회설로 표현한 내용입니다.

우리 인간들 마음속에 8만 4000가지 번뇌망상이 있기 때문에 이름만 다를 뿐 그 업식종자는 같다고 말하지요. 다만, 욕계, 색계, 무색계의 인연 따라 우주만물이 형성되고, 부모 인연따라 내가 이 세상에 왔다가 사라지는 우리 인생길이라고 말을 합니다. 순례란 본래 나를 만나게 하는 여행으로 돌고 도는 것, 언제 어디서 무엇이 되어 다시 만나랴라는 표현입니다.

스님이 출가한다는 참뜻은 세간의 더러움에서 물들지 않고 영원히 해탈할 수 있다는 것이기에 출가는 곧 모든 것을 버리는 행위이고, 나도 부처와 같이 될 수 있기에 불교에 입문함은 이승의 인연을 끊는 '위대한 포기'를 의미합니다.

그러나 우리 인간들이 살아가는 동안 상처와 상처끼리 만나서 그 상처를 비비며 살아가는 거겠지만 사람에 따라 선의 인연도 만날 수 있고, 악의 인연을 만날 수도 있다는 증거입니다. 쉽게 말해 가장 가까운 빚쟁이들끼리 만난다는 뜻입니다.

그러고 보면 인생길이란 어차피 외로움이며 자신이 짊어지고 가야 할 그림자로 표현하기도 하지요. 그러기에 우리 인생살이가 쉬운 것이란 아무것도 없습니다. 누가 나 대신 인생을 살아줄 수도, 죽어 줄 수도 없는 몸, 어쩔 수 없이 죽는 날까지 열심히 살다 가는 수밖에 더는 다른 도리가 없겠지요.

어떤 사람은 말하기를 "나같이 기구한 팔자를 타고난 운명"이라고 말하지만, 그것은 선대들이 뿌려놓은 선 천연이 있고, 자신이 살아가며 뿌려지는 후 천연이 있어 대물림되는 인연으로 가족력이라는 것입니다. 부부의 만남 또한 빚쟁이들끼리 일생동안 살을 맞대고 살아가지만 돌아서면 남남이 되는 이치와 같이 거기에서 나온 자식들에 쓰는 돈은 하나도 아까워하지 않습니다. 그것은 태어나기 이전 잉태에서부터 천명으로 끈끈하게 맺어 놓은 일이기 때문입니다.

이 모든 이치란 자신이 저지른 자업자득이기에 살아가는 도리를 지나치게 저버릴 때 반드시 벌을 받는다는 하늘의 교훈입니다.

한 예로 부모가 오직 자식 하나 잘되라고 일편단심 훌륭하게 출세시켜 놨는데 자식은 그 뜻을 모르고 밖으로 노부모를 양로원으로, 거리로, 내팽개쳐 버리는 불효막심한 자식들을 많이 봐 옵니다. 이거야말로 천벌 받을 짓을 자청하는 것입니다.

4) 절망의 길목에 섰을 때

인간은 누구나 한세상을 살아가는 동안 자기 홀로 눈물을 삼키며 살아온 세월, 고난과 절망의 길목에서 홀로 방황하고 좌절하며 또한 극기하는 과정을 겪기 마련입니다.

그 절망의 과정을 넘어설 때마다 인생을 다시 새로운 각오로 생각하고 단련하며 다시 시작하는 과정이 중요합니다. 경우에 따라 남의 조언을 얻을 때도 있고, 곁에 있는 가장 가까운 동반자의 절실한 조언과 도움을 받기도 합니다. 지푸라기라도 잡고 싶은 심정일 때 그런 동반자를 얻기란 여간 어려운 일이 아니지요. 그 고통의 지난날은 참으로 소중하고 귀한 날임을 지난 훗날 지나고 나서도 지우개로 아무리 지우려 해도 지울 수도 없는 일기장처럼 빼곡하게 남게 됩니다. 그것이 살아온 고난의 밑거름이 되지요.

그런데 우리나라 20~30대 젊은이들이 하루 평균 43명꼴로 자살을 한다는 뉴스를 보면서 자기가 바라던 일이 이뤄지지 않은 걸 비관하고 쉽게 세상을 포기하며 좌절감에서 무기력하게 낙심해 버리는 안타까운 현실을 직시하면서 필자는 진심으로 아픔을 금할 수 없습니다.

과거 50~60년 전의 필자가 살아오던 청소년 시절에는 하루의 호구지책이 어려워 굶다 못해 모진 목숨 자살하는 경우가 대다수였습니다. 그래서 당시 유행어가 자고난 후 인사말이 "밤새 잘 주무셨습니까?"라고 했지요.

그러나 지금 현대 세상에는 입는 옷, 먹는 음식 없는 물자 없고, 자신의 노력만으로 얼마든지 살아갈 수 있습니다. 밥 굶어 자살하는 것이 아니라 자신이 처한 현실과 하던 목표의 일이 잘되지 않고 실패했다는 단순한 이유 하나로 남들은 다 잘사는

데 나만 왜 이러는가? 라고 더 위축되어 좌절감 속에 우울증이나 애정문제의 비관 등 열등감의 자존심을 견디지 못하고 아까운 목숨을 끊는 일이 다반사입니다.

그 가장 큰 이유가 호사스러운 부모 슬하에서 고생 없이 자라오다가 세상은 너무나 냉혹한데 자기는 뭐든지 쉽게 성공할 수 있다는 막연하고 단순한 생각만으로 어떤 위기의식을 크게 느껴보지 못했기 때문이지요. 그 잘못은 그저 내 새끼만이 제일이라고 오냐오냐 기르다가 막상 세상에 내보내며 자력으로 극기하며 성장하게 하지 못하고 우선 많은 뒷돈을 부모가 대주거나 하여 실패를 거듭하다 보니 결국 자신이 발붙일 자리를 잃고 자살의 원인을 만들고 맙니다.

지금 우리나라의 잘못된 학벌 위주 방향이 무조건 대학을 나와야 취직이 되고 출세하며 남 앞에 설 수 있다는 관념 자체가 잘못된 교육정책의 현실입니다. 대졸 고급인력 실업자가 무려 200만 명이 넘어 자존심은 목에까지 차 막노동판에 나가 일할 수는 없고, 무작정 놀기도 어렵고, 돈 벌기도 어려워 차마 얼굴에 철판을 깔지 못해 이젠 아무것도 할 수가 없습니다. 이런 젊은이들은 이제 그런 자존심 같은 것 헌신짝처럼 다 던져 보십시오. 그리고 나면 밑바닥 일자리는 얼마든지 눈 앞에 널려 있습니다. 나는 절대 그런 일 할 수 없다는 건 정신 못 차린 배부른 소립니다.

필자가 젊은 시절 부모의 덕으로 대학을 나와 교직생활과 직장 일을 하다 독립하여 무역업을 하며 돈도 많이 벌어봤지만 남의 보증을 여러 곳에 서 그로 인해 집안이 풍비박산, 길거리에 앉게 된 어려운 고비를 수없이 견뎌오며 오뚝이처럼 일어섰던 산 경험자입니다.

한 예로 필자가 서울에서 35년 이상 살아오며 밑바닥 길을 헤맬 때 하루살이 일자리로 남대문 북창동 새벽 인력시장, 청량리 맘모스 백화점 앞 인력시장, 서울 영등포 당산동 인력시장 등지에 팔려나가 땀 흘려 일했고, 심지어는 노동판에서 임금이 높은 일본의 오사카(大阪) 이쿠노쿠에 있는 덴노지와 쓰루하시 인력시장이나 도쿄의 어시장 쓰키지 인력시장에서 일했고, 특히 일본에서는 산재보험이 적용되지 않아 건설 현장에서 일할 땐 사고에 대비해 요령껏 일해야 하는데 저녁에 시작해서 새벽까지는 주로 지하 하수구 공사가 많고 낮에는 건설 현장 노가다 일이 많지요. 임금은 주급으로 계산하지만 한국보다 두 배 정도라 일한 보람도 있습니다. 제일 어려운 일을 해본 경험으로는 서울 한강 하수구 옹벽 폐수펌프장에서 서울 사람들이 눈똥(糞) 냄새를 지겹도록 맡으며 1년여를 일해 본 기억을 지울 수 없습니다.

이상에서처럼 자신이 악착같은 각오와 정신만 서면 절대로 놀지 않고 얼마든지 일할 수 있습니다.

한 예로 22살의 '최상봉' 군을 예로 들면 부모도 없는 고아원에서 세살 때부터 구타당해 5살 때 거리로 뛰쳐나와 막노동에서부터 껌팔이 구두닦이로 잠은 공중화장실 같은 곳에서 자며 초·중·고교 검정고시에 합격하고 나이트클럽에서 부르는 노래를 듣고 노래를 취미 삼아 성악곡 '넬라판타지아'를 테너로 불러 유명해진 젊은이입니다. 인생길은 다 자기 할 탓입니다. 남을 원망하거나 세상을 원망하는 가장 어리석은 잘못을 저지르지 마십시오. 세상에서 가장 불행하고 어리석은 사람은 자신이 할 수 없다고 포기를 하는 마음의 죄를 지은 사람입니다.

당신이 이 세상에 올 때 하나님으로부터 가장 사랑 받고 귀한 존재로 태어났다는 엄청난 사실을 언제나 잊지 말아야 합니다. 용기를 잃으면 다 잃는 것이지요.

찬송가에 "세상에서 시달릴 때 위로의 주를 보라, 내 모든 염려 주께 맡겨라" 하였고, 또, 시편 (23편1장) 속에 "여호와는 나의 목자시니 내가 부족함이 없으리로다"라는 말씀같이 하나님은 언제나 나의 등 뒤에서 나를 도우시는 하나님으로 부족함이 없는 은혜에 오직 하나님만을 의지하고 위로받으며 새로운 힘을 얻어 나아가시고, 자신의 자존심 따위는 다 버리고 무릎 꿇어 기도할 때 하나님은 반드시 당신을 구출해주실 것입니다. 인생길 동반자이신 하나님은 절망의 길목에선 당신을 지켜주시고 다 해결해 주실 것이며 당신의 목숨이 끝나는 날까지 끝없이 도전하고 용기를 잃지 않는 살아있는 동행자 여행길이 될 것입니다.

가화만사성(家和萬事成)인
시대가 그립다

1) 황혼 빛은 정말 아름다워

지난날 경북대학교 총장을 하시던 반찬석 교수님의 고백을 들어봅니다. 이 분의 아버지가 소작농으로 배우지 못한 것을 한하여 자식이라도 잘 가르치기 위해 시골 '산청'이라는 곳에서 아들 하나를 대구중학에 유학을 보냈다고 합니다. 아들 반찬석군은 중학 1학년 때 성적이 68명중 68등, 꼴찌를 하였다지요. 방학 때 고향에 내려가 차마 부끄러운 성적표를 부모님 앞에 내밀 수가 없어 잉크로 표시된 성적표를 1/68로 고쳐 아버님께 보였다고 합니다. 무학인 아버지가 아들이 1등 했다고 거짓말하니 그 말을 믿고 동네에 돌아다니며 크게 자랑, 집안의 재산 1호인 돼지를 잡아 잔치를 하였답니다.

아버지에게 진실을 호소치 못한 죄책감으로 자살까지 결심했다가 다시 각오하기를 나도 1등 할 수 있다는 결심을 갖고 이후 열심히 공부, 그로부터 17년 후 대학교수가 됐다고 하지요. 아들이 나이 45세 되던 날 부모님 앞에 무릎을 꿇고 앉아 33년 전의 일을 사죄하려하자 이때 그 아버지는 "그만해라. 손자 아가 들을라, 다 알고 있었다." 자식이 위조한 성적표를 알고도 덮어 주시고 재산 목록 1호인 돼지까지 잡아 잔치를 하신 부모님의 넓으신 사랑에 감복, 오늘날의 자기가 있게 하여 주신 부모의 은덕을 잊을 수 없다고 고백한 실화입니다.

그같이 세상에서 가장 불행한 사람은 마음의 죄를 짓는 사람인데 그중에 제일 큰 죄가 부모를 속이는 죄라고 하지요. 부모는 일생동안 자식의 잘못을 몇 번이나 용서할까요? 그리고 그 아픔의 마음을 담아두고 있는 부모는 없고, 자식에게 끝까지 다 용서하고 잊어버립니다. 자식 이기는 부모 없듯이 집안의 화목을 위해 늘 햇살처럼 포근한 천륜의 사랑으로 따뜻이 감쌉니다. 그것은 바다같이 넓으신 부모님의 깊고 진한 정 때문이겠지요.

과거 영국의 총리를 지낸 '윈스턴 처칠' 경의 일화 중에 기억나는 내용 하나를 밝혀 봅니다. 런던에서 떨어진 시골을 여행하던 중 도시에서 보지 못했던 아름다운 호수가 너무 좋아 거길 뛰어 달려가다가 그만 물에 빠져 죽기 일보 직전 그때 마침 호숫가를 지나던 한 소년이 구해줘 살아난 사실을 집에 돌아와 아버님께 말했다지요. 시골 농촌에 사는 그 생명의 은인(恩人)을 런던 집으로 데려 와 "정말 그때 고마웠어"라고 말하니 "뭐 내가 할 일을 했을 뿐이야"라고 말했습니다. 이 사실을 처칠의 아버님께 말씀드리니 아버지가 그 소년을 불러와 장차 소원을 물으니 자신은 아픈 사람을 살리는 의사가 되고 싶다고 말했습니다.

집이 가난해 대학에 갈 수 없는 형편을 알게 된 처칠의 아버님은 마침내 런던의 의과대학에 입학시켜 의사가 되게 도왔습니다. 시골 소년에 의해 구출된 도시 소년은 후에 영국 총리가 된 윈스턴 처칠이었습니다. 그 후 1940년 5월 영국이 독일군의 침공으로 처칠은 당시 중동지방을 순시하러 갔다가 뜻하지 않게 폐렴에 걸리고 말았지요. 하지만 당시는 폐렴에는 약이 없어 죽기 일보 직전 고열에 시달리고 있을 때 처칠을 살려낸 사람이 바로 그 시골 소년 플레밍이었지요. 그가 페니실린을 발견해 내 처칠의 목숨을 구할 수 있었습니다. 이 두 사람의 길고도 아름다운 끈질긴 인연은 둘 다 큰 감동을 주었다지요. 살아가다 보면 인간 세상에 좋은 인연은 반드시 있게 마련입니다.

성공이란 혼자만 빨리 가는 게 아니라 곁에 인연이 닿는 동반자와 같이 상생하는 것이지요. 그것은 돈으로도 살 수 없는 믿음이란 덕이기 때문입니다.

어느 나라에서든 공항 로비에는 짐들을 들고 수속하러 오고 가는 사람 할 것 없이 시끌벅적합니다. 그러나 시간이 되면 각자의 곳으로 뿔뿔이 다 떠난 뒤 공항은 텅 빕니다.

어떤 사람이 묘지 앞 비석에 써진 글을 한참 읽다가 고개를 끄덕이며 그래그래 그렇지 하며 그 내용을 음미해 봤다지요. "나도 당신처럼 그 자리에 서 있었소. 나도 당신처럼 그 자리에 울고 있었소. 당신도 이제 나처럼 죽을 준비를 하시오"라는 말입니다.

우리 인생은 누구나 가는 마지막 길이 있지만 그 황혼 빛이 아름다워야 하는데 그러지 못하고 살아갑니다. 우리나라가 황혼 이혼율이 급증해 배우자에게 천대받아 거리로 쫓겨나는 사람, 양로원이나 노인정에서 자식 없이 비참하게 노숙하다가 끝나는 허무한 인생이 늘어나고 있습니다. 더구나 우리나라에서 부자간에 함께 사는 가족이 절반도 채 안 된다고 하지요.

이혼하고 혼자 자녀를 키우는 사람이 100만 명이 넘어 반쪽 가족의 비율이 50%를 넘어섰다는 한심한 뉴스를 들으며 걱정이 앞섭니다. 그 원인은 이혼인데 지난해 126만 명에서 40.2%가 더 증가했다고 합니다. 전통가족이 절반으로 떨어지고, 반쪽가족이 50%가 넘어섰다니 기가 찰 노릇이지요. 과거 '김구 선생'이 처음 표현한 아름다운 가족의 전통을 가화만사성이라고 한 말이 지금 시대에는 왠지 어색해지고 부끄러워질 뿐입니다.

한 가정이나 사회가 그 어떤 어려운 경우일지라도 서로 양보하고, 화목하며 이해하는 데서 성사되는 것인데, 냉엄하고 살벌하게 자기 먼저 챙겨놓고 보는 한심한 사회가 현실이 돼 버렸기 때문입니다.

2) 군더더기 없이 맑은 인간 마음

해남 미황사 주지 금강스님이 한 말 중에 "사람은 본래 마음이란 번뇌와 망상 없이 평화로운데 눈, 귀, 코, 혀, 피부가 대상을 만나서 좋은 것은 취하고 싫은 것은 버리는 분별을 끊임없이 일으키기 때문이며 또한 과거의 경험이 현재 나의 망상을 만나고 이것이 다시 일어나지 않은 미래의 일들을 확대 재생산한다"는 구절이 있습니다. 다시 말해 하루에도 오만가지 생각을 하는 집착의 마음에서 혼란과 불행이 온다. 그것은 오만 사물을 색안경 쓰고 노랗다거나 빨갛다 등으로 구별하기 때문이나 색안경을 벗어버리면 해결되는데 그걸 모르고 상반된 두 가지 마음인 이중적 삶을 살아간다는 것입니다.

이렇듯 맑은 하늘에 먹구름이 끼어 어두운 것처럼 우리가 시시각각 만들어내는 집착하는 마음과 복잡한 생각과 고정된 생각은 우리들을 얽매고, 혼란스럽고 불행하게 왜곡시킨다. 그래서 자신의 내면을 살펴보지 않고, 밖으로만 분주하게 찾는다. 자신의 평화로운 곳이 어디에 있는가? 남이 간섭하지 않는 곳은 어디인가? 또 행복한 시간은 언제인가? 언제 그 무엇이 내 욕망을 충족시키는 것일까? 자신은 아침에 일어나 '작설차' 한 잔을 앞에 두고 색 향 맛의 삼매에 빠질 때 군더더기 없는 경지가 참 자기 성품이 아니겠는가? 라고 합니다.

그러나 일찍이 다산선생은 인간의 마음을 "착함을 즐거워하고 악함을 부끄러워하기 때문"에 인간의 성품은 본디 착할 수밖에 없다는 성선설을 주장했습니다.

그러나 요즘 세상이 사기나 협잡꾼, 강도, 절도 심지어 공직자의 비리까지도 오히려 떳떳한 낯짝으로 초호화 생활을 하여가고, 심하게는 가정주부가 남녀의 성문제로 얽히고설켜 예사롭게 간음하고도 떳떳한 세상이라 마치 일부일처제란 말이 어색한 옛말로 되어버린 시대에 살아가고 있습니다. 마치 자기한 일에 조금도 뉘우치거나 부끄러움을 모르는 세상이니 차라리 성악설을 주장한 옛 성인 순자의 말씀이 옳은지도 모를 요지경인 세상입니다.

생각 사(思)자의 뜻을 밝혀보면, 사자는 밭 전(田) + 마음 심(心)의 합성인데 밭을 의미하는 전은 본래 인간의 이성을 의미하지요. 그러므로 생각 사는 생각도 마음을 기반으로 작동되어야 마음이 움직여 행동에 옮기지요. 그런데 그걸 구별치 못하고 뒤집어 생각해 버립니다. 나쁜 생각의 감동을 밭에다 뿌리고 심어놓고 있기 때문이지요.

우리가 놀리는 이 짧은 세치 '혀'가 사람을 죽이기도 하고, 살리기도 합니다. 한마디 말이 인생을 좌우하지요. 많이 배우고 지혜로운 사람일수록 말에 신중합니다. 냉혹하고 험한 세상남 앞에 언제나 고개 숙이고 잘난 체 나서지 말아야 합니다. 군두더기 없는 맑은 마음으로 살아갈 때 자기 주위에 인자한 사람들이 많이 모여들기 마련이지요.

사랑에 담긴 따뜻한 말 한마디는 상대로 하여금 커다란 자긍심과 용기를 심어줍니다. 무심코 던진 날카로운 말 한마디는 날개를 달고 오래도록 다니면서 누군가에게 평생 씻을 수 없을 만큼 깊은 상처와 한으로 남겨질 수도 있답니다.

특히 부부란 참으로 깊고 깊은 인연인 끈으로 한평생을 해로하면서 말을 하지 않아도 눈빛이나 그 행동 하나만 봐도 마음을 다 읽을 수 있습니다. 그러나 어떤 때 꼭 해줘야 할 말들을 숨긴다거나 해 주지 않은 탓에 서로 오해가 되거나 각자의 자존심 때문에 그것이 깊어지면 골이 생기고 갈등이 생겨나 부부간이라 할지라도 조심해야 할 말은 무덤까지 가져가야 한다는 뜻도 됩니다. 요즘 황혼 이혼의 경우를 많이 보는데 그 이유를 살펴보면 돈 문제나 자식들의 경우보다도 애정문제에서 오는 갈등과 성격 차이를 견디지 못해 끝내 가슴 아픈 비극으로 마지막 생을 마치는 경우가 많고, 또 젊었을 때부터 쌓인 갈등이 많고, 자식들 다 결혼시킨 후 나타난 문제들의 차이도 많습니다.

남자와 여자가 사랑하는 방법이 다른 것은 남자인 경우 사랑하는 마음만을 가슴에 담고 있으면 그만이라고 생각하나 여자는 한사코 담아둔 사랑의 애정을 꺼내 보여주기를 원하는 것의 차이지요. 그러나 남자는 여자의 속 깊은 이해심을 더 확인하며 나누고 싶은 때도 많습니다. 그러니 서로가 귀한 존재로 만남의 인생 황혼 길이기에 양보하고 이해하여 오직 당신 때문에 살맛을 느끼고 산다는 감사함으로 살아가야 하겠지요.....

3) 내가 사는 내 집이 천국

잘살든 못살든 그런 건 상관없이 가족이라는 한 울타리 속에 내 집 내 가족이 다 함께 보금자리를 꾸미고 살아갈 수 있다는 것, 그곳 포근한 정착지가 정해져 있다는 사실 하나만으로도 진정 행복한 천국이 아닐 수 없습니다.

　부모와 자식 간, 그리고 고부간, 사위와 딸, 노부모와 손자들 간의 울타리로 즐겁게 살아가라는 것, 그게 하나님이 만들어주신 가화만사성인 가정입니다. 이런 울타리 속에서 아기자기한 깨알이 쏟아지는데 그런 사실을 깨닫지 못하고 우리 인간들은 짜증내며 싫어하는 데서 천국과 점점 거리가 멀어집니다.

　어느 3대가 한 울타리에 살아가며 일이 너무 고된 며느리가 살아가는 것이 지겹다고 가정생활을 비관하며 하나님께 빨리 죽어 하나님 곁으로 가고 싶다고 호소했다지요. 그때 갑자기 하나님이 나타나 말하기를 "정말 살기 힘드냐?"고 묻습니다. "예, 정말 힘들어요."
"네 마음을 충분히 이해한다. 그럼 네 소원대로 들어줄 터이니 그 전에 몇 가지 내 말대로 해 보겠느냐?" 그 부인이 "예" 그러자 하나님은 "애야 집안이 너무 지저분한 것 같은데 네가 죽기 전에 잘 정리 정돈하고 갔다는 말을 듣도록 집안 청소 좀 하렴." "예." 그 후 3일 동안 열심히 청소를 하자 하나님이 다시 나타나 "애야! 너 애들이 마음에 걸리지? 예. 그럼 엄마가 자식들을 가장 사랑했다고 느끼도록 3일 동안만이라도 해 줄래." "예." 이후 애들을 품에 안아주고 뽀뽀하고 정성스럽게 요리를 만들어줬다. 또 3일 후 나타나신 하나님이 "그럼 이제 갈 때가 됐다. 마지막으로 네 남편 때문에 받은 상처에 많이도 밉지? 그래도 장례식 때 참 좋은 아내였는데………라는 말이 나오게 3일 동안만 최대한 애교가 듬뿍 그리고 친절하고 상냥하게 대해보렴." 그래서 시킨 대로 했습니다.

"자, 그러면 이제 천국으로 가보자! 그러기 전에 네 집을 한번 뼁 둘러보렴." 집안을 한번 둘러보니 너무 깨끗한 집이 돼 있었습니다. 또 오랜만에 애들이 활짝 반갑게 웃는 얼굴 모습에 꽃이 피고, 남편이 흐뭇해 포근히 안아주는 그 모습을 보니 그만 천국에 가고 싶지 않아 결혼 후 처음으로 "내 집이 천국이구나" 하는 생각이 들었답니다.

부인이 그때 "하나님, 갑자기 이 행복이 어디서 왔지요?"라고 말하니 하나님이 말하기를 "지난 9일 동안 네가 만든 거란다." 그때 부인이 "정말이에요? 그러면 이제부터 여기서 천국 만들기의 기적을 다시 만들어 볼게요." "그래, 그렇다면 그건 너뿐만이 아니라 누구나가 다 천국 만들기의 기적을 어디서든지 가능한다."

그러면서 내 말을 잘 들어 보렴. "희생의 길은 행복으로 가는 밝은 길이란다. 희생의 짐을 지면 인생의 짐도 가벼워진다. 나 너를 위해 모든 것을 거는 거처럼 말이야……" 희생은 부담스럽지만, 그 부담을 각오할 때 행복의 신비가 찾아온다. 자기만의 이익을 위한 신비주의자는 되지 말아야 하지만, 남을 위한 희생의 신비를 아는 자가 돼야 한다.

이런 말이 있지. 살고자 하면 죽고, 죽고자 하면 산다는 말, 더 나아가 죽고자 하면 죽고, 살고자 하면 산다는 말, 이 역설의 진리를 잘 소화하는 소화력이 있을 때 행복의 키가 무럭무럭 자라서 고운 열매를 맺을 것이란다. 그러니 현재가 좀 어렵고 고생스럽다고 혼자만 편하고자 할 때 지옥의 문이 코앞에 기다린다는 사실의 현실적 이야기를 예로 들었습니다.

아들은 부모의 소유물이 아닌 독립된 성인으로 인정하고, 생각을 강요하거나 따르도록 해서는 안 되며, 아들이 하고자 하는 일에 조언을 할지언정 방해나 부정을 말아야 하고, 아버지와 아들, 어머니와 딸의 이해와 자존심의 존중이 필요하며, 고부간에 잘 지내는 법은 내 자식 같이 터놓고 이야기 나누며 취미와 같은 신앙생활이 좋고, 역할분담을 하는 게 좋으며 저녁 식사 후에는 부르지 않는 게 상책입니다. 그리고 가끔 며느리의 친정 안부에 대해 묻는 것도 잊지 마십시오. 딸의 입장보다 사위의 입장을 먼저 생각해 주고, 딸 사위의 가정사에 깊이 관여치 않아야 합니다.

사위를 백년손님이라기보다 아들처럼 편하게 대해 주고, 취미에 동화해 주며 딸의 흥을 같이 봐 주는 일, 그리고 외손자에게 아버지를 많이 닮았다고 하는 말, 사위와 세상사 일을 진지하게 나누는 일, 손자들과 잘 어울려 주는 할아버지, 그리고 인성교육을 수시 잘 납득할 수 있도록 쉽게 알려주는 일, 가족관계의 흐름인 족보를 자랑스럽게 말할 수 있도록 하고 오냐오냐 기르기보다 험한 세상에 나가 싸울 수 있는 자신감을 길러주는 정신의 필요와 좋은 성적과 좋은 일에 칭찬을 아끼지 말아야 합니다.

그러면서 노부모 세대가 지켜야 할 지침이라면, 손자 손녀에게 부모 역할까지 하려고 하지 말 것이며 너무 한쪽으로만 편향치 말고 따뜻한 정성으로 할아버지의 중심을 지켜야 하고, 자식 교육방식에 대해 무시하거나 훈계하려 들지 말며, 자식들에게 꼭 따져야 할 말이 있다면 따로 불러 대화하고, 노부부만을 위한 시간도 마련해 즐기도록 해야 하겠지요.

가화만사성이라는 게 이런 속에 한 가정의 웃음이 넘치고 윤리와 진정한 보람을 찾는 행복의 길이 될 것입니다.

4) 효자의 참 뜻

효도라는 말이 사라진 지 오래입니다. 많이 배운 자식일수록 더 배은망덕하게 불효한다는 통계수치를 읽어 본 바가 있습니다.

왜 그럴까요? 이젠 자식 낳아 의무교육을 마치면 더 이상 허리가 휘고 뼈 빠지게 가르칠 필요가 없다는 결론입니다. 그래야 늙어서 효자 덕 좀 보고 살게 아니겠습니까? 잘 배운 자식은 머리가 커져 잘 굴리기 때문에 잘못하다가는 나중에 노숙자나 양로원 신세가 되고 말 것이니 노인네들 미리 각오 단단히 하십시오. 아예 자식들에게 쓰는 돈 아내와 둘이서 먼 여행 다니며 다 써 버리십시오. 죽을 때 짊어지고 가지 못하니 말입니다.

부모가 피땀 흘려 가르쳐 놓은 고학력자일수록 부모를 더 외면하는 세상이니 이 시대가 뭔가 잘못 돌아가는 말세 같은 세상이라 뼈아픈 비극이며 그 어디다 하소연할 곳도 없습니다. 내 자신의 몸이 이 세상에 태어났음을 원망치 말고, 내 자신이 헛되게 살았음을 한탄 하십시오. 유대인의 경전에 시집가는 딸에게 "애야, 네가 네 남편과 그의 부모님을 왕처럼 섬기면 너는 왕이 되고, 만약 남편을 돈이나 벌어오는 하인으로 여긴다면 너도 하녀가 될 것이다"라고 당부하는 말이 있습니다.

공자님의 말씀 중에 '자욕양이친부대(子欲養而親不待)'라는 말이 있는데 이는 '자식은 효를 다하고자 하나 부모는 기다려주지 않는다'는 뜻으로 살아있을 때 섬기고 죄짓지 말라는 가르침입니다.

다음은 필자가 인터넷에서 네티즌이 뽑은 감동의 글을 잊을 수 없어 여기에 옮겨봅니다.

우리 어머니는 한쪽 눈이 없다. 난 그런 어머니가 싫었다. 우리 어머니는 시장에서 조그마한 장사를 했다. 그런 어머니가 너무 창피했다. 초등학교 운동회 때 엄마가 왔다. 친구들이 너의 엄마는 한쪽 눈이 없는 병신이냐고 놀림을 받았다. 나는 엄마가 없어졌으면 좋겠다고 생각했다. 그래서 엄마에게 왜 한쪽 눈이 없어?..... 진짜 창피해 죽겠어.....엄마는 대답이 없었다. 나는 그 말을 하고 속이 후련했다. 나는 밤에 잠에서 깨어나 물을 마시러 부엌에 갔다. 엄마가 숨을 죽이고 울고 있었다. 엄마에게 아까 한 말에 미안한 마음이 들었다. 그런데도 한쪽 눈으로 눈물을 흘리며 우는 엄마가 너무 싫었다.

나는 커서 성공하겠다고 다짐하며 악착같이 공부해 당당히 서울대에 합격했다. 결혼도 했다. 내 집도 생겼다. 아이도 생겼다. 엄마를 생각지 않아서 좋았다. 행복한 가정이었다. 그러던 어느 날 여전히 한쪽 눈이 없는 채로 우리 집을 찾아온 것이다. 하늘이 무너지는 듯했다. 어린 딸아이는 무서워서 도망갔다. 그리고 아내는 누구냐고 물었다. 결혼하기 전 부인에게 거짓말을 했다. 어머니는 돌아가셨다고. 그래서 나는 모르는 사람이라고 했다. 그런 후 누군데 우리 집에 와서 아이를 울리느냐고 소리를 쳤다. 당장 나가요! 꺼지라고요! 그러자 엄마는 죄송합니다. 제가 집을 잘못 찾아왔나 봐요. 이 말을 하고 묵묵히 사라졌다.

아들은 역시 날 몰라보는구나 하며 다행이라 생각했다. 이제부터는 신경 쓰지 말고 살자. 그러자 마음이 한결 가벼웠다. 어느 날 동창회 한다는 안내문이 날아왔다. 집엔 회사일로 출장 간다고 부인에게 거짓말을 하고 시골의 집을 가봤다. 그런데 어머니가 쓰러져 계셨다. 그러나 나는 눈물 한 방울 나지 않았다. 엄마의 손에는 꼬깃꼬깃한 종이가 들려있었다.

그건 나에게 주려던 편지였다. "사랑하는 내 아들 보아라! 엄마는 이제 살 만큼 산 것 같구나. 그리고 이제 다시는 서울에 가지 않을게. 그러니 네가 가끔씩 찾아와 주면 안 되겠니? 엄마는 네가 너무 보고 싶구나. 엄마는 동창회 때문에 네가 올지도 모른다는 소리를 듣고 너무 기뻤단다. 하지만 학교에는 가지 않기로 했어. 너를 생각해서......그리고 한쪽 눈이 없어서 정말로 너에겐 미안한 마음뿐이다. 네가 어렸을 때 교통사고가 나서 한쪽 눈을 잃었단다. 나는 너를 그냥 볼 수가 없었어! 그래서 내 눈을 너에게 주었단다. 그 눈으로 엄마 대신 세상을 하나 더.....봐주는 거가 너무 기특했단다. 난 너를 한 번도 미워한 적이 없단다.

아들아, 내 아들아! 어머니가 먼저 갔다고 울면 안 된다. 어머니가 주신 눈에서 눈물이 흐르고 있었다. 사랑하는 내 엄마! 사랑한다는 말 한 번도 못 해드리고 좋은 음식 못 사드리고 좋은 옷 입혀드리지 못했는데 어머니께선 날, 죄송합니다. 엄마가 눈 병신이 아닌 제 눈이 이제야 모른 사실을 안 이 못난 놈 어머니 용서해 주십시오. 어머니 죄송합니다. 죄송합니다! 지금껏 들려 드리지 못한 말. 다시 불러봅니다. 불효자를 용서해 주십시오.

부모가 자식들에
꼭 선물해야 할 일들

첫째, 이 세상에 태어나게 하여주신 하나님 그리고 부모에 언제나 깊고 진한 은혜에 감사하고 존경하는 마음으로 살아가는 정신을 가질 것.

둘째, 사람이 사는 도에서 벗어나지 않는 인성교육(人性教育)으로 올바른 길을 걷게 한다.
누구나 인생에서 자신이 가진 특성을 발견, 계발할 수 있는 길을 열어 준다. 그럼으로 하여 자신도, 다른 사람도 매우 소중한 존재라는 사실을 깨닫게 해 주자. 따라서 인간의 욕망은 끝이 없기에 그 욕망을 억제하는 법을 모르는 사람은 작은 실패에도 인내심을 갖지 못하고 쉽게 좌절하게 마련이다. 험한 세상을 살아가려면, 자녀들에게 자기중심적인 생각을 버리고 자신을 억제하는 법을 가르쳐야 한다.

셋째, 사랑하는 마음을 자녀들에게 진솔하게 전해주는 것이 교육의 기본이다. 부모가 따뜻한 사랑으로 믿음을 충분히 주고, 부모 자식 간의 신뢰가 확고하다면 자녀교육의 절반 이상 성공한 것이나 다름없음.

넷째, 자녀가 무엇이든 스스로 하고자 하는 의욕적 '습성'이 들도록 분위기를 연출해 줘야 한다. 먼저 부모로서 자식들에 모범을 보여줌으로써 자녀들에게도 부모를 따라 스스로 하고자 하는 마음을 불러일으킨다.

다섯째, 사회 공동생활에서 언제나 정직성과 믿음의 신앙정신을 심어줘야 한다. 따라서 자녀들의 개성을 잘 살릴 수 있는 환경을 조성해 준다.

여섯째, 어릴 때부터 자신의 인생관을 뚜렷이 갖도록 하되 그 이상이 배움으로부터 시작된다는 것을 이해시키고 무조건 1등 공부보다 올바른 자신을 설정하도록 하고, 신선한 즐거움으로 목표하는 도전정신의 자기계발을 하도록 권장한다.

일곱째, 장차를 내다보는 자신의 꿈을 키워야 한다. 다시 말해 내가 누구인가를 먼저 깨닫도록 함이 우선이며 자녀들의 눈높이에서 세상을 바라보도록 유도한다. 자신의 특기나 특성을 살리는 방법을 찾아보도록 하고, 무슨 일이든 열심히 한다는

칭찬을 해 줘야한다. 자녀의 꿈과 마음의 혁신으로 성장하도록
키워주는 방법.

부모에게 자식 된 도리를
다하는 방법

나이가 들면 부모는 어린아이로 돌아간다는 말이 있습니다. 그런 부모에게 자식이 꼭 해드려야 할 10가지를 다음에서 알려 드립니다.

1) '사랑'한다는 고백을 자주 해 주십시오. 아무리 들어도 싫증 내지 않는답니다. 그 사랑같이 달콤하고, 짜릿하며 따뜻한 표현은 없습니다. 만일 쑥스럽다면 편지로도 무방합니다.

2)늙음을 이해하셔야 합니다. 언젠가는 자신도 반드시 늙어 노인이 되기 때문입니다. 자녀들이 부모에게 가장 수치스러운 악담은 바로 '너도 늙어 봐라'는 표현임을 깊이 명심하십시오.

3)언제나 웃음을 선물하십시오. 보약 10첩을 지어 드리기보다 언제나 웃음을 한 보따리 안겨줘 보십시오. 기쁨보다 웃기

때문에 기뻐지기 때문이지요. 옛말에도 마음이 즐거운 집안은 항상 잔칫집이란 말이 있지요. 부모님에게 웃음의 잔칫상을 차려드려 보십시오.

4)작은 용돈이라도 정성을 다해 꼭 드림을 잊지 마십시오. 한 술 더 떠 여유가 생기면 부모가 자유로 쓸 수 있는 통장 하나를 선물하면 금상첨화입니다.

5)부모님들에게 일거리를 드리십시오. 나이 들수록 설 자리가 필요합니다. 할 일이 없다는 것처럼 비참하고 쓸쓸하고 고독한 일은 없습니다. 텃밭을 마련하는 것도 좋은 방법이지요. 생의 의미를 발견할 수 있는 스스로의 가능성의 과제를 드리십시오.

6)이야기를 자주 해 드려야 합니다. 서로 나누는 이야기 속에 보람과 용기와 희망이 용솟음칩니다. 노년이 되면 가장 간절한 바람은 곁에 따뜻한 말 상대가 있는 것입니다.

7)자식들의 밝은 표정은 부모에게 가장 큰 선물이지요. 부모에게 밝은 낯빛으로 위로를 드려야 함이 효도의 기본입니다. 작은 일도 상의하고 문안 인사를 잘 드림이 기쁨입니다.

8)사소한 일에도 숨김없이 의논드림이 안도와 위안이 됩니다. 먼 거리에서나 가까운 곳에서도 항상 전화 문안안부와 정

기 건강검진 또한 필수임을 명심해야 합니다.

9)부모의 인생을 스스로 잘 정리하도록 여유를 두고, 앞으로 닥칠 죽음 앞에 초연해지도록 곁에서 멋지게 보조하며 위로하며 정리해 드림이 효도의 바른 정도입니다.

10)가장 멋진 효도는 부모의 방식대로 하시도록 인정해드리는 일입니다. 그 이유는 '내 인생은 나의 것'이기 때문입니다. 자식들 마음대로 효도하겠다고 절대로 하지 마십시오. 마음 편하게 해 드리는 것이 가장 큰 효도이고, 자식 된 도리입니다. 어디까지나 부모의 방식을 따르십시오. 부모 자식 간은 보이지 않는 사랑의 정이 듬뿍 숨어있기 때문입니다. 부모님이 살아 계시는 동안 섬기기를 다 하십시오. 돌아가신 후 묘지 앞에 가 통곡한들 아무 소용도 없습니다.

이상의 열 가지를 명심하고 지켜나가는 것이 효도의 참된 도리일 것입니다..

부모와 자식 간
감동의 이야기들

1) 두 아들의 졸업식장을 찾은 어머니

　일본 신문 사회면에 크게 실렸던 감동 어린 신문기사입니다. 어린 두 쌍둥이 아들과 함께 살아가던 한 어머니가 잠깐 집을 비우고 밖에 나간 사이 집에 불이 나 순간적으로 자고 있을 애들 생각에 망설임 없이 불 속으로 뛰어 들어가 이불에 싸서 아들 둘을 구해냈습니다. 그러나 어머니는 2도 화상을 입었고 한쪽 발까지 쓰지 못할 정도로 불구의 몸이 되었습니다. 아무리 생활이 어려웠어도 굴하지 않고 다 성장하도록 홀로 시장 바닥에서 구걸행각까지 하며 자식 둘을 길러냈습니다.

　이 아이들 둘이 나중에 커서 한 아들은 동경대학에, 또 한 아들은 와세다대학에 각각 수석으로 입학한 후 시간이 흘러 4년 후 졸업을 하게 됐습니다. 졸업하는 아들을 보고 싶은 어머니는 큰아들이 있는 동경대학으로 먼저 찾아갔습니다. 수석 졸업을 하게 된 아들은 졸업과 동시에 큰 회사에 들어가기로 이미 약속이 되어 있었습니다.

아들의 눈에 수위실에서 아들을 찾는 어머니의 모습이 들어 왔습니다. 수많은 귀빈들이 오는 자리에 거지 어머니가 오는 것이 부끄러웠던 아들은 수위실에서 연락을 받고 순간 "그런 사람 없다고 하라"고 전하니 그의 어머니는 슬픈 얼굴로 말없 이 돌아설 수밖에 없었습니다.

큰아들에게 버림받은 서러움에 자살을 결심한 어머니는 죽기 전에 작은아들의 얼굴이라도 보고 싶어 둘째 놈이 졸업하는 외 세다대학을 찾아갔습니다. 하지만 차마 들어가지를 못하고 교 문 밖에서 서성이다 발길을 돌려야 했습니다. 그때 마침 이러 한 모습을 발견한 둘째아들이 절룩거리며 황급히 자리를 떠나 는 어머니를 큰 소리로 부르며 달려 나가 어머니를 업고 학교 안으로 들어갔습니다. 어머니가 "사람을 잘못 보았소"라고 말 했지만 아들은 못 들은 체하며 어머니를 졸업식장 귀빈석 한가 운데에 앉혔습니다.

일본 고유의 기모노 옷에 값비싼 액세서리로 몸을 치장한 귀 빈들이 수군거리자 어머니는 다시 일어나 나가려고 몸 둘 바를 몰랐습니다. 이때 수석으로 졸업한 아들이 답사를 하면서 귀빈 석에 초라한 몰골로 당황스럽게 앉아있는 어머니를 가리키며 자신을 불 속에서 구해내고 화상을 입어 구걸까지 해서 공부시 킨 장한 어머니의 희생을 설명하니 그제야 혐오감에 사로잡혀 있던 사람들의 눈에 감동의 눈물이 고이며 그 자리에 모인 청중 모두가 눈물바다로 변했습니다.

이 소식은 곧 신문과 방송을 통해 전국에 알려지게 되어 둘째 아들은 큰 회사 오너의 사위가 되었으나 어머니의 행세가 부끄러워 거절해버린 큰아들은 일류회사 입사조차 취소돼 버린 아들로 낙인찍혀 버렸습니다. 자기의 몸이 상하는 것조차 아랑곳하지 않고 아들 둘을 불속에서 구해내고 불구의 몸으로도 구걸까지 하며 어렵게 공부시키신 장한 어머니의 갸륵한 희생정신을 다룬 신문 기사였습니다. 이런 감동의 기사들은 일본에서는 종종 많이 나옵니다.

우리나라 신문들에서도 사기, 절도, 강도, 강간이나 나쁜 일들만 큰 기사로 낼 일이 아니라 사회에 귀감이 되는 감동의 내용들이 많이 실린다면, 휴지같이 넘쳐서 버리는 신문들 속에서 분명히 빛이 나는 신문으로 돋보이게 될 것이 틀림없습니다.

우리나라에서도 있었던 부녀간의 아름다운 이야기는 얼마든지 있습니다.

한 예를 들어봅니다. 버스에 오르니 마침 빈자리가 하나 있어 앉았습니다. 잠시 뒤 스물한두 살로 보이는 예쁘장한 여학생이 버스에 올라타 내가 앉은 좌석 앞의 손잡이를 잡습니다. 뽀얀 피부에 단아한 옷차림이 한눈에 보이는 첫인상이 아주 귀하고 착하게 자란 인상을 주는 모습으로 느껴졌습니다.

흘끔흘끔 그 학생을 보고 있는데 버스가 횡단보도 신호 때문에 멈춰 있을 때입니다. 창밖으로 눈길을 돌리니 남루한 옷차림의 아저씨가 종이 빈 상자를 잔뜩 실은 손수레를 절룩거리며 힘겹게 끄는 모습이 보였습니다. 그 모습을 본 뒷자리에 앉아 있던 한 아주머니와 아저씨가 자기들끼리 혀를 차며 "참 불쌍하기도 하지. 쯧쯧, 저렇게 몸도 성치 않은 사람이 날도 추운데 고생이 많네요"라고 말했습니다. 그 순간 내 앞에 서있던 예쁜 여학생이 창문을 열더니 "아빠" 하고 큰 소리로 부르는 것이었습니다. 동시에 다른 손님 분들도 창밖에 눈초리를 돌리는 순간, 손수레를 끌던 아저씨가 걸음을 멈추고 버스를 바라보며 "이제 집에 가니?" "네, 아빠. 그런데 왜 옷을 그렇게 얇게 입고 나오셨어요?" 딸을 보며 아저씨가 웃음 지으며 걱정마라 하며 함께 웃는 모습이 순간 이들 부녀가 나누는 대화가 너무 맑은 빛이 나 보였습니다. 아저씨는 많은 버스 승객들 보는 앞에서도 당신을 부끄러워하지 않은 딸이 너무나 고맙고 흐뭇해 보인 모양입니다.

사랑스런 딸자식을 위해 추운 날에도 불편한 몸을 이끌고 일하시는 모습이 너무 가엾어 버스 안에서 그 광경을 지켜보던 순간, 갸륵한 처녀의 부끄럼 없는 그 당당함에 한 승객이 박수를 치니 다른 분들도 따라 박수를 칩니다. 이때 박수친 분이 "얼굴만큼이나 마음도 곱구나. 내 며느리 삼았으면 참 좋겠네"라고 하여 버스 안이 웃음바다가 됐습니다.

2) 어느 아저씨와 꼬맹이

초겨울에 접어든 어느 날 해질 무렵 직장에서 집으로 돌아가던 길에 출출한 허기도 달랠 겸 길가에서 파는 따끈한 오뎅 국물에 소주 한잔이 생각나 꼬치를 먹는 분 곁에 자리하고 떡볶이 한 접시와 오뎅을 시켜놓고 기다리고 있을 때입니다.

뒤쪽을 보니 일곱 살 남짓한 남자 아이가 약간 떨어진 곳에서 서성이며 어른들 떡볶이 먹는 모습을 구경하는 것처럼 가질 않고 서 있었습니다. 아이 모습을 보아 하니 날씨는 쌀쌀하게 추워지는데 반팔 흰색 티셔츠에 허름한 긴 바지 차림으로 서 있는 모습이 아마도 떡볶이가 먹고 싶어 하는 것 같았습니다. 오뎅을 한 개 다 먹고 그 아이에게 다가갔습니다.

'꼬맹아! 아저씨가 떡볶이를 먹으려는데 너무 많은 것 같아서 그런데 같이 먹을까?' 아이는 주춤주춤하더니 어른의 얼굴을 뚫어지게 쳐다보기만 하더니 "아저씨 이상한 사람 아니야?"란 말에 "아저씨 이상한 사람 아니야. 저기 가게에서 지금 떡볶이나 같이 먹자....." 그랬더니 말없이 고개를 끄덕이더니 곁에 앉으며 저기 내 동생도 있는데요. 그래 그럼 데리고 이리 오렴. 같이 먹자.....여자 동생은 주차장에서 흙장난을 하고 놀고 있다가 영문도 모르고 오빠의 손에 끌려 따라갔습니다.

"은영아! 떡볶이 먹어. 이 아저씨가 사준거야!" 그런 후 셋이서 순대까지 넣은 떡볶이를 맛있게 먹기 시작했습니다. 남자 아이 이름은 영진이로 일곱 살이고 동생 은영이는 다섯 살이라고 합니다. 배가 많이 고팠는지 맵고 뜨거운 떡볶이를 잘도 먹더라고요. 천천히 먹어, 모자라면 더 시키면 돼.....

그러면서 대화를 시작해 봅니다. 홍제동에 이사 온 지는 1년 좀 지났다나요. 부모님은 어디 가셨니? 아니요. 그전에 산본 지역에서 살았는데 교통사고로 두 분 다 돌아가시고 할머니 할아버지와 같이 살고 있어요.......응, 그렇구나 하며 말문이 꽉 막혔습니다. 두 애들이 너무 안쓰러워 보였습니다. 애써 밝게 웃으려는 아이를 보면서도 가슴은 더욱 아파오는 건 왜일까요.....

집을 물어 같이 가 보니 저 건너 쪽 연립주택 반 지하, 빛도 안 비치는 어두컴컴한 곳에 살고 있더군요....할머니 할아버지는 리어카 끌고 종이 수거하러 가셨다고 합니다. 너무 불쌍하더군요. 아직 부모 곁에서 어리광 부리며 신나게 뛰어놀아야 할 나이인데 저녁 한 끼도 해결하지 못해 밖에서 서성거리고 있는 아이들..... 그동안 내가 술자리에서 몇 만원씩 쉽게 쓰며 스트레스를 풀던 자신이 너무 부끄럽고 가소로웠음을 느꼈습니다. 단돈 만원을 가지고라도 이 아이들 가족들은 맛있게 저녁을 먹을 수 있을 텐데......그런 후 이 아이들을 데리고 가까운 마트에 가 과자와 아이스크림, 그리고 할머니 할아버지가 드실 음료수를 사서 두 아이들께 안겨줬습니다. 한사코 우기며 안 받겠다고 물러서는 애들에게 쥐어주며 너희들 정말 착하고 귀여워서 아저씨가 주는 것이니 그냥 받아 가면 돼....알았지? 예....

할머니 할아버지 말씀 잘 들어야 한다... 예. 그러면서 오빠가 어깨를 들썩이며 울기 시작하니 동생도 따라 울더군요. 너희들 언제나 먹고 싶은 거 있으면 이 전화번호로 하면 돼....연락하기로 약속.....그러면서 손가락을 걸었습니다.

영진아, 은영아 그럼 아저씨가 너의 아버지 같은 분이니 아무때나 자주 전화해라. 알았지... 사랑한다. 꼬맹이들! 세상이 좀더 밝고 따뜻하고 배려하는 세상이 되었으면 합니다.

왜 오늘날 세상이 예전에 비해 물자나 모든 게 살기 편해졌는데 인심은 살벌해지고 서로를 못 믿는 세상으로 변해가고 있을까요. 날만 새면 뉴스에 교통사고로 일가족이 죽었다거나 집에불이 나 사람이 타 죽고, 밤늦게 집에 가는데 괴한에 성폭행당했다는 기사와 빈집에 강도가 들어 몽땅 털리고, 어떤 큰 회사회장 분은 비자금을 숨겨둬 들통이 나고, 정치판은 서로 물고물리듯 당파싸움질만 하며 서로에게 잘못을 탓하며 책임을 전가하며 공방전만 벌이고 있습니다. 직장들에서는 아랫사람이윗사람을, 윗사람은 아래 직원을 서로 못 믿고 능멸하며 당사자는 으르렁거리는 게 현실입니다.

왜? 오늘날 세상이 이 지경으로 돌아가고 있는지? 정이란 찾아볼 수조차도 없는 한심한 사회로 내몰려 버리고, 서로를 탓하는 이 시대 불원천불우인(不怨天不尤人 : 하늘을 원망치 말고 남을 탓하지 마라), 바로 내 탓으로 돌릴 수는 없을까 하는말이 생각납니다.

과거 필자가 한참 무역업으로 사업하던 40대 후반 젊을 때를기억해 봅니다. 1980년경 한 해가 저물어가던 세모, 일본신문에 대문짝만 하게 나온 사회면 기사 하나를 읽고 나의 인생관이 완전히 뒤바뀌어 버린 내용 하나를 간단히 밝혀 봅니다. 어느 80대 할머니가 어느 집 처마 밑에서 얼어 죽었는데 몸속에서 주머니 하나가 나왔습니다.

저금통장 몇 십만 엔과 지폐와 동전 몇 만엔 그리고 종이쪽지에는 "나보다 더 가난한 사람을 위해 이 돈을 써 주시오"라고 쓰여 있었습니다. 더 놀라운 사실은 시신을 검시해 본 결과 얼어 죽은 게 아니라 굶어 죽었다는 기사 내용이었습니다. 이 할머니를 은행가에서 그 해의 저축 왕으로 장례를 치러주었다는 기사를 읽고 필자는 망치로 뒤통수를 얻어맞은 기분을 느껴 그이후 잘하던 사업을 집어치우고 이 할머니처럼 흉내를 내 본다며 살아온 기억을 지울 수 없습니다.

당시 서울 금호동, 옥수동, 홍제동, 관악구 봉천동 산동네에 어렵게 사는 집들에 쌀이 귀하던 때 쌀독 채우고 오거나 봉투 돌리기, 어린 가장 돕기 병원 알선하기 등등 나의 집을 완전히 잊어버리고 미쳐 본 20여년을 잊을 수 없습니다. 한 일도 별것 아닌데 그냥 해 본 소립니다.

왜? 우리는 남을 위해 진실한 봉사를 할 줄 모르고 살아가는 메마른 사회가 되어 갈까요.

부부의 정과 진실

1) 동반자의 길

여보! 미안해. 이 말속에는 참 많은 뜻이 내포돼 있습니다. 사
랑스러운 아내에게 오직 남편은 아내를, 아내는 남편을 중심으
로 놓고 한세상을 살아가면 아무 문제가 없습니다. 어느 날 아
내와 남편은 서로 깊이 파인 주름살을 눈여겨보며 "여보! 내가
가진 게 비록 없지만 뭔가 하나는 꼭 줄 게 있네요." 그건 오직
사랑보다 더 넘치고 진한 정과 기쁨, 그리고 마음에서 우러나
어렵게 살아온 세월을 이겨온 고마움이오. 그 소망이 마치 묵
향 깊은 난의 향기처럼 온화하게 내 가슴속 깊이 배어드는 당
신의 따뜻한 심성 때문이랍니다.

참으로 앞만 보고 살아온 길이 험난했고 파란만장한 길의 가
시밭 만고풍상의 세월이 지겹기도 한 고난이었습니다. 필자는
한동안 신혼 삶을 보내며 한 배를 탄 동반자로 뜻을 함께 한다

는 것이 여간 어렵지 않았으나 다행히 아내의 어진 성품이 무조건 남편을 따라줬고, 내 또한 조강지처를 버리면 벌 받는다는 부모님의 간곡한 말씀에 서로 양보하는 맞춤이 된 것 같습니다. 다행히 서로의 넓은 아량으로 위기를 넘긴 우리만의 가정의 행복을 감사할 뿐이오.

가정교육이 그 얼마나 중요했나 하는 사실을 새삼 느꼈기에 슬하에 1남 2녀를 둔 우리가 이들에게 그런 부모의 가정교육을 철저히 가르친 것이 이젠 다 짝을 만나 제 갈 길을 바르게 가고 있습니다. 자식은 부모가 하는 것을 그대로 본받아서 심성이 자란다고 하지요. 그래서 세 살 적 버릇이 여든까지 간다고 합니다. 어릴 적 가정교육은 부모가 가정에서 시키고 학교는 교육 전반을 가르치는 장소가 되어야 함이 바른 교육입니다.

부부란 평상시에 우리 주위에 항상 함께하는 공기가 곁에 가득 차 있지만 그 고마움과 소중함을 모르듯 젊은 시절에는 사업상 외국 출장 나들이가 많아 혼자인 경우 부부간에도 같이 있을 때는 잘 몰랐다가도 떨어져 있어보면 허전하고, 보고파지는 심정이 되지요. 그런데 하물며 둘이 함께 살다가 어떤 병으로나 불의의 사고로 홀로 남게 된다면 그 아픔의 고통과 허전함이 오죽하겠습니까? 그러니 부부란 서로 아끼고 염려하며 살펴 가면서 마음을 맞춰 가는 동반자인 것이지요. 저의 말은 여기에서 잠깐 접어두고 한 예를 들어봅니다.

2002년 아시아의 노벨평화상이라고 하는 막사이사이 상을 수상하신 '법륜 스님'의 강의 내용 가운데 한 부분입니다. 어떤 분이 "바람피운 남편을 어떻게 합니까?"라고 질문합니다. 바람 피운 남편의 얼굴을 보자니 짜증이 나고, 마음에 들지 않고 믿음이 가질 않는다고 합니다. 지혜롭게 해결하는 방법을 말해주세요? 라고 40대 주부가 물으니 답하기를 "첫째, 안녕히 계세요"라고 말하고 헤어지는 방법이 있는데 요즘 같은 세상에 파출부를 해도 살 수가 있고, 청소부를 해도 살 수가 있는데 나 싫다는 남자와 같이 살 이유가 뭐가 있지요? 남편에게 나보다 더 좋은 여자가 있다는데 그 여자하고 살라고 하세요. 우리나라에만 간통죄가 있지 외국에는 없습니다. 그리고 남편을 미워하지 마세요. 미워하면 나만 괴로워요. 남편은 다른 여자 만나서 재미있게 노는데 그런 남편 때문에 괴로워하는 건 바보 같은 짓입니다. 그런데 "안녕히 계세요"라고 하려니 여러 가지 조건상 어려움이 많을 거예요. 아이도 키워야 하고 시부모님이나, 친정 부모님에게 죄송스럽기도 하지요.

그리고 남편이 바람을 피운 것 말고는 돈도 잘 벌어오고 아이들에게도 잘해주고 해서 헤어지기가 망설여진다면, 그것은 남편 문제가 아니라 내 문제입니다. 어차피 내 필요에 의해 살 수밖에 없는데 미워하면 나만 괴롭지요. 그러니 생각을 좀 바꿔보세요. "내 남편이 얼마나 좋은 사람이면 결혼한 몸인데도 다른 여자가 좋아할까? 내 남편은 내가 봐도 다른 여자가 좋아할 만하지. 괜찮은 남자를 데리고 사니 나도 괜찮은 여자다" 하고 자신감을 가지세요. 내가 남편을 버리면, 주워갈 다른 여자가 있다는 것이니 다시 점검을 해 보세요. 헤어지고 나서 나중에 아까워서 후회하지 말고 그래도 남편이 괜찮은 남편이면 일단 눈을 감고 남편의 허물을 덮어 주세요. 이것이 두 번째 길입니다.

세 번째는 남편의 행동에 대해 연구하고 나서 결정하는 길이 있습니다. 남편이 정말 나하고 살기 싫어 딴 여자를 좋아하는지? 그래서 나하고 더 이상 결혼생활을 할 필요가 없다고 생각하는지? 남편의 생각을 정확히 알아야 합니다. 만약, 남편이 나하고 사는 게 싫은데 내가 남편과 함께 사는 것이 이익이라서 망설인다면 헤어지는 것이 좋습니다.

나를 싫어하는 사람과 이익 때문에 함께 산다는 것은 두 사람 모두에게 불행입니다. 그런데 남편이 나를 좋아하고 같이 사는데 큰 문제가 없고, 가정을 버릴 생각은 없으면서 바람을 피웠다면 남편에게 정신적으로 약간 결함이 있을 수 있습니다. 남편을 미워하고 불신할 일이 아니라 이 버릇이 왜 일어나는지 연구를 해 보세요. 남편과 헤어지든 미워하며 함께 살든 자녀들에게 심각한 영향을 줍니다. 부모가 서로 미워하고 갈등을 일으키면 아이들은 정서적으로 불안합니다. 그러니 나에게도 심각한 병이 있는 게지요. 그러기에 생각을 바꿔야 합니다.

중요한 것은 어떻게 이 문제를 풀어서 내가 행복해지느냐 입니다. 우선 내가 편안해지기를 기도하십시오. 지금처럼 정신이 없는 것은 자기감정에 휩쓸려 있기 때문입니다. 날마다 아침에 일어나 기도할 때 "내가 남편의 마음을 헤아리지 못했구나. 그냥 원망하고 미워만 했지. 남편이 왜 방황하는지 이해하지 못했구나" 그렇게 참회하고 남편과 얘기를 나눠보세요. 남편에겐 사랑이 필요합니다. 남편을 아는 것이 먼저입니다. 남편을 알면 해결책이 저절로 보일 것입니다.

2) 부부의 사랑은 배우자의 칭찬을 먹고 자란다.

부부란 가까우면서도 멀고, 멀면서도 가까운 사이라고들 하지요. 곁에 있어도 더 그리운 게 당신이고, 떨어져 있어도 더욱 그리워지는 게 부부입니다. 참으로 부부의 정은 끌어당기는 엄청난 자력을 지니고 있지요. 아무리 원수 같은 만남이어도 한번 맺어진 부부라는 그 힘의 자력은 쉽게 헤어질 수가 절대 없습니다. 그만큼 부부라는 힘은 엄청나지요. 그 쌓인 정을 쉽게 벗어나지 못하듯 한번 맺어진 인연은 끊어질 수 없는 고리이기에 진실한 정으로 승화시키도록 서로의 노력이 필요합니다.

부부의 애정은 배우자의 사랑을 먹고산다고 하지요. 밥 한 그릇에 함께 밥을 비벼먹고, 같은 컵에 입을 대고 마셔도 괜찮은 게 부부 사이이고, 한 침상에 눕고, 한 밥상에도 마주앉아 오순도순 둘만의 깊은 정을 나눌 수 있으며 밤이면 속살을 서로 비비면서도 부끄러움도 전혀 없이 온밤 몸과 마음을 섞어 꿈길을 헤매는 것이 부부라지요. 아무리 부부간이라 해도 서로의 아픈 곳이나 약점을 자주 보이게 되면 신뢰라는 것이 깎이고 상대에게 존경심이 없어집니다.

영국의 유명한 성의학자 존(John)은 "부부관계란 파트너와의 친밀감을 증가시키고, 기쁨을 주며, 긴장감과 불안을 한꺼번에 해결해 준다"고 했습니다. 하루 전날 둘의 언쟁으로 사이가 멀어졌어도 몸을 섞고 나면, 감쪽같이 자연스럽게 청명한 일상으로 돌아가고 맙니다. 그러니 하룻밤 사이에 만리성을 다시 굳건히 쌓는 게지요. 몸이 눈 녹듯이 녹아내립니다. 그러기에 성은 남녀 모두가 공평하게 공유할 권리와 특권이 있다고 하지요.

옛날 말에 이런 유머가 있습니다. 둘만의 황홀한 꿈길 속에 남자의 넓은 품속에 깊이 파묻혀 숨 쉬며 땀 흘리고 자고난 마누라는 뒷날 아침 부엌에서 쌀 씻는 소리가 삭삭 삭삭 음악소리로 들리나, 불편하게 궁전 입구에서 인사만 하다가 어지럽혀 놓은 뒷날 아침이면, 마누라가 열 받아 죄 없는 바가지만 서너 개 깨진다고 하지요. 보통 현대 여성들이 이혼하는 사람들의 깊은 이유 중 대부분이 속궁합 그게 맞지 않아 탈이 나서 멀어지는 경우가 제일 큰 비중을 차지한다고 말합니다.

그처럼 부부란 몸과 마음을 섞은 둘이면서 하나가 되나 반쪽 부부이면 아직 다져지지 않은 미완성 부부가 되지요. 그러므로 서로를 진정한 애인으로 여기며 평생토록 애정을 나눌 때 그 부부는 하룻밤 깨를 서 말이나 판다고 하지요. 그런 잉꼬부부란 행복을 창조하는 거위와도 같습니다. 비록 둘이서 고생을 하고 고달프게 살아갈망정 내일을 위해 오늘의 고생을 즐기며 마음이 일치되어 있으니 사소한 것들은 문제가 되지 않지요. 이들이야말로 서로 아끼며 백년해로의 가정을 꾸려가는 부창부수라고 해 일심동체가 되지요. 그런 죽이 맞고, 고생을 즐길 줄 알아야 금메달 부부가 됩니다. 이런 부부는 늙어질수록 아무런 스스럼없이 손잡고 황혼길 언덕을 오르며 정이 듬뿍 깊어져 남들의 부러움을 사고도 남습니다.

가정을 잃으면 다 잃는 것입니다. 세상에 많은 짐을 맡겨놓고 가는 것이 미안해 할 말은 그저 여보 미안해라는 말뿐입니다. 함께 살아오면서 좀 더 잘해주지 못한 것이 항상 마음이 아프다는 뜻입니다.

떠나는 이는 뒤늦게나마 미안함을 느꼈기 때문이겠지요. 누가 먼저 떠난다 해도 그 아픔의 말은 같을 것입니다. 만약 둘 중 한 분이 시한부 삶이라면 더욱 가슴 아픈 호소가 될 것입니다. 떠나는 분은 미안하다는 말을 남긴 대신, 남는 분은 당신 덕분에 행복했어요, 라고 하는 말 이외 무슨 말을 할 수 있겠는가! 서로가 진정으로 소중한 것을 서로 잘 이해하기에 아쉬움은 더욱 클 것입니다.

그러나 현대사회가 자본주의 세상이다 보니 아무리 잘살아 보려고 해도 하루살이 호구지책에 시달리거나 자식들이 자라나면서 부모의 애간장 다 녹일 때 살아가는 의미를 잃고 세상을 비관하여 삶을 등지는 자살자가 늘어나는 경우를 우리들 생활 주변에서 많이 봅니다.

삶이 완벽할 수 없는 미완성의 욕구 속에 살아가는 것이 인간이기에 부자이면서도 더 채워져서 고독해지고, 가난한 이는 빈자리 때문에 고독하고, 젊은이는 가진 게 작아 더 가지려고 발버둥 쳐 울고, 노인은 날 가는 세월을 잃는 것 때문에 죽음의 그림자를 보면서 마음속으로 슬피 운다고 하지요.

그보다 더 처참한 일은 늙어 혼자인 경우 자식들에게 천대받고, 갈 곳을 잃고 외로움에 지쳐있을 때, 의지할 곳 없어 더욱 고독을 느끼게 됩니다. 그러니 세상사 모두가 자기 뜻대로 되지 못하고 살다가는 세상이라 참 불공평한 새옹지마라는 말이 더 어울립니다.

그래서 아내란 청년기에는 연인 사이가 되고, 중년기에는 친구가 되며, 노년기에는 서로가 돌봐주는 간호사가 된다고 말하지요. 인생의 최대 행복은 부나 명예나 권력이 아니라 부부가 사는 날까지 건강하게 집안 탈 없이 비록 가진 게 지나침도, 모자람도 없는 화목으로 사랑을 나누다가 마지막으로 난 그래도 당신을 만나 참 행복했고 원도 없다는 말과 함께 눈을 감을 수 있다면 그 이상도, 그 이하도 아닌 값진 인생이 될 것입니다. 그런 사랑이면 오죽 좋겠습니까?

황혼의 멋진 삶이란 해가 뉘엿뉘엿 저물어갈 때 저녁노을의 핏빛이 더욱 아름답듯 인생의 황혼기야말로 값진 흔적의 발자취를 남길 때 그 이름 오래도록 기억될 것입니다. 복을 달라고 안달하기 전에 복을 담을 수 있는 그릇을 먼저 만들어 젊은이들 앞에 모범을 보이는 것이 우선입니다. 늙어 기력 없이 병든 닭처럼 비실거리지 말고 당당하게 살아가야 합니다.

부부란 행복을 낳는 거위임을 알고 가정이 안정되면 모든 것이 만사형통합니다.

100세 시대를 준비하고 살아가는 노인들

1) 인생의 황혼기

황혼은 너무나 아름답습니다. 구름 사이로 서서히 사라져 가는 저 보랏빛을 보십시오.

어찌 일출에 비하리오! 이제 서서히 겨울로 들어서는 준비로 한창인 오솔길 단풍의 잔치처럼 우리 노인들의 아름다운 황혼기와 하나도 다를 바 없습니다.

미국 헌법을 기초한 나이 80줄의 '벤저민 프랭클린'은 "진심으로 삶을 사랑하는 사람은 절대 나이를 먹지 않는다. 비록 나이 때문에 죽을지 모르지만, 그들은 젊어서 죽는 것이다."라는 명언을 남겼지요. 지금으로부터 약 300년 전에 한 말입니다.

청년시절은 누구나 사는 게 생존경쟁을 위해 비슷비슷하게 바빠 허덕이지만, 노년의 삶은 저마다 자기가 하기 나름의 삶이지요. 그러니 구애받을 것이 없다는 것이고 자유스러운 모습입니다. 잠시 가다 걸음을 멈추고 여유롭게 하늘에 흘러가는 구름을 볼 수도 있고, 실개천에 앉아 발을 씻으며 먼 산 자연을 감상할 수도 있으니 그 얼마나 여유롭습니까!.

노인이 되어갈수록 유수같이 흘러가는 세월이라고들 한탄하지만, 사람에 따라 생각이 다를 수 있습니다. 오래된 바이올린일수록 소리가 아름답다고 고가라고 하질 않던가요. 그처럼 어린 시절과 인생의 후반기는 동반자입니다.

그 한 예로 외국에 사는 필자의 막내 여식이 한국에 볼일이 있어 오더니 늦둥이 여식을 낳아 겨우 걸음마하는 아이를 서울에서 볼일이 많다며 한 달만 봐달라고 졸라 맡은 일이 있었습니다. 애가 나날이 다르게 성장하는 모습과 맑은 눈빛, 천진한 웃음을 함께 따라 웃다 보니 우리도 상당히 젊어진 기분이었고 생기를 되찾은 듯했습니다. 인생은 피할 수 없다면 즐기라는 생각이 떠오릅니다.

늙었다고 헛기침하고 뒷짐 지고 허송세월만 하지 마시고, 나름대로 일을 만들어 원숙한 경륜과 방법으로 무엇을 할 수 있다는 정신이 중요합니다.

공자님의 말씀에 지지자불여호지자, 호지자불여낙지자(知之者不如好之者, 好之者不如樂之者 : 아는 자는 좋아하는 자만 못하고, 좋아하는 자는 즐기는 자만 못하다)라고 했듯 많은 것을 알고 좋아하지만, 즐겨하지 않는다면 그 무슨 소용인가요. 오히려 스트레스만 쌓이는 게지요. 노년기에는 완숙한 아름다움을 자신이 즐기며 재발견 충전시켜야 언제나 젊음을 구가할 수 있습니다.

그 대신 노년의 아름다움은 단순 순박하며 소탈해야 합니다. 탐욕적이거나 타락된 쾌락은 멀리해야 하고, 자연을 벗하며 겸손을 배우고, 따뜻한 눈으로 여유가 있는 삶으로 주위를 살펴보며 남몰래 덕을 쌓으면서 살아가야 후손들이 복을 받습니다. 마지막 황혼은 언제나 깨끗하고 아름다워야 하기 때문이지요.

나무에 못은 빼도 못자국은 남듯 마지막 인생길 당신은 어떤 못 자국을 남기려 하십니까?

세상이 아무리 험해도 늙어가며 인면수심으로 자신을 포장하며 살아가지는 말아야 하겠지요. 나이 들어가는 것을 안타까이 생각할 필요가 없습니다. 살아온 날들이 마치 안개꽃 같아 어제 같은 날들인데 어느 날 자고 나니 아이들이 서슴없이 할아버지라고 부릅니다. 그처럼 나만 나이 드는 것이 아니기 때문에 가치 있게 나이 드는 방법은 자기 보람을 계속 키우는 최선의 노력입니다. 그런 후 내가 어디쯤에 서 있는가? 뒤돌아보면 더 활기차게 살아갈 수 있을 것입니다.

우리는 인생의 황혼기에서 헤어질 예행연습을 하면서 살아가야 하겠지요. 산 능선을 뉘엿뉘엿 넘어가는 일몰은 그 얼마나 아름답습니까. 집사람과 새벽마다 손잡고 산행을 할 때 꼭 만나는 한 분이 있습니다. 이 분이 농담조로 하는 말이 "죽을 때도 함께 죽을 겁니까?"라고 웃으며 말을 건네는 게 몹시도 부러워 보였던 모양입니다.

진시황이 50줄에 오욕을 다 채워보고 눈을 감으며 했다는 말이 "내 손을 펴 밖으로 내 놓으라. 모든 게 헛되고 헛되도다"라고 했다지요.

노후 인생은 마지막을 장식하는 황혼기입니다. 나이 든 것이 죄가 아닌 이상 하루하루를 즐거운 마음으로 시작하고 또 보내며 여한 없이 값지고 보람되게 보내야 합니다. 자녀들 일에 간섭하지 말고 마음을 곱게 쓰며 어른이라고, 내 말만 들으라며 강요하고 고집부리지 말고, 낙천적인 생각으로 내 분수, 내 몫만을 챙기며 양보하고 조용히 사는 정신이 중요합니다.

자신을 포장하지 않아도 "사실 그 사람이라면 확실하게 믿을 수 있지"라며 주위에서 언제나 믿어주는 신분이라면 그 분이야말로 성공한 분으로 인정해야 합니다.

믿는다는 건 자신을 맡길 수 있다는 증거이고, 부부사이라도 너무 속 보이는 짓은 말아야하고, 서로에게서 위로받으며 마음을 아껴 주고 양보하는 믿음이어야 하기 때문이지요.

인간은 나이가 들수록 자신의 인생을 사랑한다고 합니다. 60, 70, 80, 90대라 해도 나이에 관계 없이 생각하는 차이에 따라 아름답게 늙어갈 수 있다면 얼마나 보기 좋을까요? 어디까지나 노년의 아름

▶ 박정희국가재건최고회의 의장이 경남 통영에서 노인회장인 필자의 숙조부님과 악수하고 있다.

다음은 용모에서가 아니요, 부와 명예에서도 아닌 흐트러짐 없는 생활 자세와 여유로운 마음, 그리고 당당함이 아닐까 생각해 봅니다.

2) 세월은 쉬어가지 않는다.

일본에서 100세를 넘긴 분이 2012년 현재 5만 1000여명인데 그중에서 102세 되는 나이의 현역 의사 히노하라 시게아키 (1911년생)씨가 일본 전역을 돌며 1년에 130여 차례 강연을 다닌다고 합니다.

그런데 이 분은 발음도 또렷하고, 걸음도 꽤 빨라 신체 상태가 60대 후반 정도라는 것과 식사 때는 반드시 올리브 오일을 주스에 타 마신다고 합니다. 올리브 오일은 동맥경화 예방과 혈관에 좋고, 콩가루도 커피에 타 마시는데 콩가루는 레시틴 성문이 함유돼 있어 기억력을 증진하고, 치매 예방에도 좋다고 합니다. 지방에 강연 갈 때는 짐 속에 베개도 지참하고 엎드려 잔다고 하는군요. 그래야 폐 기능도 좋고, 복식호흡이 잘된다나요. 거북이도 엎어져 잔다고 비교합니다. 수시로 넘어지지 않게 옆으로 낙법을 연습하고 매일 일기를 쓰고 3시간 정도씩 독서를 하며 1년에 250권 정도 읽는다고 합니다. 에스컬레이터는 타지 않고 계단을 걸어서 오르내린다고 하지요. 이 분의 말에 인간의 유전자가 3만 6000개이고, 죽을 때까지 뇌의 10분의1도 다 사용치 못하기에 계속 개발해야 한다고 말합니다.

이 분 말 속에 "생명은 우리 몸에 있는 게 아니라 우리에게 주어진 시간에 있다는 것", 그러므로 세월이 천천히 따라온다는 게 이분의 지론이었습니다. 그러니 부지런히 나부대면 세월은 천천히 따라온다고 하지요. 건강한 몸을 만들기 위해서는 마음의 자세가 중요하며 쓸데없는 걱정은 아예 버려 버리라고 합니다.

결국 걱정이 많으면 피를 말리고 당신을 파멸시키는 요소이니 쓸데없는 걱정일랑 다 털어버리고 항상 즐거운 마음, 즉 향기로운 삶(요키 구라시쿠노 세이가쓰)으로 살아가라고 합니다. 오늘 흐리다고 해서 내일까지 흐리라는 법은 없다. 오늘은 해가 졌지만 내일 또다시 태양이 당신 앞에 밝게 떠오를 것이라고 했습니다. 마지막으로 이분은 많이 웃어야 하고 건강은 돈과 권력으로 살수 없다고 합니다.

대개 자식 없는 노년이 고독하다고 하지만 무자식 상팔자라는 말같이 차라리 고민 없이 편할 수도 있습니다. 못나고 못 배운 자식이 오히려 효도하지만, 잘 배운 자식이 잔머리를 잘 굴려서 오히려 불효자식이 더 많은 세상입니다. 이젠 삼강오륜을 지켜야 한다는 시대는 다 물 건너갔습니다. 노인들은 다 잊고 그러려니 하고 살아가야 합니다. 늙어가며 삶에 너무 집착하면 허무와 상실감에 빠지기 쉽습니다.

늙음과 낡음은 글자 한 자 차이지만 뜻은 정반대입니다. 늙음과 낡음은 삶의 본질을 갈라놓는 정신적 큰 지주입니다. 몸은 비록 늙어갈망정 마음만은 언제나 젊은이들 못지않은 생각을 갖고 항상 새로움으로 정신을 계발하는 원동력을 기르며 살아갈 때 늙지 않은 곱디고운 맑은 얼굴 표정과 모습으로 건전함을 지킬 수 있을 것입니다. 늙어버렸다고 아무것도 할 수 없다고 단정해버리는 그 자체가 정말 정신적으로 낡아버린 상태가 됩니다.

곱게 늙는다는 것은 참으로 아름다움입니다. 언제나 마음을 재충전하고 살아가야 하겠지요. 늙음과 낡음이 함께 만나면 허무와 절망밖에 남지 않습니다. 늙음이 낡음이라면 삶은 곧 '죽어감'일 뿐입니다. 몸은 비록 늙어도 마음과 인격은 더 새로워지는 인품의 모습이 되지요. 마음이 낡아지는 것이 더 추(醜)하게 늙는 것이 됩니다.

필자는 하루 가는 시간이 너무 아까워 잠이 무척 많으나 참고 남이 자는 깊은 밤에 주로 글을 쓰며 하루 5시간이상 자질 않습니다. 낮에는 노인정에 갈 시간도 없습니다. 그런 시간이면 마음의 휴식을 취하기 위해 조용히 넷마블 인터넷 바둑 게임(아마추어 5단 정도)을 즐깁니다. 특별한 일이 없는 한 새벽이나 오후 시간에 아내와 둘이 산에 꼭 올라가지요.

중요한 것은 누구 앞에서나 고개 숙이고 겸손할 줄 알아야 하며 자신이 남 앞에 먼저 인사하고, 항상 낮춤의 삶을 살아감이 옳은 길입니다. 그런 습성이 몸에 배어야 합니다. 하루해가 길지 않다는 것을 언제나 느끼며 오늘의 값진 삶을 하나님께 감사하며 살아갈 줄 알아야 하지요. 황혼 길이 항상 생산적이고 아름답게 곱도록 늙는 인생을 마감할 때 훗날 아! 그분 말이야

하고 존경의 빛이 남게 될 것입니다.

3) 남은 세월이 얼마인가?

마음이 청춘이면 몸도 청춘이란 말이 있지요. 그런데 이 나이에 내가 뭘 해 하며 늙어버렸다는 생각은 인간 삶의 호기심을 잃는 순간입니다. 소학에 "나이는 시간과 함께 달려가고, 뜻은 세월과 더불어 사라져간다"고 하였으며, 장자는 "먹는 나이야 거절할 수 없고, 흐르는 시간은 멈추게 할 수 없다. 생장과 소멸, 성하고 쇠함이 끝나면 다시 시작하면 끝이 없다"고 했습니다. 그러니 내가 먼저 자포자기하며 소극적인 생각 자체는 금물입니다.

실패란 누구에게나 항상 있습니다. 운명에 대해서 미리부터 고민할 필요도 없습니다. 그것은 불운을 만회할 내일은 언제나 대기하고 있기 때문이지요. 승자가 되느냐? 패자가 되느냐는 자기 자신을 먼저 알아야 합니다. 나는 지금 어디쯤에 와 있는가? 지금 어디로 가고 있는가? 그렇게 자신의 마음을 다스릴 줄 알아야 한다는 것이지요. 정신력은 젊으나 늙으나 똑같습니다. 그것이 삶의 지혜이니까요.

인간은 누구나 나이가 들어가며 남은 날이 얼마 남지 않았다는 것을 느끼기에 사람같이 인생을 사랑하는 사람도 없습니다.

안필중 박사가 TV에 나와 한 말을 생각해 봅니다. 나이가 들어도 아름답게 늙어야 한다고 말하지요. 돈을 초월해 살아야 하는데, 그 첫째로 건강을 유지하며 품위를 지키기 위해 환경 적응과 생활습관을 유지하고, 둘째 용모를 단아하게 가꿔 상대에게 주는 첫인상을 초라하게 보이지 말고 고고함의 용모 단정한 자세로 가꿈이 중요하고, 셋째 남의 말을 많이 듣고 대신 자신은 말을 적게 하라. 특히 젊은이들에게 강요나 훈계치 말고, 이들의 말을 듣고 배워야 한다. 넷째로 누구에게나 부담을 주는 사람이 되지 말라. 다섯째 관대하며 편협해지지 말고 너그러운 마음의 여유로운 모습을 보이며 낙천적인 생각을 하라. 여섯째, 하루가 다른 시대에 살아가기에 시대에 맞춰 배우고 공부하며 늘 상대에게 고개 숙이듯 마음을 다듬고 낙후되지 말며 새로운 것에 도전해야 한다. 일곱째, 욕심과 아집을 버려야 한다. 여덟째, 자신의 균형을 항상 유지하여 서두르지 말고 행동을 신중히 하라. 아홉째, 작은 것이라도 나눔과 봉사의 정신으로 삶을 살아가라. 마지막으로 유교적 딱딱함에서 벗어나 언제나 미소 지으며 감사하는 태도로 일생을 아름답게 마감해야 한다.

이상은 모두가 자기 자신을 위해 나이 든 어르신다운 삶을 살아가야 한다는 격려였습니다. 성경말씀 중 시편 121에 이런 내용이 있습니다. "내가 산을 향하여 눈을 들리라. 나의 도움이 어디서 올꼬. 나의 도움이 천지를 만드신 여호와에게서로다. 여호와께서 너도 실족지 않게 하시며 나를 지키시는 자가 졸지 아니하시리로다."

또, 좋은 말씀을 남기신 '법정스님'의 글 중에서 '오늘도 가는 길 그냥가세요' 오늘도 하루하루 걸어온 발자국으로 살아왔지만, 짊어지고 온 발자국은 보이질 않습니다. 그냥 가 버리면 그만인 것을, 살아가다 보니 그게 우리 삶이고 세월이었습니다. 한 발자국 걷고 걸어온 그 발자국 짊어지고 가지 않지만 내딛고 나면 흔적으로 남아 기억됩니다. 만일 그 발자국을 다 짊어지고 가라 한다면 몇 발짝도 가지 못해 쓰러지고 말 것입니다. 하나님은 그런 사실을 미리 아시고 풀어줘 가볍게 걸으라고 인간들에게 회개의 날을 만들어 주셨습니다.

밀물이 들어오고, 다시 밀려 나가고 나면, 그 자취가 없어지듯 가벼이 살라고 편하게 만드셨습니다. 없어진 그 발자취의 흔적을 한사코 찾으려 하지 말고 그냥 내버려 두세요. 애써 잡으려 하지 말고…. 지금 가고 있어도 가는 이 순간의 그 발자국은 없어져도 전과 같이 그대로일 것입니다. 발길 닿는 대로 그냥 그대로 편히 가십시오. 우린 이 순간순간 그냥 걸어도 여전히 흔적인 자국을 말해 줄 날을 남들은 알고 있답니다.

그러므로 움켜쥔 인연보다 나눔의 인연이 더 좋고, 슬픔 주는 인연보다 기쁨 주는 인연으로 살아가며 한결같은 인연 오래오래 상대에 짐이 되는 인연으로 둥글둥글하게 살아가야겠지요. 옛날 말에 덕불고필유인(德不孤必有隣 : 덕이 있는 자는 외롭지 않고 반드시 이웃이 있듯 가장 겸손한 사람은 자신이 처한 현실에 감사할 줄 아는 사람)이라고 했습니다.

그같이 훌륭한 삶을 산 사람일수록 죽은 뒤에 이름을 남긴다고 하지요. 모든 역사는 본질적으로 생명을 주신 하나님의 신뢰에서 시작되는 것이기에 우리 인간은 살아가는 동안 하나님의 약속을 충실하게 이행하는 정신이 구원의 마지막 남은 길인 희망이 될 것이며 그것이 의무이고, 지켜야 할 우리 인간들의 과제입니다.

 자연의 섭리를 배우듯 황혼기가 되면 남은 세월에 관계치 말고 쌓아 놓았지만 베푸는 데 인색치 말아야 합니다. 갈 땐 당신이나 나나 다 빈손 들고 알몸으로 가지요. 삼성 재벌과 같이 있는 분들 돈 싸움 해 봤자 아무 소용없는 과욕일 뿐입니다. 가진 것 다 훌훌 털고 나눠주고 갈 줄 아는 사람이 현명한 인간이지요. 나중에 무덤 앞에서 아무리 지나간 세월을 후회하고 원망해도 소용없고, 되돌릴 수 없는 인생입니다. 100세까지 사는 시대에 나눔을 터득하는 지혜로 미련 없이 떠나야 합니다. 하나님은 인간의 모습모습들을 거울 들여다보듯 다 쳐다보고 계시답니다.

나는 정말 멋진 늙은이로 늙고 싶다

1) 정신적 믿음과 존경의 대상

오늘날 현대 노인들은 풍부한 경험의 소유자들입니다. 현대적 시대의 감각에 맞춰 생각하는 사고방식이 젊은이들에 전혀 뒤지지 않는 충분하고 여유로운 경험들이 쌓여 있기에 현실적 감각에 충분히 정신적 각오로 따라가는 실력의 소유자라고 할 수 있습니다.

축구경기를 예로 든다면 한참 운동할 젊을 적까지를 연습기간이라고 한다면 50세까지는 전반전이고, 75세까지는 후반전이라 할 때 동점인 경우 100세까지가 연장전이 되지요. 연장전에서 멋진 결승골을 만들어 낼 터이니 기대해 보시라는 의미입니다.

저분 참 멋있게 늙으시네!! 라는 소리를 들어 보십시오. 젊음을 부러워하지 않고 오히려 젊은이가 부러워하니 존경의 대상이지요. 많은 경험의 노하우를 움켜쥐고만 있지 마십시오.

인색하게 자존심만 지키며 거만을 부리는 노년은 외로워지고 빨리 늙고 병이 옵니다.

과거 맥아더 장군이 인천상륙작전을 성공리에 마무리한 후 미국으로 돌아가 '노병을 살아있다'고 외친 유명한 명언을 기억해 봅니다. 돈이 넉넉한 사람은 자식들에게나 사회에 인색하게 굴지 말고 듬뿍 집어주고, 부자답게 즐기며 노년을 장식해 보십시오. 그러면 참 존경받고 인정받게 될 것입니다. 돈 번 대부분의 사람들이 돈 버는 방법만 알지 쓰는 요령을 모르니 그게 탈입니다. 결국, 죽을 때 한 푼도 가져가지 못하면서 내 것 내 것 하고 벌벌 떨다가 마지막 자식들에게서까지 따돌림을 당하는 꼴을 많이 봅니다.

한 예를 들어봅니다. 같은 노인으로서 추운 겨울 갈 곳 없이 길거리에서나 지하철에서 신문지를 깔고 잠을 자며 노숙하는 노인들을 따뜻한 잠자리로 옮겨드리는 일부터 한번 시작해 보십시오. 남 돕는 일은 독거노인들 집 등 얼마든지 널려 있습니다. 우선 남모르게 덕 쌓는 일을 시행해 보시고 정말 잘했구나 라는 생각이 들면 그게 바로 복 받는 일입니다.

부자들이 부자병에 왜 걸리지요? 선대로부터 내려오는 가족력인 경우도 있으나 그보다 더 진짜 이유는 혼자만 잘먹고 포식하고, 챙긴 욕심이 목에까지 꽉 들어차 있기 때문에 옆을 보고 살아갈 줄 모르기 때문에 몸속에 중한 병이 엄습해 고치기 어려운 당뇨병 등 현대병으로 병실에 누워있는 사람들이 태반입니다. 욕심은 욕심 때문에 망하고, 행복은 작게도 만족하는 데서 오기에 그 생각의 차이뿐입니다.

돈 없는 사람은 당뇨, 고혈압 등 중병으로 누워있는 분들이 별로 없습니다. 먹고살기 바빠서 여유 부릴 사이가 없기 때문이지요. 딴맘 없이 자기 분복대로 사니 병도 달아나고 행복해진답니다. 부자병에 걸린 사람이 병을 나으려면 우선 챙겨 놓은 돈뭉치를 다 풀어 내놓고 남모르게 표시 없이 많이 베풀어야 고질병이 자기도 모르게 낫습니다.

세상을 멋지게 장식하고 싶으면 돈을 값지게 쓰는 방법부터 배워야 합니다. 나이 들어 남 앞에서 잘난 척, 너무 있는 척 나서지 마십시오. 그 척병이 인생을 망치고, 말 많은 사람이 왕따 당하기 십상입니다. 자신의 위치와 분수를 망각하면 언젠가 그게 화가 됩니다.

그저 조용히 듬직하고 점잖게 살아가는 인품은 남들이 먼저 압니다. 아무 일에나 나서거나 참견하지 마십시오. 자기 자신에 대한 연민의 콤플렉스에서 벗어나십시오.

나만큼 고생한 사람 나와 봐, 과거에 나만큼 잘나가던 사람 있으면 나와 봐, 등등 지난 과거의 자랑이나 표현은 남 앞에 항상 자중하고 삼가는 것이 좋습니다. 그런 사람은 깊이 들여다보면, 실상은 실속이 없고, 가벼워 보이는 사람이지요. 특히 존경의 대상인 교직자분들이나 공인 교직자분들은 돈을 멀리하고 경건하며 조용해야 합니다. 수양을 쌓는 황혼 빛 인생이 참 곱고 아름다워 보이고 남들에게 부러워 보입니다.

노인들 속에서만 어울려 허송한 날들을 무의미하게 보내다 보면 오히려 자신도 모르게 늙어지고 있음을 거울이 증명합니다. 체념할 것은 빨리 머리에서 지워 버리시고, 다시 새로운 인생을 시작한다는 정신을 가져 보십시오. 당신은 훨씬 더 젊어지고 있다는 사실에 놀라게 될 것입니다.

할 일이 너무 많다고 눈감는 시간까지 불평을 한번 해 보시며 편한 날 없이 오라는 데가 너무 많아 걱정이고, 여행으로 행방불명자가 돼 보기도 하십시오. 정말 그런 노인이 멋있게 늙는 것이고 다른 사람에게도 존경받는 분이 될 것입니다. 그래서 젊은 사람들이 나도 나중에 늙으면 저런 분들처럼 곱고 멋지게 늙고 싶다는 말을 듣는다면 큰 영광일 것입니다. 그게 참 멋지게 늙는 존경의 대상이지요.

불안과 초조는 건강을 해치는 제일의 해충 벌레입니다. 항상 밝은 마음, 밝은 생각, 건전한 놀이를 가질 때 언제나 대우받는 노년의 인상을 줄 것입니다.

나는 정말 멋진 늙은이로 늙고 싶다는 생각을 항상 지니시고, 없으면 없는 대로 여기고 내 힘에 맞춰 살아가며 추하게 늙지 말아야 합니다. 늘 세상사 젊은이들같이 사랑이 넘치는 정신으로 존경받는 그런 노익장을 발휘하십시오.

2) 세월과 인생, 그리고 경륜

요즈음 세상이 하도 험해 은행도 믿을 수 없이 돼 버린 것 같습니다. 은행원이 수백억 원씩 도둑질한 것이 들통 나는 사건들이 자주 일어나고 있습니다. 그러니 실제로 은행에 있는 돈은 내 돈이 아닐 수도 있습니다. 돈은 써야 할 때 값지게 잘 써야 돈 값어치가 있습니다.

나이 들어가면서 무엇보다 중요한 것은 스스로 자신을 잘 대접하는 일이지요.

그 이유는 자신을 품위 있고 존엄하게 가꿔야 하기 때문입니다. 그 많은 돈을 어찌 쓰랴 걱정할 필요가 없습니다. 자선 사업단체나 불우한 곳에 과감하게 내놓으시고 자신은 홀가분한 마음으로 동반자와 함께 길을 나서십시오. 가고 싶은 곳, 쓰고 싶은 것 있으면 즐기시며 아껴두지 마십시오.

좋은 일을 표시 없이 많이 하면 남들이 먼저 다 알게 되고 참으로 존경받습니다. 아끼고 은행에 모아 둬봐야 가져갈 곳도 없고, 고양이에게 생선 맡겨 놓은 꼴로 도둑질하는 놈들만 좋은 일 시켜줍니다. 요즘 시대가 은행마저 믿을 수 없게 돼 버린 험한 세상입니다.

질병은 기쁨으로 대하시고, 가난하거나 부유하거나 권력이 있거나 없거나 아무리 좋은 경륜을 쌓았다 하더라도 우리 인생은 누구나 생로병사하기 마련이지요. 그 어떤 예외도 없습니다. 병이 들었다고 겁을 먹거나 걱정할 필요도 없습니다. 자동차가 오래되면 노후하여 보링하고 고칠 곳이 많아지듯 우리 몸도 마찬가지입니다.

돈 많이 가진 분들 사후 재산문제, 병 치료와 간병문제, 장례식 문제들을 건강할 때 미리 유언장 등으로 만들어 두면 끝입니다. "것들을 두고 어찌 눈을 감을까!"라고 죽는 걱정부터 할 필요도 없습니다. 다 저들도 이 세상에 났으니 어느 정도 가르쳐만 두면 인연 따라 살아가게 마련입니다. 그런 생각이면 언제든지 후회 없이 세상을 떠날 수 있으니까요.

몸은 의사에게 맡기고, 목숨은 하늘에 맡기고, 마음은 스스로 책임지면 다 되는 게지요. 마음 비우고 홀가분하게 사십시오. 한세상 살아가며 제일 큰 서러움이 가난이지만, 극복하면 자기 분복대로 다 살아나가기 마련입니다.

사람은 늙어가는 것이 아니라 세월이 가면서 차차 늙어가는 것이지요. 성공이나 실패는 한세상 살아가다 보면 뉘에게나 있습니다. 낙심하거나 포기하지 말고, 성공했다고 자만하지 마십시오. 자신의 삶 속에 천국과 지옥도 함께 있습니다. 아무것도 없는 '빈손' 앞과 뒤를 한번 찬찬이 들여다보십시오. 그게 욕심까지 내려놓는 연습이 됩니다. 자주 하십시오. 자신의 마음을 비우는 일이지요. 인생은 한 조각구름이고, 스치는 바람인 것을 자연으로 다 돌아감을 순리대로 받아들여야 함이 정도의 길이랍니다.

지금 이 시간에 만나는 사람과 웃으며 대화를 나눌 수 있다는 것이 우선일 때 당신은 성공한 사람이고, 평소에 매일 부지런하게 바쁜 사람이 노소를 불문하고 잘사는 사람입니다.

상대의 행위가 눈에 거슬리더라도 절대로 화내는 짓은 하지 마십시오. 쌓아둔 공덕이 하루아침에 무너집니다. 자신의 욕심과 분한 마음을 억제하지 못하면 자신의 신상에 탈이 생깁니다. 다 잊어버려야 합니다. 많은 돈을 떼였다면 내 자신에게 덕 (德) 쌓아둔 것으로 만족하십시오.

한 분이 과거 IMF사태 이전에 먼 나라 낯선 곳에 이민 갔을 때 이민 알선 업자에게 몽땅 사기로 털렸던 기억을 해 봅니다. 그러나 대사관을 비롯해 남들이 먼저 알고 살려 주셨고, 발 뻗고 잠을 잘 수 있었으나 사기 친 그 인간은 필자가 고국으로 돌아온 이후 풍문에 들어보니 집안에 딸 셋이 모조리 이혼하거나 낳은 자식이 불구자가 되고, 송사에 집안이 분란으로 허덕이고, 사기 친 이 자는 중병에 중풍까지 와 얼굴이 한쪽으로 돌아가 버려 말을 못하고, 사람을 분별치 못한다는 이야기를 전해 들었습니다. 그게 인과응보라는 게지요. 요즘 세상은 스피드 세상이라 남을 울리면 당대에 바로 벌을 받는다고 합니다.

그러기에 인생사 분노의 분별을 놓아버리는 것이 수양된 사람이고 경륜을 쌓는 길입니다. 무거운 짐을 다 내려놓고 나면 홀가분해지듯이 욕심을 버리면 마음속의 고통이 사라집니다. 필자는 지금도 가진 게 없이 어렵게 살아가지만, 현재에 그저 만족하며 감사하게 아내와 분복대로 편하고 흡족한 마음으로 건강하게 잘 살아갑니다.

나의 인생은 누구도 대신할 수 없는 나만의 몫입니다. 나의 삶에 충실하고 즐겁게 살아갈 의무가 있습니다. 험한 세상에 나의 본마음을 지켜나갈 줄 알 때 그게 잘사는 길입니다. 자기에게 적을 만들지 말고 성냄이나, 탐욕의 어리석음을 마음에서 비우면 독을 없애는 행복의 지름길이 되겠지요. 언제나 자기 참회와 수양으로 기도함이 정도의 길입니다.

항상 고마운 마음으로 세상을 살아가는 자기중심이 무엇보다 중요합니다. 이 세상에 홀로 나와 세월과 인생 속에 살아가며 작별하고 가는 날까지 자신의 경륜을 발휘하여 남에게 표시 없이 덕 쌓는 일이 제일 중요합니다. 아름다운 마침표로 당신의 이름 석 자를 남기고 가는 것이기에 삶이 값진 것이랍니다.

늙은 남편이
부담스럽다니까요

1) 늙은 수컷의 외로움

동물 사회에서 늙으면 수컷은 참으로 비장한 각오를 하는 것 같습니다. 동물의 왕국이란 TV를 자주 보면서 느끼는 사실인데, 평생 적으로부터 자기 무리를 보호하던 수사자는 사냥을 암놈들에게 다 맡기고, 오직 자기들 영역인 구역을 지키다 늙어지면 이유 없이 젊은 수컷에게 자리를 내주고 쫓겨나 마지막 정처 없는 여행에서 혼자 걷다가 지쳐 나중에 하이에나와 마지막 사투로 고함을 지르다 지쳐 죽어가는 모습이 너무 처량해보입니다.

필자가 어느 날 잘 아는 강진 오산마을 이장님 댁에서 새끼고양이 한 쌍을 얻어다 집안에 키우지 않고 창문가 베란다에 집을 지어 길렀는데 반 야생이 되어 일 년도 채 되지도 않아 밤이면 시끄럽게 동네를 소리소리 지르며 다니더니 두 암놈이 새끼를 배서 배가 불러 산달이 되어 산실을 집 곁에 만들어 줬습니다. 한데 새끼가 아홉 마리나 되다 보니 대 가족이 되어 먹이를 집에서 주는 밥만으로는 어림도 없어 장날이면 장에 나가 고등어 대가리를 직접 얻어다 먹이곤 하는데 먹이 앞에서는 형제들끼리도 서로 으르렁거리며 먼저 먹으려고 서열다툼을 하던 어느 날, 어미들 두 놈이 며칠째 보이질 않았습니다. 이상하다고 집사람과 이야기 나누던 한 보름쯤인가 후에 집 뒤 새벽 산길 양무정 활터 옆 어디선가 나는 소리가 고양이 울음소리 같아 '나비야'라고 부르니 주인을 알아차린 듯 우리 곁에 가까이와 야옹야옹하더니 어디선가 고양이 소리가 나니까 그쪽으로 쏜살같이 가버리는 모습이 참 처량해보였습니다.

동물의 세계일수록 자식들을 위해 어미가 양보하는 질서의식이 엄격함을 실감하며 야생 고양이가 된 탓인지 저들 나름대로 살길을 찾아 뿔뿔이 떠난 이후 고양이와 인연을 끊고, 또 요즘은 장날에 토끼 한 쌍을 사와 비워둔 닭장에 길러 보니 어찌나 풀을 많이 먹는지 감당하기가 어려운데 암놈이 또 새끼를 밴 모양입니다. 동물의 세계도 종족 보존과 서열의 생존의식이 인간들보다 더 강하다는 것을 느끼게 했습니다.

요즘 시대의 젊은 여인들은 정말 많이도 달라졌습니다. 술에 취해 길거리에서나 전철 칸에서 비틀거리는 것은 예사이고 여자들이 주도권을 쥐고 사는 세상이라 남자가 여자 시키는 대로 하고 살아가야 집안이 조용합니다. 남자들의 위치가 너무 보잘 것없이 쓸쓸해져 그나마 가정이 파괴되지 않게 지켜야 하기 때문이지요.

오래 살아가다 보니 남편의 약점을 교묘하게 헐뜯으며 반말로 머슴 부리듯 대해도 벙어리냉가슴 앓듯 참고 살아가야 하는 남자들은 스트레스만 쌓여 병이 됩니다. 남편들의 설 자리가 점점 좁아지고, 가을에 쓸쓸히 떨어지는 낙엽 신세처럼 이젠, 마치 산업 폐기물 취급을 받는 시대에 안간힘으로 버티는 남자들. 가정이 파괴되면 그 삶의 인생은 끝이기 때문이지요. 자식은 부모의 사랑을 먹고산다는데 요즘 세상은 이혼을 떡 먹듯해 결손가정이 많아 집 없이 거리를 떠도는 불쌍한 아이들이 너무 많아 국가적 차원의 대책이 시급한 현실입니다.

행복한 부부는 서로를 격려하고 남편을 존경하면서 져줍니다. 불행한 부부는 서로를 무시하고 공격형으로 어투부터 거칠고 반말로 시작하지요. 행복한 가정은 서로 양보하고 참으며 편안한 친구 맞이하듯 남편을 대하고, 남편의 무슨 말에도 비난보다 고개를 끄덕여주는 친구 같은 아내, 남편의 명예를 높이고 남편의 기를 살려주는 아내를 남자들은 깊은 어머님의 그리움이 숨어있는 대상으로 항상 간직하며 살아가지요.

똑같은 여인들인데 어떤 아내는 남편의 기를 살리고, 어떤 아내는 남편의 가슴에 대못을 치며 불 질러 놓고도 아무렇지도 않게 기를 죽이며 간 크게 살아갑니다.

이기심과 무관심이 가정의 행복을 파괴합니다. 서로를 배려하고, 상대가 절실히 위하고 원하는 것이 무엇인지 알아야 한다고 합니다.

우리나라 보건사회연구원에서 발표한 조사 결과 한국 여성들의 71.8%가 '늙은 남편이 부담스럽다'고 한답니다. 평균 수명이 길어지면 그만큼 돌봐야 하는 기간도 늘어날 것이라는 게 여성쪽의 걱정이랍니다. 늘 듣던 말 같은데 남성에겐 점점 더 내몰리는 느낌이 들지요.

어떤 지인(知人) A씨 나이는 71세인데 부인 B씨는 63세라고 하지요. 어느 날 B씨가 친구 모임에 갔다가 집에 오후 늦게 돌아오자마자 바로 자기 방으로 들어가 버렸습니다. A씨에게 왔다는 인사말도 없이 들어가 버린 부인이 혹시나 걱정이 되어 이상하게 생각돼 B씨방에 가서 밖에서 무슨 일 있었느냐고 다정한 목소리로 물어봐도 아무런 말도 없이 토라져 누우며 흐느끼기만 해 더욱 안달이 나 곁에서 비위를 맞추니 B씨가 한참 후에 하는 말이 '다들 싱글'인데 나만 '더블'이라 싱글이 부러워서 그런다면서 울더라고 합니다.

즉, 다른 여자들은 혼자 몸이어서 다들 밥 걱정도 안 하고, 자유롭게 여행도 다니고, 마음 내키는 대로 에어로빅하며 살 빼고, 춤 배우고 즐겁게 엔조이하고 산다는데 자기만 남편이 있어 부자유스럽고, 불편해 그런다나요. 남편 A씨는 이 말을 듣고 뒤통수를 망치로 얻어맞은 느낌이 들어 조용히 방을 나와 자기 방에 혼자 들어와 침대에 벌렁 누우며 마누라가 늙기 싫어 발악하는구나! 하면서 눈을 감고 명상에 잠겼답니다.

늙은 노인들을 조롱하는 농담으로 가을에 지는 낙엽에 비유해 "비오는 날 빗자루로 아무리 쓸어도 달라붙어 꿈쩍도 않는다"는 일본 속담을 생각해 봅니다.

2) 현대 남자들은 울고 있습니다.

  20~30대는 남보다 열심히 공부해야 하고, 대학을 졸업한 후 취업이 안 돼 고생하고, 다 큰 자식 용돈 받기도 뭐하고, 알바 자리도 없고, 사귀던 여자 친구는 떳떳한 직장이 없다고 고무 신 거꾸로 신고 도망가 버리고, 고생하는 늙으신 부모님께 불 효해 죄인 같은 마음뿐. 또, 40~50대에는 열심히 다니던 회사 에서 명퇴 소리로 가슴이 오매조매하던 어느 날 찬밥신세로 밀 려나면 재취업하기 하늘의 별 따기라 마누라 자식들 눈치 보며 기죽어 말대꾸 한마디 못하고 새가슴이 되어 운동 나간다며 개 천가 풀숲에 홀로 앉아 외롭게 눈물 훔치며 울고 있는 현대 아 빠들……

  퇴직 전까지 자식들 먹이고, 입히고, 가르치고, 장가보내고, 하다 보니 한눈 팔 새도 없이 가진 것 모아둔 것 없어 홀로 서 글퍼 고민하니 한평생을 뼈가 빠지도록 뒤도 돌아보지도 않고 오직 일밖에 모르고 살아왔는데 내게 남는 건 하나도 없습니 다. 그렇다고 남들처럼 취미생활은커녕 가까운 친구들과 술자 리도 한번 제대로 나눠보지도 못하고 그저 얻어먹기만 하다 보 니 술빚도 못 갚으면서 살아 왔는데, 남들은 어찌 그리도 잘들 살아가는지, 생각하니 지나온 세월이 너무 바보스러운 마음뿐이라 한숨만 절로 납니다.

거울 앞에 서 모습을 보니 머리는 어느새 다 빠져 대머리가 돼 버렸고, 몇 안 남은 머리숱이 온통 흰머리뿐이고, 눈가에 주름은 언제 그리도 많이 생겨난 것인지 유령 같은 얼굴 모습에 한숨이 절로 나는데 마누라가 곁에 오더니 주눅 들듯 비실대며 살아가는 남편이 애처로워 보이는지 그 꼴 보기 싫다고 사골 끓여 주는 마누라. 아직 멀쩡한 마누라는 친구들과 어울려 매일 딴전을 피우고 다닙니다.

이젠 세상에 외돌토리 신세가 된 양 배신당한 것 같은 심정에 남자들은 밤잠을 이룰 수 없어 불면증에 시달리게 되고, 우울한 홀로의 고독 속에 어쩌다 잠깐 잠들다 보면 뒤숭숭한 꿈자리 때문에 입안 언저리가 텁텁하고, 입가가 죄 부르트고 종일 우울함 속에 홀로라는 기분이 드니 자살해 버리고 싶은 충동에까지 이른다고 한다지요. 그러다 보면, 60을 훌쩍 넘어 70에 접어드니 외로움은 더더욱 커져 표현하지 못할 쓸쓸함뿐입니다.
진정, 우리나라 가부장적 전통문화는 무참히 짓밟혀 산산조각 나 버린 지 오래이고, 그 고분고분하게 순박하던 마누라는 어느새 백여우가 다 되어 사사건건 남편을 잡아먹으려 달려들고 하니 그저 찍소리 못한 남편들 허파 뒤집혀도 숨죽여 살아갈 뿐. 목소리조차 낮추고 눈치 보면서 살아가야 하는 신세랍니다. 왜 젊었을 때 마누라 좀 잘해주지 그랬어요. 그때 못한 죗값이라고 생각하라나요.

이 시대 남자들의 설 자리는 점점 좁아지고 있습니다. 사실,

하루도 편할 날 없이 아슬아슬하게 깊은 상처를 안고 말없이 조용히 살아갈 뿐인데 나중엔 건강까지 잃고 아! 이게 아닌데…….하는 후회의 한숨이 절로 납니다.

어떤 70대 내외분의 자살 유서입니다. 경북 청송에서 소규모 사과농장을 하는 동갑내기 남편이 아내를 몰라보고 옷에다 똥범벅을 해 놓고 천장만 보며 웃는 치매가 걸리다 보니 견디다 못한 마누라가 함께 세상을 떠나야 한다는 슬픈 결심을 했다지요.

"애들아! 미안하다. 너무 힘이 드는구나. 다시 못 본다고 생각하니 섭섭하다. 내가 죽고 나면 너희 아빠가 결국 요양원에 가 벽에 똥칠을 해야 하는데 누가 귀저기를 채워주며 그 뒷수발을 하겠느냐. 그러니 내가 운전할 수 있을 때 함께 가기로 결심했다." 사과밭 언덕위에 묻어다오……이런 마지막 결심을 한 비극의 글을 읽으면서 이 시대 부모들의 안타까운 한 토막 사연에 눈시울을 적셔봅니다.

행복은 마음에서 큰다고 하지요. 비록 사는 게 어렵고, 힘들어도 자기 자신의 삶 속에서 행복을 발견해야 합니다. 그게 하나의 기술이지요. 높은 학력을 가져도 항상 불행하게 사는 사람이 있는가 하면, 가진 거나 배운 게 비록 없어도 행복하게 살아가는 그런 가정은 꼭 있습니다. 만족이나 행복은 반드시 소유에만 비례하지 않는다는 사실이지요. 만족이란 자신의 내면에서 찾아내는 것이기에 자신의 인생을 불행하게 느끼느냐, 행복하게 느끼느냐는 어디까지나 돈 이전에 지혜의 문제입니다.

한평생을 같이 사는 마누라에게도 처신하는 요령이 필요한데 마누라에 속 보이는 짓을 자꾸 함으로써 남편을 가볍게 봐 버리기에 남자는 매사에 조심하고 입이 무거워야 합니다.

가정이 행복하고, 편하려면 우선 남자가 행복의 눈을 떠 감사를 만드는 일이 급선무입니다. 그 이유는 가장의 리더로 내 사랑하는 가족이 있어 행복하고, 건강이 있어 감사하다고 생각하는 일입니다. 남들이 보잘것없다고 비꼰다 해도 우리만의 삶을 열심히 살 수 있다는 것, 그것은 남부럽지 않은 행복입니다. 남의 평가에 신경 쓸 필요가 전혀 없습니다. 그러기에 작은 것도 소중히 여기고, 명성보다도 진실을 사랑하는 현실이 가장 중요하지요.

어렵게 살아가지만 늘 웃고, 행복하게 살아가는 것을 본 한 분이 사는 게 부럽다고 말하자 그분 말대답이 "지나간 일에 슬퍼하지 않고, 아직 오지 않은 일에 근심하지 않으며, 욕심 없이 지금에 만족하고 작은 일이지만 전념할 뿐"이라고 했다지요. 어리석은 사람은 아직 오지도 않은 일에 걱정부터 하고, 이미 지나간 일에 매달려 슬퍼합니다. 그러니 마음을 비우고 사는 것이 참 행복입니다. 자신의 분복에 만족하고 살아갈 줄 아는 행복은 저 먼데서 오는 게 아니라 당신 제일 가까운 곁에 항상 있습니다.

어느 두 노인의
현실적 비극

　인터넷에 오른 어느 한 노인의 풍수지탄 같은 기막힌 유언장의 내용입니다. 아내를 잃고 혼자 살아가는 외로운 노인이 있었다. 젊었을 때엔 힘써 일하였지만 이제는 자기 몸조차 가누기가 힘든 노인이 되었다. 그런대로 장성한 두 아들은 아버지를 전혀 돌보지 않았다. 어느 날 노인은 목수를 찾아 가 나무 궤짝 하나를 주문하였다.

　그리고 그것을 집에 가져와 그 안에 유리 조각을 가득 채우고 튼튼한 자물쇠를 채웠다.

　그 후 아들들에게는 한 가지 의문이 생겼다. 아버지의 침상 밑에 못 보던 궤짝 하나가 놓여 있었기 때문이었다. 아들들이 서로 그것이 무어냐고 물으면 아버지는 별게 아니니 신경 쓰지 말라고 말할 뿐이다. 궁금해진 아들 둘은 아버지가 없는 틈을 타서 그것을 조사해보려 했으나 자물쇠로 단단히 잠겨 있어서 안에 무엇이 들어있는지 알 수가 없었다. 궁금한 것은 그 안에

금속들이 부딪치는 것 같은 소리가 난다는 것이었다. 한 아들이 그래! 이건 아버지가 평생 모아놓은 금은보화일 거야! 그러면서 그때부터 둘은 서로 번갈아가며 아버지를 잘 모시기로 했다. 그리던 얼마 뒤 아버지는 돌아가셨다.

아들들은 드디어 그 궤짝을 열어봤다. 깨진 유리조각만이 가득 들어 있는 것을 발견하고, 큰아들은 화를 내었다. "……당했군!" 그리고 궤짝을 멍하니 보고 있는 동생을 향해 "왜? 궤짝이 그래도 탐 나? 그럼 네가 가져버려라!" 작은아들은 형의 말을 들었는지 한참 동안 그 자리에 서 있다가 충격을 받은 모양이다. 적막한 시간이 흘렀다. 얼마 후 작은아들의 눈에 맺힌 눈물이 주룩 흘러내렸다. 작은아들은 그 궤짝을 자기 집으로 옮겨왔다.

아버지가 남긴 유품 하나만이라도 간직하는 것이 그나마 마지막 효도라고 생각한 것이다.

아내는 구질구질한 물건궤짝을 왜 집에까지 들여왔느냐? 귀신 나올 것 같다며 짜증을 냈다. 그는 아내와 타협을 했다. 유리조각만 버리고 궤짝만 갖고 있기로.....궤짝을 비우고 나니 밑바닥에 편지가 한 장 들어 있었다.

막내아들은 그것을 읽다가 꺼억꺼억 소리 내어 울기 시작했다. 나이 마흔을 넘긴 사나이의 통곡소리에 그의 아내가 급히 달려갔다. 손주 아들 딸도 달려왔다. 첫째, 나는 아들을 가졌을 때 기뻐서 울었다. 둘째, 아들이 태어나던 날, 나는 좋아서 웃었다. 그때부터 30여 년 동안, 수천 번, 수만 번 그들은 나를 울게 하였고, 또, 웃게 하였다. 이제 나는 늙었다. 그리고 그들은 달라졌다. 나를 기뻐서 울게 하지도 않고, 좋아서 웃게 하지도 않는다. 내게 남은 것은 그들에 대한 기억뿐이다. 처음엔 진주 같았던 기억, 중간엔 내 등뼈를 휘게 한 기억, 지금은 사금파리, 유리조각 같은 기억, 아 아!! 그래도 내 아들들만은 ..... 나 같지 않기를....그들의 늘그막이 나 같지 않기를 바랄 뿐.....아내와 손주 딸도 그 글을 읽었다. "아버지!!" 하고 소리치며 아들 딸이 그의 품으로 뛰어들었다. 아내도 그의 손을 잡았다. 네 사람은 부둥켜안고 한참 울었다. 그런 일이 있은 다음부터 그들 집안에서는 자기를 낳아 준 부모의 고마움과 효도의 참된 길을 알게 되었다.

다음 또 한 가지를 더 소개해 봅니다. 제목은 '촌 녀'입니다. 여자 홀몸으로 힘든 일을 하며 판사 아들을 키워낸 장한 노모는 밥을 한 끼 굶어도 배가 부를 것 같고, 잠을 청하다가도 아들 생각에 가슴 뿌듯함과 오뉴월 폭염의 힘든 농사일에도 흥겨운 콧노래가 나는 등 세상을 다 얻은 듯해 남부러울 게 없었다. 이런 노모는 한 해 동안 지은 농사걷이를 이고, 지고 세상에서 제일 귀한 아들을 만나기 위해 서울 한복판의 아들 집을 향해 가벼운 발걸음을 재촉해 도착했으나 이날따라 아들만큼이나 귀하고 귀한 며느리가 집을 비우고 눈에 넣어도 아프지 않은 손자만이 집을 지키고 있었다. 아들이 판사이기도 하지만, 부잣집 딸을 며느리로 둔 덕택에 촌로의 눈에 신기하기만 한 살림살이에 눈을 뗄 수 없어 집안 이리저리 구경하다가 뜻밖의 물건을 보게 됐다. 그 물건은 바로 가계부였다.

부잣집 딸이라 가계부를 쓰리라 생각도 못했는데 며느리가 쓰고 있는 가계부를 보고 감격해 그 안에 들여다보니 각종 세금이며 부식비, 의류비 등 촘촘히 써 내려간 며느리의 살림살이에 또 한 번 감격했다. 그런데 조목조목 나열한 지출 가운데 어디에 썼는지? 모를 '촌녀' 10만원이라는 항목에 눈이 멈췄다.

무엇을 샀길래 이렇게 쓰여 있나? 궁금증이 생겼으나 1년 12달 한 달도 빼놓지 않고 같은 날짜에 지출한 돈이 바로 물건을 산 것이 아니라 자신에게 용돈을 보내준 날짜라는 것을 알게 되었다. 촌로는 머릿속이 하얗게 변하고 아무런 생각도 나지 않아 한동안 멍하니 서 있었다.

아들 가족에게 주려고 무거운 줄도 모르고 이고 지고 간 한해 걷이를 주섬주섬 다시 싸서 마치 죄인 된 기분으로 도망치듯 아들의 집을 나와 시골길에 올랐다. 가슴이 터질 듯한 기분과 누군가를 붙잡고 이야기를 하고 싶어도 할 수 없는 분통을 속으로 삭이기 위해 안간힘을 쓰고 있는 가운데 금지옥엽 판사 아들의 전화가 걸려왔다. "어머니 왜 안주무시고 그냥 가셨어요?"라는 아들의 말에는 빨리 귀향길에 오른 어머니에 대한 아쉬움이 가득 배어있었다.

노모는 가슴에 품었던 폭탄을 터트리듯 "아니 왜! 촌년이 거기 어디서 자....아!" 하며 소리를 지르자 아들은 "어머니 무슨 말씀을 ...." 하며 말을 잇지 못했다. 노모는 "무슨 말? 나보고 묻지 말고 너의 방 책꽂이에 있는 공책한테 물어봐라. 잘 알게 다"라며 수화기를 내 팽개치듯 끊어버렸다. 아들은 가계부를 펼쳐보고 어머니의 역정이 무슨 이유인지 알 수 있었다.

그렇다고 아내와 싸우거니 판사 집에서 큰소리 난다 소문이 날 거고, 때리자니 폭력이라 판사의 양심에 안 되고 그렇다고 이혼을 할 수도 없는 노릇이라 사태수습을 위한 대책마련으로 몇날 며칠 무척이나 힘든 인내심을 발휘했다.

그런 어느 날 바쁘단 핑계로 아내의 친정 나들이를 다녀오자는 말에 아내는 신바람이 나 선물 보따리며 온갖 채비를 다한 가운데 친정 나들이를 하게 됐다. 처갓집에 도착해 준비한 보따리를 내놨으나 사위 판사가 마당에 서 있자 장모가 "아니 우리 판사 사위 왜 안 들어오는가?"라는 말에 사위가 "촌년 아들이 왔습니다"라고 대꾸하자 그 자리에 장모는 돌하르방처럼 굳은 채 서 버렸다. "촌년 아들이 감히 이런 부잣집에 들어갈 수 있습니까?"라고 말하고 차를 돌려 가버리고 말았다.

그날 밤 시어머니 촌년의 집에 찾아간 사둔 두 내외와 며느리가 납작 엎드려 죽을죄를 지었으니 한번만 용서해 달라며 빌고 빌었다. 이러한 일이 있고난 다음 달부터 시어머니의 용돈 50만원이란 항목이 며느리의 가계부에 별도로 자리했다. 이 아들 판사를 보면서 지혜와 용기를 운운하기보다는 역경 대처기술이 능한 현실사회의 판사라고 여겨진다.

가슴으로 맺는
참된 우정

　나의 몸이 이 세상에 태어나 한평생을 살아가는 동안 많은 사람을 만나며 살아갑니다. 가까이는 부모와 형제 그리고 부부간과 친구들, 또 사회에서 만나는 지인 등 그 속에서 서로의 정을 주고 나누며 한세상 동안 인생을 살아가는데 유다르게 자기와 인연이 닿아 가까이서 도와주는 친구나 지인이 있는 반면, 자기에게 사사건건 원수같이 따라다니며 해(害)를 끼치는 부정적인 그런 사람도 꼭 있기 마련입니다.

　많은 사람들 가운데 그런 진정한 우정인 인연이 자기 곁에 세 사람만 있다고 한다면 그 친구는 성공한 인생살이라 할 수 있습니다.

　가령 따뜻한 마음 한 줄기로 눈만 뜨면 만나보고 싶고, 진실한 연인처럼 보고프며, 내 속마음 그대로 주며 세상사 모든 일을 허물없이 나누고 싶은 그런 진정한 친구의 우정 말입니다. 또, 돈이나 중요한 물건 같은 것까지도 어려움에 처해 있을 때

도와주며 내 것, 네 것을 따지거나 그 돈을 언제 값을 건데?라는 이유를 달지 않고, 무조건 어려운 때 부담 갖지 않고 도와주고 받을 생각을 않으며, 가장 슬프고 아플 때 눈물을 함께 흘리며 울어줄 수 있는 그런 진정한 우정 말입니다.

그래서 매일 만나고, 매일 만나지 않아도, 그리고 멀리 떨어져 있어도 늘 가슴 한편에 그리움으로 말없이 자리 잡고 있으며 잔잔하게 밀려오는 파도처럼 언제나 그 모습 그대로 보고픈 참된 우정과 사랑으로 똘똘 뭉쳐 세상사에 전혀 오염되지 않고 맑디맑은 옹달샘에서 솟아나는 맑은 영혼들 말입니다.

독일의 문학자 한스 카로사는 "인생이란 너와 나의 만남이다"라고 했습니다. 그러기에 산다는 것은 만나는 것이며 언제나 만남의 존재입니다. 부모와의 만남, 스승과의 만남, 친구와 책과의 만남, 종교 등 인간은 만남을 통해서 행복과 불행이 형성됩니다.

자신이 어떤 만남을 가지느냐에 따라 인생길이 뒤바뀔 수 있지요. 여자는 좋은 남편을, 남편은 어진 여자를, 학생은 훌륭한 스승을, 스승 또한 훌륭한 제자를, 그리고 자식은 부모를 잘 만나야 합니다. 씨앗은 땅을 잘 만나야 하고, 백성은 나라의 임금님인 왕을 잘 만나야 나라가 번성합니다.

우리 인생은 만남에서 모든 것을 결정합니다. 우연한 만남이든, 섭리에 따른 만남이든, 인생의 변화는 만남을 통해서 진실한 의미를 부여하고 시작하는 것이지요. 그 가운데 자신의 처신이나 말의 언행일치는 큰 비중을 차지합니다. 아무리 가까운 사이라 하더라도 서로의 자존심을 깎는 일만은 말아야 하고, 또 가까운 사이일수록 상호간에 최소한의 예의는 지켜주면서 양보하는 정신이 중요합니다. 그래야 오래도록 지속되지요. 이 속에 참된 보람과 행복이 숨어있답니다.

행복은 누가 가져다주는 선물이 아니고, 부딪치며 살아가는 세상 속에서 만들어 가는 창작품입니다. 그건 자신이 주인이 돼야 하지요. 인생은 연습이 없는 실전의 현장이기에 중도에 그만둘 수도 없고, 누가 대신해 살아 줄 수 없는 나만의 생활, 내 가정, 내 직장인 인생이기 때문입니다. 타인들의 인생을 좇아 헐떡이며 살지 말고 내 인생 분수를 지켜 분복대로 살아가야 합니다. 야박한 세상, 남을 이해하고 매사에 지는 공부를 하면서 살아가면 탈이 없지요. 바르고 정직하게 살아갈 때 정의는 반드시 승리하기 때문입니다.

우리 인간의 머리는 하늘에서 나에게 준 보물창고라고 하지요. 녹슬지 않도록 언제나 잘 계발해야 합니다. 아무리 나이 들어도 머리는 한없이 계발 가능하다고 했습니다. 머리를 쓸 줄 모르는 사람은 퇴보하고 현대 첨단 생활에서 낙오자가 되고 맙니다.

만남 속에는 어린 때 친구에서부터 인스턴트 우정이나 아날로그 인맥이 아닌 진솔하고, 아낌없이 뜻을 함께할 수 있는 '디지털 인맥'을 찾고, 만들어야 합니다. 자기 주위에 몇이냐에 따라 그 인생이 달라질 수 있습니다. 그것은 오직 자신의 처신에 달려있는 게지요.

필자는 그런 친구들 중 한 사람은 지금도 전화를 시작할라치면 우선 인사로 "야 이 산적아! 야 이 해적아!"부터 시작합니다. 사심 없이 말을 주고받는 사이랍니다. 이 친구는 풋내기 다섯 살 적부터 한 동네 위아래 집에 함께 살아온 죽마고우로 우리는 그 어려운 고난의 시기를 넘겨온 뿌리 깊은 우정을 간직하고 있습니다.

필자가 자라던 어린 시절에는 정말 너무 고생이 많았던 시절이었습니다. 해방되기 전 초등학교 4학년 때까지 대동아전쟁 시절 고생하며, 어릴 적 지금의 여수공화동 쪽 논둑에서 여름에 장군잠자리(쇼군돈보)를 잡으며 배고픔을 달래야 했고, 미국 비행기가 떴다 하면(구슈게이요) 파 놓은 굴에 숨던 기억과 빨래터 우물가에서 약에 쓴다고 어릴 때 오줌을 눠주면 오다마(눈깔사탕) 하나씩 받아먹던 기억을 지울 수 없습니다.

이후 여순반란사건 때는 중학교 1학년생이라 빨갱이들과 싸우며 건국에 수난이 많았던 시절, 죽음을 면할 수 있었고, 6·25전쟁 때 중학 3학년 학생으로 전쟁에 나가기 일보 직전에 휴전이 되기도 한 어려운 고난의 시절을 넘겼습니다. 그래서 우리들의 우정은 더더욱 돈독해질 수밖에 없었지요. 그런 친구들이 지붕도 없는 지금의 여수고 교정에서 공부하며 수난을 겪어온 지나온 세월이었기에 동창생들은 생존자가 10여명 안팎에 불과합니다.

가슴으로 맺은 우정은 어떤 말도, 어떤 상황에도 상대의 어떤 어려운 처지를 함께 나눌 수 있는, 굳이 말이 필요 없는 우정이라야 하고 어떤 대가도, 계산도 필요치 않아야 합니다. 아무리 멀리 떨어져 있어도 마음으로 의지하고, 그리워하는 것만으로도 인생의 참된 동반자인 것만은 틀림없는 사실입니다.

소중한 우리 인생 사람답게 사는 것이 무엇이며 어려움에 처할 때 진정한 우정의 돌봄이 과연 누구인지? 한세상을 살아가며 사람다운 사람을 만나야 한다는 의미입니다.

중국의 한시 서문행에 이런 글이 있습니다. 인생불만백 상회천세우(人生不滿百 常會千歲憂)라. 사람이 백년도 옳게 채워 살지도 못하면서 천년치의 근심을 품고 살아간다는 뜻이지요. 그중에서도 격의 없고, 티 없이 따뜻한 우정은 삼겹살 구워 놓고 오순도순 나누며 주고받는 소주 한잔이 당신의 참된 우정이될 것입니다.

삶에 어려움이 생기걸랑 혼자 해결하려고 고민하지 마시고 내 곁에 제일 가까운 친구를 찾아가 인생을 논하십시오. 그 우정은 돈으로 절대 다 살 수 없습니다. 지란지교(芝蘭之交)란 진실되게 서로를 아끼고, 감싸주고 도우면서 함께 꿈꾸는 그런 사이를 말하지요. 사랑은 서로 창조하는 것이며 한마음의 길이고 살아 있을 때 맺은 좋은 인연 값지게 승화시켜야 합니다. 좋은 친구의 우정은 평생 값진 삶이 될 것입니다.

가장 아름다운
인간 존재의 가치

1) 귀한 나 하나의 존재

진정으로 나 하나의 존재는 이 세상 70억 명이라는 어마어마한 인간들 속에 단 나 하나의 존재라는 사실과 또, 수백억 배가 넘는 또 다른 생명체와 함께 공존하고 있는 엄청나게 큰 공간 속에 한 조무래기에 불과하지만 나의 생명체는 하나님이 주신 값진 존재임에는 틀림없습니다. 그렇지만 깊이 따지고 보면 내 것이라고는 하나도 없습니다. 아내가 내 것인가? 자식이 내 것인가? 친구가 내 것인가? 내 몸뚱이도 내 것인가? 내 지닌 물건도, 입은 옷도 어느 것 하나 내 것이란 진정 하나도 없습니다. 그러기에 어느 것, 어느 누구도 내 것이라고 단정 지을 수 없지요.

다만, 인연 따라 만났다, 인연 따라 흩어지는 구름 같은 존재라지요. 살아 있는 한 매일 세수하고, 목욕하고, 양치질하고,

몸치장하며 멋을 내어보면서 이 몸뚱이가 '내 것'이라고 착각하고 살아갈 뿐이지요. 돈, 시간, 열정을 다 쏟으며 멀쩡한 얼굴을 뜯어고치고, 예뻐져라, 늘씬해져라, 섹시해져라, 병들지 마라, 늙지도 마라, 제발 죽지만 말고 장수해라.

그러나 그 생각이 내 바람대로나 의지대로 이뤄지는 것 하나도 없이 전혀 다른 방향으로 살찌고, 주름살 생겨나고, 매일 아파 몸은 종합병원이고, 뜻하지도 않게 암을 선고받고, 하다 보니 하는 일마다 꼬이고, 기력은 쇠퇴해져 사는 자신감을 잃고 언젠가 죽을 날만 세다 보니 불면증, 우울증이 겹쳐 자신감을 잃고 맙니다.

그러는 사이 어느덧 세월은 다 가고, 허무함만이 남는 게지요. 그런 속에서도 병원 침대에 등창으로 몸을 꼼짝도 못하는 환자더러 더 살고 싶은가?라고 물어보면 일어나 걸어만 봤으면 소원이 없겠다는 말로 이승에 아직도 살아 존재하고 있다는 가능의 희망을 말하는 것을 듣기도 합니다.

그러니 태어나 생로병사의 고통이나, 사는 동안 사랑했던 여인을 떠나보내거나, 내가 가장 싫어하는 원수 같은 사람을 외나무다리에서 만나는 아픔이나, 갖고자 했던 부도 명예도, 이젠 다 채워지지 않고, 세월만 다 가버린 황혼길 고갯마루에 올라서서 한숨만 쉴 뿐!

돌이켜 보니 꿈같은 날들이 다 그림자 같은 물거품으로 남고 말았습니다.

오늘도 나를 매일 웃으며 맞아주는 아내에게 고마워하고, 나를 아빠라고 믿고 선택해준 아들과 딸에게 고마운 마음을 간절하게 느끼고, 아직 오래도록 살아계시는 부모님께 감사. 조상님께도 감사, 이웃과 직장이나 직업에 감사, 건강함에 감사, 나와 인연 맺은 모든 분들에게 눈물겹도록 감사, 이 세상에 나를 태어나게 하여주신 하나님께 감사할 뿐입니다. 이 세상은 그토록 고마움과 감사함의 연속입니다.

내 것이란 비록 하나 없어도 등 따뜻하게 잘 수 있고, 배부르게 먹을 수 있고, 자식들과 오손도손 살아가고, 대자연 속에 안겨 포근함을 느낄 수 있으니 이 얼마나 나는 행복한 사람이며 복 받은 사람인가요. 은혜와 사랑을 흠뻑 뒤집어쓴 내 이 한 몸, 언제나 감사의 기쁨을 엎드려 기도드릴 수 있는 소원 또한 행복이 아닐 수 없습니다. 삶이란 참으로 복잡하고 아슬아슬하지만 사는 맛이 그 속에 있고, 살아가는 자신감이 곧 힘이 됩니다. 이 세상에 하나뿐인 귀한 나의 존재가 자기만이 할 수 있다는 긍정적이고 적극적인 정신으로 가장 아름다운 삶의 가치로 승화시켜야 합니다.

인생을 자신의 것으로 만들고, 사랑도 열심히 자신의 것으로 만들어 참다운 나로 다시 태어나 체면과 눈치를 벗어던지고 내 길로 인간적인 정의로움으로 자신의 삶을 영위하십시오.

슬픔이나, 고통이나, 좌절의 삶을 살아갈 필요가 없습니다. 좌절은 삶을 포기하게 만드는 암적 존재입니다. 상대들에게 사랑을 베푸는 데 인색하지 마십시오. 사랑은 기쁨을 나누는 삶이고, 아름다운 축복입니다. 내가 사는 내 인생 얼마나 멋진 인생입니까?

2) 삶은 내 자신이 만드는 것

　칠전팔기란 의미는 일곱 번 넘어져도 다시 일어선다는 오뚝이 같은 인생을 뜻합니다.
과거 우리나라 프로 권투선수 홍수환은 페더급 등 두 체급 세계 제패를 위해 1977년 카라스키야한테 네 번을 다운당했어도 일어나 마침내 한방으로 상대를 KO시켰던 4전5기의 신화를 이룩한 선수입니다. 아직도 "포기하지 않는 불굴의 의지로 일어선 승리"라고 한 말이며 승리 후 자기 어머니와의 대화에서 "엄마 나 참피언 먹었어, 대한민국 만세다"라고 한 말이 우리나라 사람들의 기억 속에 생생합니다.
　또, 미국의 유명한 대통령 케네디가 남긴 말 중에 "인간의 미덕 중에 가장 위대한 미덕은 정의로운 용기"라는 말이 있지요. 사업을 한다거나 자신의 마지막 인생을 걸고 굳은 불굴의 의지와 남다른 각오로 있는 재산까지 다 투자했으나 실패를 했을 때 좌절하거나 만사를 자포자기해 버리면 재기하기가 어려워 자살해버리는 일이 많습니다. 안타까운 일이지만, 삶은 곧 흐르는 물과 같기에 잊을 것은 과감하게 잊어버리고, 오뚝이(a tumbling doll)처럼 다시 일어설 수 있는 용기와 의지가 중요합니다.

가령, 어떤 두 연인 사이가 깊이 사랑하지만 현실적으로 가진 게 너무 없어 결혼식을 올리지 못하는 딱한 경우, 이들끼리 '용기'로 기어이 할 수 있다는 믿음의 정신을 굳힐 때 이룩할 수 있습니다. 우리 속담에 "호랑이에게 물려가도 정신만 차리면 산다"는 말이 있듯 입시에 계속 낙방하거나 사업에 실패하더라도 좌절만은 말아야 합니다.

"칠전팔기하라(never give in to adversity)"는 말은 실패에서 재기할 때 순조로운 항해의 길이 열린다는 뜻을 담고 있습니다. 변화가 있으므로 존재가 있고, 존재가 있으므로 하여 시간이라는 게 있듯 시간은 곧 용기와 기회입니다. 고통 다음에는 즐거움이 있고, 즐거움 다음에는 행복의 탄탄한 길이 열리겠지요.

최상의 삶을 살고자 할 때 정신적 마음은 시들지 않습니다. 불의의 교통사고로 몸을 움쩍도 못하는 오랜 투병생활 속에서도 언젠가는 일어난다는 굳은 의지를 가질 때 하나님은 반드시 구출해 주십니다. 성경 말씀에도 "이 병은 죽을병이 아니다"(요한11:4)라고 하신 예수님의 말씀에 손을 잡아주시며 "엎어지기는 해도 거꾸러지지 않으리라"(시37~24)는 확신이 제일 중요합니다.

에드가 게이트는 이런 말을 했지요. "하나의 깨어진 꿈은 모든 꿈의 마지막이 아니라 그 부서진 희망조차 모든 희망의 마지막이 아니다." 다시 말해 "폭풍의 비바람 너머로 별빛은 빛나고 있으니 그대의 성곽들이 무너져 내릴지라도 그래도 다시 성곽 짓기를 계속하라"입니다.

"비록 많은 꿈이 재난에 무너져 내리며, 고통과 상한 마음이 세월의 물결에서 그대를 넘어트릴지라도 그래도 신앙에 매달려라. 그리고 그대의 눈물에서 새로운 교훈을 배우기를 힘쓰라. 넘어졌을 때라도 주님의 손을 꼭 잡고 일어서는 당신이길 바란다"고 했습니다. 어리석은 우리 인간이지만, 언젠가는 이 세상과 헤어져 없어질 당신이기에 이 세상에 살아가는 자신이 그 얼마나 축복받은 사람인지를 알고, 내가 지금 누리고 있는 것들 모두에 감사할 줄 알 때 긍정적인 감정으로 인해 건강은 무한하게 좋아질 것입니다.

전화위복이란 의미는 힘들고 위급한 상황에서 불평불만만을 할 게 아니라 강인한 정신력과 불굴의 의지로 힘쓸 때 불행도 행복으로 바뀔 수 있다는 뜻이지요. 불평불만이 쌓이면 결국 자신을 망칩니다.

필자가 아직도 잊지 않는 것 하나가 있습니다. 6·25전쟁 피란시절 욕지섬에서 더 떨어진 초도해변에서 필자가 떠내려오는 상자 하나를 주워 안을 뜯어보니 미국 돈 군표 100달러짜리 돈이 가득 들어 있어 그 돈을 아버님께 드렸더니 그런 큰돈은 불로소득이니 당국에 갖다줘야 한다며 섬사람들에게 배를 빌려 아버님과 같이 노를 저어 가 욕지파출소에 갖다준 일이 있지요.

그때 아버님이 "남의 물건은 일원 한 장도 탐내지 말라"고 하신 말을 지금도 깊이 기억하고 살아왔습니다. 법정스님의 글 중

"욕구는 장작불과 같다"는 말을 언제나 명심하고 살아갑니다.

나의 혼(魂)은
누구인가?

　가정의 달을 맞으며 부모에 불효했던 필자는 다시 볼 수 없는 부모님의 모습이 떠오를 적마다 그리움에 복받쳐 목매어 통곡하고픈 심정을 금할 수 없습니다. 이 세상에 나를 태어나게 하여주신 부모님! 영영 다시 볼 수 없는 당신의 그 모습이 사랑보다 더 진한 정으로 남아 이토록 보고 싶은 끝없는 한으로 남아 환영해 봅니다.

　필자는 68세를 일기로 류머티즘 관절염으로 오래도록 아픔의 고통 속에 안락사를 바라던 사흘 뒤 돌아가신 선친의 시신을 붙잡고 끝없이 통곡했던 나의 초라했던 그때의 모습이 어버이 날을 맞을 때마다 한없이 그리워 시 한수를 지어 올렸던 기억을 떠올려 봅니다.

'님 의 영전(靈前)'

이 애도의 밤에 살아 떨어지는 것은 /오직 눈물뿐입니다. /헌 옷가지 고리타분한 내 육신이 /산 같은 대죄로 엎디어 /깊고 진한 눈물을 흘립니다. 내 부실한 현실에 하필이면 부음(訃音)이 전해졌는지? /아니면 뼈 마디마디 고통에 못 이겨 안락사를 바랐던 /사흘 뒤 말날 소시 그날을 택일하여 가신 당신 /박석고개 너머로 넘어간 먼 아득한 바다. /하늘빛으로 살아남은 당신 /날마다 불러도 빌어도 울어도 올 수 없는 당신. 전생에 허무한 모습만이 남았다 헤어진 인연이야 가없지만, /불효자는 '현고학생부군 경주 이(李)씨 재혁'님의 영전에 /끝없는 한이 되어 /향불을 피웁니다.

나의 육신은 부모님의 선택 이전에 하나님이 선택해 주셨기 때문입니다. 그것은 부자간 전생의 깊고 깊은 인연이었기에 씨앗과 못자리 수호(Protection)의 뜻에 따라 "너는 누구의 몸에서 태어나라"고 하여 모태에서 태연을 끊고 세상 밖으로 나왔습니다. 날짐승이나 벌레로 태어지 않은 것만도 크나큰 하나님의 은혜입니다. 태어날 때 우리 인간은 우렁찬 울음으로 탄생의 청신호를 알립니다. 그러나 불행하게도 불구의 몸으로 태어나는 경우도 있고, 부자나 대통령이나 가난한 집안에 태어날 수도 있습니다. 그것은 오직 하나님만이 결정짓는 운명적 특권이기에 인간은 어쩔 수 없습니다.

그러므로 부모 자식 간의 순수한 사랑은 잉태의 그 순간부터 끈끈하게 맺어진 인연이 쌓인 결정체이고, 나의 혼은 자신을 아는 힘이며 누구도 간섭할 수 없는 독립된 특권입니다. 부모는 자식이 자라나는 동안 가르치고 보살피면서 지켜주나, 애당초 키워주는 분은 하나님이시며 부모는 키워주는 보조자로서 커가는 과정을 지켜보고 있는 것에 지나지 않습니다. 그러는 동안 부모는 낳은 정, 기르는 정으로 사랑을 주고 이 세상 그 누구보다도 부자간의 끈끈한 맺음은 참으로 큽니다. 그러기에 나의 한 육신이 그냥 태어나는 것이 아니라 선대 흐름의 성격 형성과 모습으로 이어받는 대물림이 됩니다.

나를 낳고 길러주신 부모님과 조상님, 섭리 주 하나님의 은혜를 되새기는 것보다 더 좋은 인간교육은 없다는 뜻입니다. 그것은 어린 핏덩이를 다 크게 성장하도록 키워주셨기에 그 은혜 갚음을 살아생전 다 하여도 부족한데 자식들은 그 깊은 참뜻을 알지 못하고 불효하며 살아갑니다. 부모에게 하는 짓마다 가슴 아프게 하고, 불효했던 일들이 나중에 철이 들거나 돌아가신 후에야 깨우치게 됩니다.

돌아가신 후에 묘지에 가 뉘우치고 통곡하여본들 다시 돌아오지 않는 부모님이라 무슨 소용이 있겠는가? 자신이 저질렀던 과오는 평생 씻을 수 없는 상처로 남아 그 벌이 자신이 낳은 자식에게로 대물림 보복을 반드시 받는 게 세상사 이치입니다.

이 좋은 세상에 태어나 즐겁게 살다 죽어도 아까운 날들을 자식 하나 때문에 부모 애간장이 다 녹아내릴 때 그 불효됨을 어찌 다 말로 표현할 수 있겠는가! 유교의 경전에 보면 "인간이 저지르고 있는 3천 종류의 죄 중에서 가장 큰 죄가 불효"라고 했습니다.

옛말에 부모는 열 자식을 거느릴 수 있으나 열 자식은 한 부모를 모시지 못한다고 하지요. 요즘 세상에 자기를 낳아준 부모를 양로원으로, 거리로 내팽개치고, 심지어는 부자간의 연을 끊어버리는 막가파 세상으로 치닫고 있습니다. 흔히 말하기를 '기구한 팔자를 타고난 운명'이라 하지만 그것은 전생에 뿌려놓은 선천연이기에 현상계에서 다시 싹이 튼 모습으로 나타나기 때문입니다.

불교 소설 '등심불'에 보면 "우리는 금생에 짧은 눈으로 삼생(전생, 금생, 내생)의 문제를 풀려고 하기 때문에 모순에 빠지게 된다. 부처도 수백생을 닦은 공덕으로 부처가 되었고, 모든 불보살들도 수천생 보살행을 한 인연공덕으로 보살되고 부처되었으니 어찌 수행 없는 공덕이 있고, 닦음 없는 성인이 태어날 수 있겠는가?"라고 했습니다. 그러니 우리 인간이 살아가면서 깊이 깨닫고 나면 부모에게나 남에게 어떻게 처신해야 하는가를 깊이 느끼게 됩니다. 어버이날에 즈음하여 살아생전 후회 없는 효도만이 자기 자식들에게 복이 돌아간다는 사실을 되새겨 봅니다.

내가 선 자리가
어디쯤인가?

〈**내 자신을 돌이켜 봅니다.**〉

세상이 많이 변했나 봅니다. 과거에 전화를 한번 걸자면 공중전화 앞에 줄을 섰다가 동전을 바꿔서 전화하면 오래 쓰지 못하고 차례를 기다리던 분에게 자리를 양보해야 했던 시절에서 발전되어 백색전화 값이 천정부지로 올라 애를 먹던 시절에서 이젠 손에 들고 다니는 스마트폰으로 바뀌면서 손가락 몇 번만 누르면 세상소식을 실시간으로 들을 수 있는 시대에 살아가니 이보다 더 좋은 기계가 없는 세상입니다. 머잖은 장래에는 손가락으로 눌러 기구를 타고 하늘을 자유로 날아다니는 세상이 오리라고 확신해 봅니다.

그런 이 시대에 오래 살다 보니 이젠 눈도, 귀도 침침해지고, 손마디마다 탈이 생겨나 하루에도 수없이 쏟아지는 그 놀라운 뉴스와 정보를 듣기가 어려워진 힘 빠진 노인이 되고 말았지만, 그래도 이 첨단 시대에도 아직껏 숨 쉬고 살아오게 하여 주신 하나님께 고마운 기도를 올려야 하겠습니다.

또, 옛날 펜대로 글을 쓰며 지우고 하던 시절에서 이젠 컴퓨터를 배워 집게손가락 둘만을 두드리며 글을 만들어내지만, 책방에 나가보면 하루에도 수천 권의 신간서적이 쏟아지는 판에 무명작가로 쓴 내 책이 한쪽 귀퉁이에 처박혀 숨도 쉬지 못하고 있는 실정입니다.

그런데도 "그 나이에 용기 잃지 않으시고 대단하다"며 "독자님들이 작가님의 글을 응원하고 있잖습니까?"라고 저를 위로하고 마음을 다독여주는 출판사 사장님의 몇 마디에 희망을 잃지 않고 오늘도 글을 쓰고 있나 봅니다.

내 자신이 아무리 노력해도 쉽지 않은 이 시대에 함께 휩쓸릴 그럴 필요가 있을까?라고 생각해 보지만, 그러나 내 뚝심으로 눈을 감는 날까지 밀어붙여 볼 생각입니다. 그러나 가끔은 나만이 이렇게 처져 살아가는 모습이 애처로울 때도 있으나 마음 다 비우고 사는 현실에 나보다 훨씬 더 많이 가지고 잘산다는 이들의 여유를 부리는 모습들을 비교해 보니 내 초라한 모습이 참 가련해 보이기도 합니다.

한 60여 년 전쯤에 당시 우리나라 재벌이었던 삼성 이병철 회장이 경기도 '용인' 땅에 야산을 사둬 거기다 뭘 하는가 했더니 에버랜드 대공원을 만든다기에 젊은 시절 그곳에 친구와 일부러 구경 갔는데 동물원 정도를 꾸며놔 큰 재벌이 왜 저런 작은 사업까지 손을 델까? 생각해 봤습니다. 그런데 이번에 가 봤더니 그게 아니라 큰 도시가 형성되어 인구 100만이 넘는다고 하는군요.

집사람과 둘이서 무인 전동차를 타고 그곳 에버랜드까지 가보니 버스의 안내원이 동물원 입구까지 무료로 태워줘 거기서다시 입장권 요금이 무려 1인당 4만원 정도나 되어 그만 돌아올까 하다가 간 길이라 들어가 둘러보니 정말 잘 꾸며놨더군요. 그만치 큰 사업가란 앞날을 훤히 내다보는 눈이 다른 것을느꼈습니다. 그런데 이들이 아버지 재산으로 나중에 형제간에돈 싸움 송사의 모습을 보니 정말 덜된 인간들로 보였습니다.우리는 이 세상에 와 그저 잘 먹고 잘살기 위해서 온 것만은 아닙니다. 마지막 내 삶을 얼마나 잘 마무리하느냐에 달려 있는게지요. 무조건 많이 쌓아두고 욕심만을 부리며 사는 것은 동물과 하나도 다를 바가 없습니다. 그런 사람이 죽게 되었을 때까지 그 버릇을 고치지 못한다면 그 사람은 참으로 불쌍한 인간입니다.

이제 우리 인간들은 마음공부를 할 줄 알아야 하고, 버리는공부와 비우는 공부를 날마다 하는 정신이 중요합니다. 그리하면 마지막 그 영혼이 빛날 것입니다. 그런 사람이 죽어 새 옷을갈아입더라도 자신의 영혼에 걸맞은 옷을 받게 되겠지요.

우리는 언젠가는 반드시 '죽는다'는 것을 인식하고 내 자신을되돌아보며 살아갈 줄 알아야 하겠습니다. 이젠 당신도 베풂의 디딤돌을 만드십시오. 당신도 얼굴 없는 천사(天使)가되십시오. 어렵게 좋은 일에 쓰면 선행의 베풂이 덕으로 쌓여 훗날 자손이 복을 반드시 받게 될 것입니다. 소외된 이웃을 돌아보십시오. 상대에게 주지 않고 받기만 하는 그런 사람은 복을 더는 짓입니다. 아무 대가도 바라지 말고 표시 없이 그냥 주고 돌아오십시오. 그게 덕을 쌓는 길입니다.

　인생은 잠깐의 여행입니다. 생사(生死) 인연 되어 이승에 머물다 바람 되어 떠날 내 인생을 돌이켜 봅니다. 내 살아온 인생길! 유한(有限)의 시간들, 얼마 동안 빌려주신 그 여인숙에서 아기자기하게 세상 멋을 꿈꾸며 도요새처럼 먼 길을 펼치며 꿈꾸던 날들.......세월의 뒤안길에서 흔적을 돌이켜 봅니다.

삶에 무슨 정답(正答)이 있는가?

1) 더불어 사는 게 인생이지

하나님이 우리 인간을 이 세상에 살아가는 동안 즐겁고 건강하게 장수하며 살다 오라고 빌려주신 몸뚱이입니다. 너나없이 매일매일 사는 게 마치 다람쥐 쳇바퀴 돌듯 맴돌면서도 허우적거리고, 또 근심 걱정 흉허물 다 보이며 질곡의 세월을 견디어 가지만, 지나 놓고 보면 그래도 서로가 기대어 사는 재미에 정을 나누면서 살아온 세월이었지요.

"그래, 그렇게 사는 거지 뭐, 나 혼자 버거워 껴안을 수조차도 없는 삶이어도 적당히 부대끼며 그렇게 물 흘러가듯 그냥 살아야 해...... 특별나게 무슨 인생을 혼자만 다르게 생각지 말자. 사는 게 무슨 정답이 꼭 따로 있어서가 아니라 다만, 뭔지 모르게 조금은 달라질 거라고 막연한 기대감을 갖고 모자라지만 사는 게 인생이지 뭐." 숨 가쁘게 오르막길 오르다 보면 내리막길도 나오고, 어제같이 죽을 맛이어도 오늘은 그런대로 살 만하지 않은가?.....

당신이나 나나 아픔 없이 살아온 흔적 있나요? 그런 시간들이 지나다 보면 무디어지기 마련이 아닐까요?

우리는 흔히 살아가는 소중함을 잊는 때가 많습니다. 세상살이가 불행을 피해 갈 수야 없지만 이겨내지 못할 이유도 또한 없다고 봅니다. 세상에 대한 원망보다 자신을 이겨낼 수 있는 용기를 잃지 않는다면 언젠가는 어려운 고통의 늪에서 벗어날 수 있겠지요.

다 더불어 사는 게 인생이라 혼자 동떨어져 살아갈 수 없기에 서로 기대 사는 게 인생이라면 내가 몹시 가슴아파할 때 곁에 다가와 따뜻이 위로해주고 마음에 기대어줄 수 있는 그런 사람이 있다면 그게 진정한 우정으로 세월이 지날수록 더 아름다워지게 마련이지요.

잘살아가는 사람이나 없이 살아가는 사람들도 사는 방법이야다 거기서 거기 아닌가요. 부족함을 채우려는 게 인생이니까 항상 자신이 지나놓고 보면 부족함투성이로 아옹다옹 살아왔어도 때로는 현실에서 차츰차츰 멀어져 간 정들만이 아쉬워 애틋함과 그리움을 느끼게 할 따름입니다. 그러므로 여유롭고 행복에 겨워 사는 것 같아도 누구나 깊이 들여다보면 아픔이 있었고 근심 없는 사람은 있을 수 없고 나보다도 더 특별한 것 없답니다.

각기 다른 형태의 삶 속에서 긍정적이고 올바른 사고방식이

나 신념과 용기로 당당하게 살아간다면 당신도 그것이 행복이요, 가치 있는 삶이 될 것입니다. 어떤 사람은 외모로는 자신이 가장 진실인 양 하면서도 마음은 교활하게 자기보다 강한 자 앞에서는 자신의 본심을 위장하고 아양을 떨며 굴욕감조차 느끼지 못하고 자신의 양심을 팔아 비굴하게 살아가는 그런 인간도 너무 많이 보이는 세상입니다.

그러나 살아가다 보면 벼랑 끝에 홀로 서 있을 때도 있고 광막한 들판을 헤매는 때도 있지요. 하지만 아무리 어려운 고난 속의 삶이어도 자신의 마지막 보루인 양심을 팔아먹는 행위만은 말아야 합니다. 인간의 욕구란 한이 없다고 하지요. 살다보면 심한 소외감을 느낄 때가 있게 마련입니다. 살아온 허탈감에 소리 없이 울고 싶을 때도 있지만, 자기 양심을 팔아가며 살 필요는 없습니다. 바르게 살아가는 정신이 중요하지요.

우리는 우리 곁에 하나님이 살아계신다는 존재감을 잃거나 감사함을 항상 잊고 살아갑니다. 그러나 자신이 어떤 급박함에 처한 때 지푸라기라도 잡고 싶은 심정으로 자신이 믿는 분에게 구원을 바라게 되지요. 고통 없는 사랑은 아무 의미가 없는 깊은 사랑이 아닙니다.

무거운 십자가를 짊어지신 예수님은 골고다 언덕을 올라가 피흘려 죽어 가신 그 고통이 우리들 뇌리에 각인된 예수님이시기에 보혈의 사랑으로 구원을 베푸신 은혜야말로 고통의 상징이자 은유이며 사랑의 의미를 깊이 내포하고 있지요. 그러므로 우리 인간은 저마다 삶의 고통인 십자가가 무엇인지를 깊이 느끼며 감사함 속에 살아갈 줄 알아야 하겠습니다.

심리학자 빅토르 에밀 프랑클은 2차 세계대전 때 유대인 수용소인 아우슈비츠에서 살아남은 유일한 사람인데 그가 '인간의 가치'를 세 가지로 표현했다지요. 그 첫째가 뭔가를 만들어내는 '창조'이고 둘째는 자신만의 독창적인 뭔가를 해내는 경험이고, 셋째는 '태도'로 만들어내는 것도 아니고, 어디로 가는 것도 아닌 그저 마음속으로 빌고 기도하며 생각하는 것이라고 했습니다. 또, 과학자 아인슈타인은 "성공한 사람이 되지 말고, 가치 있는 사람이 되라"고 했다지요. 성공의 기준은 자신이 더 잘 알기 때문입니다.

그와 같이 진짜 내 자신이 누구인가? 자신이 어떤 개성을 가졌는지? 어떤 위치에 머물고 있는가? 자기 자신을 알아야 한다는 것입니다.

프랑클은 인간의 가치 중에서 '태도'를 가장 중시하는 이유가 '창조'나 '경험'보다 그 사람의 마음만 있으면, 발휘할 수 있기 때문에 인간들의 본질이 가장 중요하다는 사실입니다. 그것은 신뢰를 찾기 위한 '태도'에서 대상을 믿는다는 훌륭한 가치의 생각이 곧 '자신의 세계'라는 것이기 때문이지요.

그러니 내 인생은 내가 살아가기 때문에 언제나 자신만의 독불장군보다 함께 더불어 살아가는 정신일 때 그 사회가 건전하게 발전될 것입니다. 인간이면 누구나 가혹한 시련을 감내하며 극복하고 살아가야 하는 숙명적 존재이기 때문입니다.

그 속에서 저마다의 목적을 찾아가는 거겠지요. 성공은 절대로 그냥 이뤄지는 게 없습니다. 인생을 소중히 여기고 열심히 산다는 것은 보다 나은 미래를 추구하기보다 먼저 오늘 하루하루를 좋은 과거로 열심히 축적해 나가는 정신이 중요한 밑거름이 됩니다.

우리 인생은 누구나 지금을 얼마나 멋있게 설계해 나가는가에 따라 이 한평생을 더 소중하게 쓰고 하나님께 돌려드릴 수 있습니다.

2) 지금이 내 가장 소중한 시간

나의 여생이 육체적으로 얼마 남지 않았다고 가정해 본다면, 지금 이 시간이야말로 참으로 초조하고 절박하며 소중한 하루입니다.

삶의 마지막 순간에 우리 인간이 처해 있을 때 무엇을 생각할까요? 몇 해 전 극작가 손턴 와일러의 '우리 읍내'라는 연극에서 나타낸 내용인데 이 세상을 이미 떠나버린 에밀리가 살아생전 지극히 평범한 '어느 하루'로 돌아가게 해 달라고 하나님께 간청합니다.

그 소원이 이뤄져 하루 잠깐 이승으로 돌아간 에밀리는 살아 있는 사람들이 너무 많은 것들을 그저 당연하게 여겨버린다는 사실을 알게 됩니다. 그 안타까움을 독백으로 홀로 표현해보는 호소의 연극이지요.

내가 살아있을 때 주변에서 일어나는 일을 전혀 깨닫지 못했어. 아무도 그런 점에 관심을 갖지 않았지. 석양 노을 이제 작별할 시간이 다 되어가는구나 세상아 안녕! 길거리에 나무들 안녕, 저 아름다운 저녁 달빛과 반짝이는 별들, 아빠, 엄마 안녕, 째각째각거리는 시계 소리, 멀리 가을 정원에 해바라기와 코스모스들 안녕, 흩날리는 낙엽송들, 맛있는 샌드위치와 구수한 커피 맛, 그리고 새로 다린 드레스와 뜨거운 목욕시간, 잠을 자고 깨어나는 평범했던 일상의 일들을 사람들은 아무렇지도 않게 저런 멋진 것들을 깨닫지도 못하고 살아가고 있다니?.......아! 나는 이제 드디어 떠나야 하는구나!!

지극히 우리가 평범하게 사는 일상인데 죽어본 사람은 그 평범함이 평범한 게 아니라는 것을 느끼게 된다는 연극입니다. 우리가 오늘의 현실을 값지게 보내야 하는데 그 사실을 모르고 살아간다는 것을 일깨워주는 내용입니다.

또, 빛과 소리를 잃고 언어마저 잃은 어린 소녀 헬렌 켈러(1880년~1968)는 그 장애를 이기고 위대한 평화운동가가 되어 영혼의 장애는 육신을 고치질 못하지만 육신의 장애는 영혼으로 고칠 수 있음을 입증했습니다. 헬렌 켈러는 지옥보다 깊은 절망의 늪 속에서 버렸던 하나님께 갈구했습니다. 헬렌 켈러는 자신과의 처절한 싸움에서 빛과 말과 소리를 되찾았습니다.

그대여 아프다고 엎드려 있지 말라. 헬렌 켈러는 하늘이 버린 인생의 스승, 진정한 인간 승리가 무엇인지 가르쳐주었으며 기적은 스스로 만들어지는 자의 것임을 보여줬습니다. 빛의 천사, 소리의 천사는 살아 있으라. 거룩한 투혼을 배우자. 헬렌의 믿음과 상상력은 놀라웠습니다.

세상을 볼 수도, 만져볼 수도 없는 연약한 이 소녀는 내가 '사흘 동안만 눈을 떠 이 세상을 볼 수만 있다면' 다음과 같은 소원을 하고 싶다고 했습니다.

첫째 날, 친절과 우정으로서 내 삶을 가치 있게 만들어준 사람들을 보고 싶다. 나는 '마음의 창문'인 눈을 통하여 친구들과 마음을 꿰뚫어볼 수 있다는 것이 어떤 것인지 알지 못한다. 나는 그저 그들의 얼굴을 만져봄으로써 내 친구들을 알아본다. 미묘한 표정의 변화라든지, 손의 움직임 등 그러한 일을 사흘 동안 시력을 회복할 수 있다면, 그런 모든 것을 올바른 표정을 직접 볼 수 있을 텐데.... 오후가 되면 오랫동안 숲속을 산책하며 자연세계의 아름다움으로 내 눈을 흠뻑 적시련다. 그리고 그림같이 아름답고 화려한 황혼의 영광을 위하여 기도를 하고 싶다.

둘째 날, 나는 새벽에 일어나서 밤이 낮으로 바뀌는 가슴 떨리는 기적을 바라볼 것이다. 그 찬란하고 웅대한 빛의 파노라마와 함께 태양이 잠자고 있는 지구를 깨우는 광경을 바라볼 것이다. 이처럼 예술을 통해서 사람의 영혼을 탐색하고자 노력할 것이다.

마지막 셋째 날, 나는 새로운 기쁨을 새로운 아름다움이 나타날 것을 열망하고, 새벽을 맞이할 것이며 많은 사람들이 오가는 평범한 거리에서 시간을 보내련다. 분주한 도시의 한 구석에 서서 사람들의 온갖 모습의 표정을 바라보며 그들의 일상생활에 대해 이해하고자 노력할 것이다. 이제 몇 시간 남지 않은 시간은 바치고 싶은 중요한 일들이 너무나 많을 것이다. 어둠이 또다시 내게 덮쳐오고 난 뒤에야 비로소 아직 바라고 보지 못했던 것들이 얼마나 많은지를 깨닫게 될 것이다.

그 짧은 사흘 동안의 계획은 당신 자신이 다시 세울 계획과는 또 다를 것이다. 눈 안에 들어오는 모든 것들을 하나도 놓치지 않을 것이다. 그러기에 내일이면 이제 다시는 냄새도 맛도 보지 못할 것이라는 생각으로 꽃들의 향기를 맡아보고, 온갖 음식을 한 숟가락으로 맛보도록 할 것이다. 세상의 온갖 아름다움과 기쁨과 영광을 듬뿍 담고 사는 당신을 그리워하며 그 안에 깃든 하나님의 영광이 당신 앞에 축복으로 드러날 것이다.

과거 60여 년 전쯤에는 살기가 어려워 '거지'가 많았지요. 부모가 누구인지? 생일이 언제인지도 모르지만, 이들 거지의 최고 행복은 배부르게 얻어먹고, 양지쪽에서 누가 보든 말든 곤말 까 젖히고 이를 잡으며 거추장스러운 체면 같은 것 없이 늘어지게 잠을 자겠지. 자는 모습을 이제 필자가 나이 들어 곰곰 생각해 보니 세상에 저렇게 편하고 행복했을까라는 생각을 해 봅니다. 그러니 우리가 하루를 살아가도 세상을 자기답고, 가치 있게 살아갈 줄 알아야 하겠지요.

이상의 헬렌 킬러 글을 읽으면 내가 이 세상에 존재하며 살아가고 있다는 지금 이 시간의 값진 하루야말로 그 무엇과도 바꿀 수 없이 소중한 자신임을 느끼게 합니다.

3) 앞만 보고 살아온 길이었는데

지난날을 뒤돌아봅니다. 앞만 보고 열심히 살아왔는데 어느 덧 종착지 황혼의 언덕에 올라 인생아 잘 있거라........ 빠이빠이 손을 흔들고 있습니다. 모질도록 억척스럽게 살아왔는데 남은 것이란 아무것도 없습니다. 다만, 얼굴에 파인 주름살과 세월 속에 다 빼먹어버린 머리숱이 하얀 눈송이같이 백발 되어 눈앞에 놓여 있습니다.

허탈한 심정으로 뒤돌아보지만 내 살아온 인생사를 누구 한 사람 동정해주거나 애처롭게 봐주는 이도 없습니다. 나만 그런 줄 알았는데 동행하던 곁의 동반자인 아내나 다른 이들도 모두가 나와 같은 심정이 든다네요. 무언가 좋아지겠지? 바라면서 살아왔는데 해는 서산마루에 넘어가기 일보 직전 칼바람에 눈발이 세차게 흩날리고 있습니다. 누구 하나 곁에 다가와 따뜻한 온정으로 손잡아 주는 젊은이 하나 없이 그저 고인 눈물이 철철 두 볼을 타고 소리 없이 주룩주룩 흘러내립니다. 텅 빈 외로움과 고독함 속에 허공만 바라볼 뿐........

아! 저 산허리를 어떻게 헤치고 살아왔을까? 끈질긴 생명력이 대견하기도 하구나. 이제껏 누가 내 대신 살아 준 것도 아니요, 연습도 없는 실전의 현장인데 지난날을 후회하며 가슴 아파해 보지만 무슨 소용인가? 생각해 보니 결국 인생이란 무슨 정답이란 없나 보구나......

필자가 지난 해(2013년 11월) 군민 바둑대회에서 노익장을 발휘하여 전승으로 우승을 해 청자도자기 트로피를 받으며 축하해주는 분들에 감사를 드렸습니다. 마치, 바둑이 우리 인생사 축소판과 같음을 실감합니다. 종착지에 도달하는 길은 한 길인데 동서남북 자신이 두고 싶은 길을 가면서 과욕을 부리면 반드시 탈이 나기 마련이라는 교훈 말입니다.

우리 인생살이에는 보이지 않는 '그릇'이 있듯, 가령 큰 물고기는 작은 물에서 살아나기 어려워 큰 바다에 나가야 마음껏 헤엄을 치며 살아갈 수 있고, 작은 고기는 그저 작은 물에서 살아가야 하는데 큰 바다에 나가면 잡혀먹기 십상이지요. 그같이 우리 인생살이에도 자신의 분수와 분복을 알아야 하는데 함부로 껍적거리다 보니 실수를 하게 되고 나중에는 수렁에서 헤어나지 못하는 인생을 살아가게 되는 사람을 주위에서 많이 봅니다.

살아가다 보면 두 번 다시 대하기조차 싫은 조잡한 자가 있는가 하면 이해심과 폭이 넓은 분을 대할 때도 있습니다. 성직자들 중에도 그런 옹졸한 분들이 있음을 느꼈지요. 신언서판이듯 여러 차례 대해 보면 언행이나 상대의 얼굴에서 대강은 감지되지만, 뭐니 뭐니 해도 세상에서 제일 무서운 것이 인간이란 사실을 느끼게 됩니다.

악연인 경우 평생 곁에 따라다니며 사사건건 괴롭힘을 주는 인간이 있는가 하면, 우연히 한 번 스쳐간 사람인데 영원히 잊혀지지 않고 보고프며 도와주는 그런 사람도 있습니다. 내 나이가 많아 이젠 아무것도 할 수 없다는 그런 정신은 끝장인 인생입니다. 지금부터라도 떨치고 일어나야 합니다. 고독은 누구에게나 온답니다. 부자는 너무 채워져서 누가 훔쳐 갈까 두려워 고독하고, 가난한 이는 텅 빈자리 때문에 고독하다고 하지요.

한 번뿐인 나의 인생을 아무렇게나 허송한 날들을 보내야 되겠는가? 자기 하고 싶은 것, 가고 싶은 곳, 사랑하는 사람, 만나고 싶은 지인이나 친구 등 왜 없단 말인가? 가슴에 치미는 희한도 크지 않은가? 꿈이나 이상이라도 가슴에 안고 마지막 자신의 황혼길 빨갛게 불태워보십시오. 이번 설에 우린 집사람과 제일 값싸고 조용한 경전선으로 전국을 헤집고 기차여행하며 발가는 대로 소머리국밥도 사먹고, 온천욕도 즐기다 왔답니다.

도심을 떠나 조용한 시골길 해변으로 한번 노년에 둘이서 손잡고 길을 거닐어 보십시오. 참 멋있을 겁니다. 노년을 흐트러짐 없는 삶의 자세와 초월함에서 오는 여유 그리고 당당함이 좋습니다. 그러므로 자신을 위한 삶을 즐기는 참된 인생의 보람을 찾고 행복하고 아름다운 노후를 보내야 하겠지요. 가난하게 사는 것이 못나서만은 절대 아닙니다.

법정스님의 말같이 우리 인생에서 참으로 중요한 것은 어떤 사회적 지위나 신분이 제일 큰 소유물이 아니라 우리들 자신이 누구인지를 아는 일이 먼저라고 했습니다. 영원한 것은 아무것도 없다고 하지요. 한때인 우리 인생 앞만 보고 걸어왔는데 무슨 정답이 있겠습니까?

살다 쓸쓸히 홀로 가는 게 인생인데 자기 자신을 망치는 큰 원인은 두려움입니다. 그런 견고한 감옥을 나는 할 수 없다고 스스로 만들기 때문이지요. 두려움은 자신을 뒷걸음치게 만듭니다. 나이가 들어갈망정 용기 있게 앞으로 나아가야 합니다.

늙고 추하게 변해가는 모습에 두려워하지도 마십시오. 기회는 잡는 자의 것이라 하지요. 성실하게 살아가다 보면 후덕한 인품도 쌓여갈 것입니다.

강진 시문학파 화요초대석에 김성기 관장이 새해 첫 테이프로 "젊게 사시는 노익장의 이 작가님을 선정했습니다"라고 하는 말에 뽕 가 그만 승낙하고 말았답니다. 그래서 화기애애한 1시간 20분간을 보냈답니다.

부부의 행복이란 남편 무거운 어깨를 말없이 어루만져주며 함께 조용히 감싸줄 줄 아는 여인, 그것은 우연하게 동심에서 만들어내는 소꿉장난의 사이이기에 인생 최대 행복은 부도, 명예도 아닌 나 당신 만나 살아오다 함께 갈수만 있다면 그 이상 바랄 게 없는 바람이지요. 그런 덕목을 갖추려면 자기 자신이 스스로 봄, 여름 가을 겨울 동안 텅 빈 들녘의 흐름처럼 내 자신을 다 비워내고 노년에 헤어질 예행연습을 하며 경건한 아름다운 순간을 맞을 채비를 하여야겠습니다.

삶의 갈등이 빚은
인생사

갈등이란 말의 뜻은 우리가 살아가는 복잡한 현실사회에서 참으로 쓰이지 않는 곳이 없듯 마치 약방의 감초와도 같다고 할 수 있습니다. 서로의 이해들이 마치 칡덩굴과 등나무덩굴이 뒤엉켜서 복잡해진 관계처럼 풀지 못하고 생겨나는 문제들을 말하지요. 불교에서는 이를 번뇌라고 표현합니다.

다시 말해 우리 인생사 속에 빚어지는 오만 것들의 계파 간에 생겨나는 주장이나 이해득실의 차이인데 내부적, 정신적 욕구에서 비롯됩니다. 크게는 나라와 나라 사이에서 나타나는 갈등과 작게는 한 집안의 부자간 생각 차이에서 오는 갈등에 이르기까지 그 끝이 보이지 않습니다. 모두가 서로간의 분수에 넘치는 과욕과 이기주의에서 생겨나 끝에는 전쟁으로 혹은 법정에서의 싸움으로 가기도 하고, 종교적 이념적 차이 등 그 한계의 시비를 서로가 옳다고 주장하는 세상 속에 나타나는 복잡한 인생사들입니다.

우리나라가 이번 OECD 27개국 중 터키 다음으로 갈등이 두 번째로 심각하다는 조사결과가 있습니다. 최근 우리 사회가 격심하게 겪고 있는 사회 갈등을 분석해 보니 종교 갈등, 지역 갈등, 이념 갈등, 세대 갈등, 빈부 갈등 등등 참으로 다양하게 나타나고 있습니다. 이런 갈등 속에서도 세대 갈등이 많은 비중을 차지하더니 나라 안에서는 여야 정치 집단의 극한 대립과 길거리 정치, 전월세 문제를 비롯한 경제적 사회 불안과 경기침체, 세금부과에 따른 계층 간 갈등이 표출되고, 또 외부적으로는 남북 간 대화 갈등, 일본의 역사에 반하는 우경화 정책, 중동지역 이념갈등 전쟁 등 세상 모두가 심각한 수준에 달하고 있습니다. 이런 우리의 삶이 어렵고 힘들게 하는 고통과 불안을 주는 이유가 과연 어디에 있는가?

미움인가 다툼인가, 덜 배운 탓인가, 일자리인가, 질병인가, 전쟁공포인가, 지구 온난화 현상인가, 이념싸움인가, 부정부패인가, 경제침체인가, 불평등에서인가, 소통부재인가? 참으로 산같이 쌓인 풀 수 없는 일들이 세상을 말세같이 치닫게 만들고 있습니다.

이 모두의 갈등 요인은 삶의 경험에서 형성된 가치관의 차이와 삶의 시행착오로 비롯된다고 할 수 있겠습니다.

어느 책에서 읽은 내용 하나를 여기에 꼭 밝혀보고 싶습니다. 이탈리아 사람들은 '만자레, 칸타레, 아모레' 이 세 가지를 삶의 목표로 여긴다고 하지요. 이 뜻은 '먹고, 노래하고, 사랑하자'라는 뜻인데 인생을 후회 없이 즐기며 유산을 남기지 않고, 죽는 것을 멋진 인생이라고 생각한답니다. 그래서 '먹고살기 위한 노동'이라는 굴레에 얽매이지 않고 근무와 시간을 취미활동에 쓴다고 하지요. 당연히 자녀의 사교육비나 유학 자금, 결혼 자금을 무리하게 마련하지도 않는다는 것입니다.

재산은 자식들에 물려주기보다는 부부와 자녀가 함께 여행을 다니고 공연을 보러가는 등 현재의 시간에 그저 충실히 쓸 뿐이라고 합니다. 오직 가족의 즐거움과 행복을 위해 인생의 현재를 즐기기 위해 먹고, 노래하고, 사랑하는 것이라고 합니다. 그러니 스트레스가 쌓이지 않고 삶에 구애받지 않고 있는 그대로의 만족으로 살아가는 이들의 생각은 정말 우리들 살아가는 생각의 차이와는 하늘과 땅 차이입니다.

우리나라에 한 아빠는 정년을 앞두고 오직 직장에 매달려 자식들의 장래나 집 마련을 위해 살아오는 동안 한 번도 자식들과 놀러 다녀보지 못해 집안에서 '왕따'를 당했다고 하지요. 가족을 먹여 살리는 것을 전부로 생각하며 30년을 넘게 한길을 달려왔지만, 막상 얻은 것은 '왕따' 뿐인 거지죠. 가족의 따뜻한 사랑도 건강도 다 잃고 홀로 거울 앞에 서 보니 반백의 머리에 너무 초라하게 느껴지기 때문이지요. 우리 인생이 너무 많은 시간을 돈 버는 일에만 몰두하다 보니 주변의 것들을 다 잃어버리게 됩니다. 그래서 쌓이는 갈등과 자신의 삶의 형태를 이젠 바꿔서 이탈리아 사람들처럼 좀 더 인생을 즐기는 '만자레, 칸다레, 아모레' 식으로 삶을 개선해 보는 것도 좋은 것 같습니다.

제2부

덕(德)과 복(福) 그리고 종교

종교를 통해서 본
사생관(死生觀)

1) 종교의 발생과 기원

아무것도 존재하지 않던 세상 우주 속의 이 한 부분 지구 덩어리 속에 생명체를 창조하신 이 유일의 절대자 분을 일컬어 신 또는 하나님이라고 부릅니다.

다시 말해 하늘과 땅과 우주의 주인이신 분, 그분이 존재한다고 믿을 때 그 절대자를 지칭하여 각 종교들에서 부르는 명칭만 다를 뿐, 그 인식과 관념은 이 세상과 인간와의 주종관계에서 비롯된 것이며, 천지 우주만물을 창조하신 분은 단 '하나님' 한 분이십니다.

19세기에는 자연신화적 상징들을 열과 빛을 주는 태양을 향해 해, 달, 별, 폭풍, 계절 등 우주 근원의 실제 한 근원을 두고, 황홀경 속에서 두 손을 뻗쳐 예배하는 숭배정신인 원시부족의 자연 신화적 인격신으로 진화되면서 인류학 분야의 선구자 중한 사람인 에드워드 타일러(Edward B, Tylor 1832~1917)는 존재하는 비물질적인 영에 대한 신앙이 종교의 기원이라고 주장했습니다. 그 자연적인 정령이 존재한다고 믿는 신앙을 일컬어 '애니미즘'이라고 이름 붙였습니다. 따라서 철학자 스펜서(1820~1903)는 조상숭배는 꿈의 경험에서 비롯된 정령신앙과 관계가 있다고 보았습니다. 죽은 조상을 꿈에서 보고는 그 조상이 영혼으로 존재한다고 믿으면서 신으로 모시게 된 것이지요. 결국, 종교인은 영적인 존재를 믿기 시작하면서 그 정령은 주문을 가지고 그저 기도를, 태양을 향해 간청을 함으로써만 움직일 수 있는 존재라고 생각했습니다.

이런 상태의 환경에서 원시인들은 벌거벗고 숲과 물가에서 생존이 가능하게 되면서 처음에는 이들이 제일 무서워하는 것이 천둥, 번개, 지진, 산불이었습니다. 그럴 때 이들은 동굴에 숨거나 바위나 나무를 붙잡고 자신을 살려달라고 애원할 때 그것이 자신을 지켜준 것에 고맙다는 생각으로 무조건 절을 하는 숭배 정신을 갖게 됩니다. 이것이 자자손손 이어져 내려오며 계승하고, 발전되어 무조건 믿는 종교 형태를 가지게 된 것이지요.

이런 속에 날이 밝는 아침이 되면 제일 처음 떠오르는 태양과 어두운 밤이 되면 하늘에 떠오르는 달을 보면서 해와 달을 숭배하게 되는 태양신이 탄생하게 된 이후 차츰 차츰 발전되어 그 절대자가 탄생하게 되는데, 오늘날 기독교에서는 하나님이 이 세상에 보내신 '예수', 불교에서는 석가, 유교에서는 공자와 맹자, 이슬람에서는 '알라' 등 기타 사이비 유사종교 형태로 수천 종의 미신까지 형성되고 말았습니다.

18세기에 드 브로스(1709~1777)는 바위와 같은 무생물이나 동물과 같은 생물을 숭배하는 주물숭배(fetishism)가 종교의 가장 오래된 형태라고 주장했습니다. 애니미즘 즉 물체에 깃들어 있으면서도 별개의 존재인 정령에 대한 숭배가 원초적인 형태의 종교로 다신 단계를 거쳐 마지막으로 하나의 신만이 존재하면서 절대적인 힘을 소유한다고 믿는 유일신으로 진화했다는 것이지요.

총체적으로 초자연적인 힘의 영역과 관련된 것이 인간과 직접 관련되어 그 신의 율법을 그 사회의 주요 규율로 신성화해 놓은 것이다. 즉 종교란 인간의 행위를 연구하는 것, 다시 말하면 종교 행위는 인간 행위의 특징으로 인정케 된 것이다. 이러한 진화과정에서 본 각 종교 형태는 불경스러운 광신이며, '하늘에서 무시무시한 얼굴로 인간을 노려보고 있는 탐욕스러운 괴물'로 비유해 종교란 사실을 미신이라는 존경의 태도가 예배의 의식으로 표현하도록 가르치게 된 것이다(리차드 컴스탁 저, 윤원철 옮김《방법론의 문제와 원시종교 탐구》참조). 종교인은 초자연적 존재 질서로 발전되면서 '영의 존재에 대한 신앙'의 특징이 신비스러움의 감정으로 불가사의함을 느끼게 하는 감정과 두려움의 성격이 협박과 반발이라는 수동적이고, 부정적인 분위기의 감정, 반면에 매혹은 적극적으로 접근하려는 감정이 됩니다. 여기에서 구약성경 창세기(28장,17절)에 야곱의 말을 인용해 봅니다.

"이에 두려워하여 가로되 '두렵도다, 이곳이여' 라는 것이 아니라 이는 하나님의 전(殿)이요, 이는 하늘의 문이로다."《바가바드기타》11장 "두렵고 경이로운 모습, 오~커다란 마음의 소유자 당신을 볼 때 산계가 진동하도다."《케나 우파니샤드》4장 29절에 '브라만' 이 "번개가 치닫는다. 아 아! 눈이 부셔 뜰 수 없다. 아 아! 신이여"라고 묘사합니다. 불교는 현세에서 세상의 진상을 깨닫는 것으로 표현했지요. 결국 종교란 현세에서 궁극적인 관심에 사로잡힌 상태를 말합니다. 그 상징으로 그리스도교는 십자가, 불교는 부처님, 이슬람 사원은 메카를 향하듯 종교 형태로 발전되었습니다.

고대문명의 여러 종교의 공통된 형태와 발상, 그리고 창조설화는 기원전 3000년경부터 시작된 청동기 시대의 야금술의 발전, 이것이 문명의 발생시기와 일치하고 있지요. 주로 나일강 유역의 이집트가 기원전 3000년경에 시작하여 525년 페르시아에 정복될 때까지 번성했습니다.

기독교의 하나님은 "영이신데 그의 존재하심과 지혜와 거룩하심, 그리고 공의와 인자하심이 무한하여 영원하시고, 불변하신 분"이라 칭합니다. 그러나 기독교보다 500년이 앞선 불교에서는 '석가모니 붓다' 가 우주의 깨우침을 얻고, 중생의 자비를 심어줬다 하여 '부처님' 이라 하였고, 인간 중심의 진리를 제시했지요.

석가모니 붓다의 석존은 히말라야 산속 카필라 바스투에서 왕의 아들로 탄생(BC 6세기)했으나 세속의 영화를 다 버리고 진리를 깨우치신 분이십니다.

한편 중동에서는 1400년 전 '모하메트'가 예수와 같은 하나님이 보낸 마지막 예언자로 아라비아에 나타났다 하여 이들 부족은 월신이란 유일신을 믿게 되고, 이슬람이 "신의 뜻에 따라 절대 복종을 통해 평화를 얻는다"라는 말로 그 핵심은 율법이고, 창조주 하나님에 대한 믿음, 그 한 길이었습니다. "현세에서 율법대로 살아야 내세에 복이 오고, 천국에 갈 수 있다"라고 하여 사후 부활이나 심판의 날을 절대적으로 믿는 종교형태입니다.

이처럼 우리 인간 곁에 신의 형태나 모습은 없지만, 이 세상이 시작된 태곳적부터 인간들 곁에 함께 언제나 하나님이 존명하고 계시다는 생각, 즉 유신론적 인식을 갖게 됩니다. 마치 해와 달 그리고 자연의 물, 불, 바람이 인간들 곁에 언제나 같이 있듯 간접적으로 깨우쳐 주고 있지요. 그러므로 신 즉 하나님은 우리 인식 너머에 언제나 존재하는 것이기에 하나님은 무한이며 인간은 유한의 존재가 됩니다.

그러므로 이 광대무변한 대우주는 진리의 바다이며, 하나님의 무한한 은혜와 자비로 충만합니다. 불교에서는 우주를 가리켜 시간과 공간으로 표시하고, 범어로 '아미타'(부처를 믿고 염불하면 죽은 뒤에 극락정토에 태어난다)라고 말합니다. 여기에서 불천은 불타를 의미하며 삼보인 불(佛), 법(法), 승(僧)으로 나타내지요.

우리의 한 생명체도 이 우주의 오묘한 질서 밖에서는 존재치 못하듯 춘하추동의 변동하는 질서 속에서 살아가게 되어있습니다. 이런 속에 풀벌레나 날짐승으로 태어나지 않고 만물의 영장인 인간으로 태어난 것을 감사하고 살아가야 하지요.

이 지구상에는 살기 좋고, 경치 좋은 곳이 끝없이 널려 있습니다. 돈이 많고 행복하게 살아가는 그런 사람들은 이 멋진 세상에서 하루 가는 것을 너무 아쉬워하며 삶과 죽음 사이에서 몸부림치는 것을 한번 생각해 보십시오. 그 얼마나 죽기 싫어 가슴 아픈 일이겠습니까?

필자가 과거 남태평양 적도구역 마지막 지상낙원이라는 '피지(fiji)'에서 이민생활을 하며 느낀 사실은 천혜의 관광지에 돈 많은 부호들이 줄지어 찾아오고, 또 늙어가는 인생이 아쉬워 노년을 즐기려고 함께 손잡고, 걸어가는 모습을 보면서 이 지상천국에서 살아가는 의미를 실감했습니다. 그런데 내 인생이 시한부 선고를 받고 하루하루를 점찍으며 살아간다고 가정해 본다면 그 얼마나 이승을 떠나고 싶지 않아 몸부림칠까? 한번 생각해 봅니다.

2) 무신론(無神論)과 유신론(有神論)

불교가 탄생하기 이전 석존이 구도의 길에서 해결코자 했던 명제 "왜 우리 인간은 언제나 행복하지 못하고 늘 고통 속에 빠져 살아야 하는가?"를 깊이 생각하게 되면서 "인간을 제약하는 것은 오직 인간 스스로일 뿐, 그 외의 어떤 외적인 요인은 없다. 그래서 행, 불행, 죽음에 이르고, 이는 우발적 현상이 아니라 인간 스스로의 의지적 행동에 의해서 초래된 것"이라는 답을 얻었다고 합니다.

그 운명의 답은 신상(몸 안에 나타나는 갖가지 질병)과 사정(세상사 얽히고설키는 일들의 모습)으로 나타나기 때문이라는 것입니다. 이 뜻은 내가 살아온 금생에서 써온 마음의 흔적이 어떻게 남는가에 따라 선악의 갈림길이 형성된다는 사실이지요. 그러므로 행과 불행은 자신의 외모와는 하등의 관계가 없다고 합니다.

19세기 말엽 영국의 시인이자 소설가로 유명한 토머스 하이디(1840~1928)의 소설 《테스》에 다음과 같은 구절이 있습니다. "조상의 지은 죗값을 그 자손이 받는다는 것은 신에게는 당연할지 모르나 세상에 모든 인간들은 이를 경멸한다. 그것은 공평치 못하기 때문이며 전혀 개선될 수도 없는 비애이기 때문이다." 그것은 선대들이 저질러 놓은 죗값이 인연 탓으로 하여 자신에게 살아가는 동안 너무나 가혹한 시련을 당해야 하기 때문이지요. 그래서 우리 인간은 그 연약한 심정으로 지푸라기라도 잡아 구원을 갖고자 하는 데서 종교라는 구원처에 희망을 걸게 되고, 바라는 소원을 갈구하게 되는 것이지요. 그래서 대표로 표현하여 무신론은 불교의 종교요, 유신론은 기독교의 종교로 구분하는 근본적 차이점인데 불교가 자력주의라고 한다면, 타력주의는 기독교라고 표현할 수 있습니다.

먼저 불교부터 그 이유를 생각해 보면, 신의 존재를 믿지 않고, 불타의 가르침으로 인간이 깨달으면 누구나 다 불타가 될 수 있다는 가르침이고, 기독교적으로 말한다면, 그것은 용납할 수 없는 일이라고 합니다. 불타는 신도 아니요, 또, 신에게 권능을 부여받은 사람도 아닌 한 인간이라는 사실입니다. 그래서 6년의 수도를 보리수가야에서 인생의 대진리를 깨달은 끝에 불타는 완전한 선각자가 된 것이지요.

결국, 하나님의 은총이나 성령의 힘이 필요치 않고, 하나의 이상적 인간상을 말합니다. 그러므로 스스로 진리를 깨닫고, 완전한 지혜와 자비의 인격을 이루었다는 말입니다. "불법에 불가사의란 없다"는 뜻으로 우리 인간이 믿고 의지할 것은 오직 자기가 깨닫는 진리밖에 없다는 사실입니다. 그러므로 하나님을 믿을 필요도 없고, 하나님의 힘에 의지할 필요도 없다는 것이지요.

내 자신 내 자력으로 나를 구원할 수 있고, 나는 불성을 지니기 때문에 해탈과 열반의 자유자재 경에 스스로 도달할 수 있다는 것입니다. 나의 마음이 곧 부처요, 심즉불(心卽佛)이라고 말하지요. 우리가 인생에서 믿고 의지할 것이 무엇이냐? 무엇을 인생의 등불로 삼고 살아갈 것인가? 안심입명의 발판을 어디서 구할 것인가? 여기에 대해서 석가는 자기 자신과 진리 이외에 믿고 의지할 것이 없다고 단언했습니다. 곧, "내가 나의 등불이요, 진리가 나의 등불이다. 또, 내가 나의 의지처요, 진리가 나의 의지처라"라는 이 유명한 명제는 자등명과 법귀의를 말하는 것이고, 불교 자체가 얼마나 자력주의의 종교인가를 실증합니다.

석가가 운명하면서 제자들에게 최후에 한 말은 "게으르지 말고 노력하라"입니다. '예수 그리스도가 나의 주(主)요, 하나님이 나의 등불'이라고 믿는 기독교의 타력주의적 신앙과 불교의 자력주의적 신앙의 길은 전혀 다르고 기독교는 유신론과 타력주의의 종교입니다.

여기에서 좀 더 불교의 윤회사상의 본뜻을 살펴본다면 생명이 있는 모든 존재는 저마다 고리로 연결된 인연이 있다는 사실과 인간도 그 업식종자에 따라 육체가 분해될 때 그에 따라 꺼졌다 일어났다 하는 애증과 희로애락 속의 부침에서 지옥, 축생, 수라, 천상(극락) 또는 다시 인간으로나 날짐승으로 수레바퀴가 돌듯 돌아다니게 된다는 깊은 사실입니다. 그러니 현재의 내 생(生) 자체가 곧 윤회라는 사실입니다. 불교의 법구경 제5계의 교훈을 보면, 인간이 생존하는 한 상호간에 되풀이되는 원한의 고리는 우리들 삶 그 자체를 병들게 하기 때문에 살아있는 한 불도를 깨우쳐 끝없는 자비정신으로 베풂을 실천해야 한다는 것입니다.

이 세상에 영원히 사는 것이란 하나도 없기에 무상은 단순히 허무하다는 뜻이 아니라 모든 존재는 생멸, 변화하면서 같은 상태로 머물지 않고, 변한다는 것, 변하기 때문에 가능성이 있고, 창조적이고, 의지적인 노력이 필요하게 됩니다. 그러므로 우리 인간은 저마다 자유를 누리고 열심히 살아가야 할 의무가 있다는 뜻입니다.

'법정스님'의 지적처럼 인간이 자기 눈앞의 일만 가지고 아등바등 따질 것이 못 되며 끝없이 펼쳐진 생명의 바다에는 저마다 얽히고설킨 인연의 끄나풀로 이어져 있다고 했습니다. 원한을 복수로 갚지 말라는 교훈은 윤회의 괴로움이 전제되기에 결국, 인간을 병들게 만들고 괴로워하는 것이기에 참회치 않고는 그 고리를 풀 수 없다고 했습니다.

여기에서 불교의 특성인 선은 인간 존재의 실상을 자각하는 길이며, 속박에서 벗어날 수 있는 길이며, 생각으로 닦음인 사유수란 뜻입니다. 그러므로 살아가는 한 남에게 절대로 피눈물 나게 해서는 안 되고 그것이 업으로 훗날 수십 곱으로 자라나 후손에게 나타난다는 사실을 불교에서는 강조하고 있습니다.

그렇다면 기독교의 하나님은 어떤 신인가? 파스칼의 글 중 종교적 회심을 보면 이런 말이 나옵니다. "아브라함의 신, 이삭의 신, 야곱의 신, 철학자 및 식자의 신이 아니고, 자기가 믿는 성서(바이블)의 하나님은 옛날 아브라함이 믿었고, 또 야곱이 믿었던 신입니다."

어떤 형이상학적인 추상신이 아니라는 것입니다. 자기가 믿는 하나님은 신앙과 예배의 대상이 되는 인격신입니다. 불교에서는 스스로의 수도에 의한 구원과 해탈이 가능하지만, 기독교에서는 자력주의에 의한 자기 구원은 불가능하지요. 내가 나를 구원할 수는 없는 것이고, 구원은 오직 구세주이신 '예수 그리스도'를 통해서 합니다. 그것은 죄인인 인간의 죗값을 대신하여 십자가에 못 박혀 돌아가셨기 때문입니다. "빛은 나의 밖에 있고, 나의 위에 있다. 나는 그리스도의 빛에 의해서 비로소 빛에 참여할 수 있다"는 기독교적 인간관입니다.

이 두 종교의 경우 무신론의 입장과 자력주의를 토대로 하는 불교와 이성의 종교인 기독교는 죄의 원리와 신앙의 방법과 유신론의 입장인 타력주의를 토대로 하는 초이성의 종교였음을 밝히고 있습니다.

3) 기독교, 이슬람교, 유대교 성지 뿌리의 불씨

이들 세 종교는 유일신 하나님을 섬기며 문명의 4대 발상지 중의 하나인 유프라테스 및 티그리스강이 있는 중동에 같은 뿌리를 두고 있으며 '아브라함' 이라는 동일한 조상으로부터 출발합니다. 오늘날 이들 세 종교로 인한 중동 일대의 분쟁은 세계 제3차 대전의 화약고로 대두되고 있습니다. 이들 세 종교의 분쟁이 왜 오늘날 가장 시끄러운 전쟁의 불씨를 안게 되었는가를 깊이 조명해 볼 필요를 느낍니다.

이 세 종교는 동일한 하나님을 숭상하지만 각각 다른 '여호와' '야훼' '알라' 라고 부르는 분을 섬기며 《구약》이라는 거의 동일한 경전을 사용합니다. 그러나 이 세 종교의 차이점을 알려면 이들이 공통 경전으로 사용하고 있는 《구약 성경》 창세기 편(12~25장)을 보면 알 수 있습니다. 그 본질적인 차이점이 무엇인가 하는 문제입니다.

본래 조상 '아브라함'은 세 종교가 추앙하는 절대 유일한 조상이지요. 아브라함은 본토의 친척을 떠나 "지시하실 땅으로 가라"는 하나님의 명령에 순종하여 자신의 고향인 '갈대아 우르'를 떠나 '가나안'으로 옮기게 되며 하나님으로부터 "너로 큰 민족을 이루게 하겠다" "네게 복을 주겠다" "네 이름을 창대케 하겠다" "너는 복의 근원이 될 것이다"는 등의 약속을 받아 유랑생활을 하게 되고, 결국은 하나님의 약속대로 가나안에 이주하여 정착생활을 하게 됩니다.

"네 씨로 크게 창대하게 하겠다"는 하나님의 약속을 받았음에도 불구하고 자신과 아내 '사라'의 나이가 많아지자 하나님의 약속을 끝까지 기다리지 못하고 인간적인 방법을 동원하여 아내인 사라의 종 하갈을 통해서 '이스마엘'이라는 아들을 낳게 되지요.

믿음의 조상이라고 일컫는 아브라함도 잠깐 하나님 중심의 '신본주의'를 떠나 아내의 말에 따르는 '인본주의'의 함정에 빠집니다. 그러나 하나님은 그가 약속의 자녀가 아니라고 하면서 12년이 지난 100세가 되어서야 본처인 사라로부터 이삭이라는 아들을 낳게 되지요.

아브라함은 약속의 자녀인 '이삭'의 정상적인 양육을 위하여 '이스마엘'에게도 축복해 주고, 집을 떠나도록 합니다. 이렇게 떠난 이스마엘은 바로 터키인과 아랍인의 조상이 되지요. 이스마엘의 입장에서 보면 자신이 아브라함의 분명한 장자이며 하나님이 아브람에게 약속하신 축복의 언약은 당연히 자신이 유업으로 상속되어야 함을 주장합니다. 이것이 이슬람교가 아브라함의 정통이며 자신들이 바로 하나님의 택함을 받은 민족이라고 주장하는 근거가 됩니다.

한편, 본처의 소생인 '이삭'의 주장은 이와 정반대의 주장으로 하나님은 본처의 소생인 이삭을 약속의 자녀로 삼았기 때문에 아브라함에게 주어진 하나님의 약속과 유업은 당연히 이삭의 후손들이 누려야 함을 주장하며 이 점에서는 선민의식을 갖고 있는 유대교와 기독교가 동일합니다. 이삭은 쌍둥이 아들에게서 야곱을 낳고, '이스라엘'로 이름을 바꾼 야곱의 네 아내를 통해 12명의 자녀를 얻게 되고 이들이 이스라엘 12지파가 되며 이중 유대(유다)지파는 네 번째 아들이지요.

유대교는 예수 그리스도가 태어나기 전까지는 동일하게 하나님을 섬기며 자신을 구원해 줄 메시아를 기다리고 있었습니다. 기독교는 예수를 하나님과 사람 사이의 관계를 회복시킬 수 있는 유일한 메시아, 즉 하나님의 택함을 받은 그리스도로 받아드리고 예수의 죽음과 부활 및 재림을 믿으며 새로운 언약인 신약성서를 경전으로 채택하고 있습니다.

그러나 유대교는 "예수는 하나님의 신성을 모독한 용서받을 수 없는 죄인으로 십자가 처형을 받아 마땅한 자"로 여기며 예수의 제자들과 사도 바울 역시 이단종교를 퍼뜨리는 용서할 수 없는 괴수들로 여기고 있지요. 그들은 지금도 언젠가 오실 메시아를 기다리고 있으며 《탈무드》를 자신들의 경전으로 사용하고 있고, 기독교의 정경인《신약》은 그들에게는 출교대상이 될 수 있는, 읽어서는 안 되는 금지의 책으로 간주합니다.

　이슬람교는 하나님과 사람 사이의 중보자는 필요치 않으며 예수는 메시아가 아니라 아브라함, 모세, 다윗, 그리고 마지막 예언자인 무함마드와 동일한 5대 성사에 불과하며 오히려 마지막 예언자인 무함마드가 계시로 받은《코란》에 더 큰 비중을 두고 경전으로 삼고 있지요.

　기독교의 핵심 교리인 '성부, 성자, 성령'이라는 삼위일체를 부정하며 예수의 신성을 인정치 않습니다. 성서와 다르게《코란》은 아라비아어로만 되어 있고, 번역을 금하고 있지요.
결국 이 세 종파로 인한 분쟁의 불씨가 오늘날 전쟁의 화약고로 죽이고 불 지르며 크고 작은 분쟁으로 동일한 하나님을 섬기면서 메시아가 누구인가 하는 근본적인 차이를 두고 있습니다. 그래서 우리나라 개신교에서는 성지순례를 꼭 해야 한다는 바람이 불어 그 위험한 곳의 화약고를 갔다가 자동차 테러까지 당해 신도 수십 명이 죽자 잠잠해졌습니다.

　결론으로 밝혀 본다면 이들 세 종교는 동일한 유일신을 섬기고, 하나님이 약속하신 메시아를 기다리며, 그 메시야를 믿는 믿음에서는 동일하나 메시야관에서 현격한 차이를 나타내고 있습니다. 예수는 이스라엘의 말대로 5대 성사 중의 하나인 인간인가? 유대인들의 말대로 하나님을 모독한 십자가 처형이 마땅한 극악무도한 죄인인가? 아니면, 기독교인들이 믿는 대로 하나님의 하나밖에 없는 외아들 메시야인가가 세 종교가 갖고 있는 근본적인 차이점입니다.

여기에서 기독교와 천주교를 동일하게 취급하였는데 기독교와 천주교는 엄연히 다른 종교입니다. 동일한 하나님의 예수 그리스도라는 메시야관을 갖고 있으면서도 구원관, 속죄관 등 핵심적 교리에서 차이를 갖고 있으며 천주교에서는 구약 및 신약 외에 외경과, 구전 그리고 교시를 포함시키는 대신, 기독교는 구약과 신약만을 정경으로 받아들이는 근본적 차이가 있지요. 천주교인이 기독교인이 되거나 기독교인이 천주교인이 되었을 경우 개종하였다고 하기 때문에 기독교와 천주교는 서로 다른 종교입니다.

4) 현대 종교의 난맥상을 보면서

태초에 없던 세상, 없던 인간을 창조하신 하나님은 하나님의 형상대로 인간과 땅의 모든 것을 빚어 만드시고, 남자와 여자를 구분 (창세기 1장1~31절)하셨습니다. 하나님은 에덴동산에서 아담에게서 취하신 그 갈빗대로 여자를 만드시니 여호와 하나님이 아담과 그의 아내(창세기3장~24절4장~1,2절) 하와와 동침함에 가인을 낳았더라(이상 성서 창세기 참조).

오늘날 우리 인간들 죄인은 좀 더 바른 삶을 살아가고자 의지하고, 구원을 바라는 곳이 종교라는 믿음의 형태가 수천 종의 사이비로 탈바꿈돼 바른 하나님의 길의 신앙생활을 할 수 없게 만들어져 필자는 거두절미하고 여타의 많은 종교들 가운데서 대표적으로 불교와 기독교만을 표본으로 하였음을 밝혀둡니다.

어느 종교든 그 율법의 기본은 '하나님 사랑과 이웃 사랑'입니다. 그러므로 신앙의 정신은 교리적 율법에 따른 '순전한 신앙,' '건전한 신앙,' '온전한 신앙'이 되어야 하는데 오늘날 신앙의 형태는 진실한 종교의 계명을 어기고 떠난 권위를 상실한 비약으로 인간을 세속화시켜 정신을 혼돈시키고, 기본 교회의 품위마저 잃고 있는 게 현실입니다.

율법의 계명을 지키면 율법주의가 되는 줄로 알고 율법 이하의 삶을 살면서 그러한 삶이 복음주의라고 착각하면서 거의 대부분 목탁을 두드리는 불교에서나 기독교, 유교 할 것 없이 금권제일주의로 율법 폐기론까지 들고일어나는 세상이 되어버린 상태입니다. 한마디로 말세가 다 되어버린 세상 같습니다.

지금 기독교의 경우 자기도 모르는 사이에 사실상 이단이 되어가고 있습니다. 한 예로 세계에서 단일 교회로 제일 큰 여의도 '순복음교회' 같은 경우 수천 명의 신도가 천국에 가겠다고 피땀으로 모아 낸 성금 모두를 독식해 버리는 목회자도 있고, 또한 오늘날 목회자들 중에는 신도들을 돈으로 잣대질해 버리는 세상입니다.

그래서 기독교를 어떤 사람은 '병들어 가는 기독교'라고도 하고 세속주의로 오염된 기독교, 신비주의, 물질주의, 미국식에 흠뻑 오염된 기독교를 율법 폐기론까지 들고나오며 깊숙하게 병들어 버린 오늘날의 기독교라고 평하기도 합니다.

또한, 불교도 예외는 아니라 한술 더 떠 목탁을 두드리는 스님이 부처님께 돈 많이 바치면 반드시 극락 세상에 간다고 공공연하게 발언합니다.

과거 로마가 망할 때, 마케도니아 아가야 지방의 교회들이 변질되었고, 로마교회는 만국종교로, 혼합주의로 타락 변질돼 버렸던 예처럼 오늘날 한국 교회들도 불과 200년도 되지 않았는데 변질되거나 위축돼 가고 있습니다.

미국 기독교의 경우 70% 이상이 교회 문을 닫아 버렸다고 합니다. 오늘날 기독교를 예로 들어보며 무엇이 잘못되었을까를 생각해 봅니다.

1) 성경말씀의 구약을 무시한 것, 2) 성경말씀을 과잉 해석한 것, 3)신학교가 성경을 무시한 것, 4)과학을 바르게 하지 못한 것, 5) 실천적 윤리를 등한시한 것, 6)과잉 목회자 방출로 고급 실업 목회자가 넘치는 것, 7) 신비주의를 용납한 것, 8)기복주의 번영신학을 용납한 것, 9) 바울의 서신들을 오해한 점, 10) 역사와 현실에 대한 무관심한 것 등등으로 기독교가 오늘날 '하나님 위주가 아니라 인간위주' 로 품위를 상실했다고 주장하고 있는 실정임.

결국, 현대 종교가 21세기에 무서운 화약고로 변신 하면서 세상의 종말이 과연 종교의 분쟁으로 하여 발생할 것인지? 아니면, 인간이 어질러놓은 온난화로 지구의 종말이 올 것인지? 에 대하여는 아직 단언할 수 없지만, 지구가 몸살을 앓고 있는 것만은 사실입니다.

잔은 비울수록
여유가 생긴다

좋은 나무는 나쁜 열매를 맺지 않고, 반대로 나쁜 나무는 좋은 열매를 맺을 수 없다는 간단한 이치를 생각해 봅니다. 인간의 마음이란 간사하지만, 자신의 마음을 다스리고 비우는 정신이야말로 참 중요합니다.

법정스님의 무소유 글 중에 이런 말이 있습니다. "우리는 필요에 의해서 물건을 갖지만, 때로는 그 물건 때문에 마음을 쓰게 된다. 따라서 무엇인가를 갖는다는 것은 다른 한편 무엇인가에 얽매인다는 것, 그러므로 많이 갖고 있다는 것은 그만큼 많이 얽혀있다는 뜻이다"라고 표현한 내용을 읽으며 마음을 비운다는 것, 그것이 얼마나 쉽기도 하면서 어려운 일인가라는 것을 느낍니다.

채워진 잔은 비울수록 여유가 생깁니다. 다시 채울 수 있기 때문이지요. 그것이 술이라도 좋고, 세월이라도 좋고, 정이라도 관계치 않습니다. 다만, 비울 때가 더 아름답습니다.

마음을 비우고, 조급함을 참으며, 집착하고 있는 것을 버려서 풀어버리고 나면 홀가분한 기분이 듭니다. 그 좁은 공간에 그 많은 것을 어찌 그리도 많이 담아 두고 있었을까?

하는 일마다 속을 썩이고, 뜻대로 되지 않았을 때나 믿음이 가지 않을 때, 무언가에 자꾸만 어딘가에 홀리듯 빠지며 휘말릴 때, 사업을 시작했으나 그만두지도 못하고 다시 계속할 수도 없을 때, 불안해지고 초조해지면서 답답하고, 조급해질 때, 무언가 꼭 더 채워야 한다는 욕구적 의식세계에 빠질 때, 이러지도 저러지도 못하고 끝내 초조함이 다 버그러져 버릴 때가 되면, 세상만사가 너무 원망스럽고, 허무해짐을 느끼고 맙니다.

자포자기나 재기의 발판 기로에 섰을 때, 이런 때 내 자신 답답함을 억제치 못할 때, 그냥 단순하게 마음을 다 비워버리는 빈 잔을 한번 생각해 봅니다. 그런 때 자신의 가슴이 텅 빌 때까지 자신을 깊이 들여다보면 정말 허망하지요. 망연자실할 뿐입니다.

그런 다음 자신의 환경을 바꾸기 위해 빈 마음의 여행에서 마음을 달랜 다음 다시 세상을 바라보며, 아! 이제 다시 해 보자! 전보다 훨씬 홀가분하게 비워진 마음에서 잔마다 조금씩 뭔가 채워지는구나. 그렇다 바로 그거야……

투명한 것을 담으면 투명하게 보일 것이고, 따뜻한 것을 채우면 따뜻한 잔이 될 것입니다. 빈 잔과 같이 항상 여유로움을 갖는다는 것 그것이 자신의 수양된 여유겠지요.

저 하늘 멀리 두둥실 떠다니는 대자연의 여유로운 구름을 봅니다. 남의 눈높이에 맞추어 살지 말고, 저 구름처럼만 살아가 보자. 부자들 부러워하지도 말고, 건강한 몸 가지고 마음 비우고 잔에 기득 채우지 않더라도 나는 좋다. 내 직장, 내 분복대로만 살아가면 되시, 뭐 더 이상 과욕 부려 될 일도 없지 않은가!

나보다 더 걱정, 근심, 고민도 많은 사람 있을 것이고, 병원에 누워 몸을 움직이지도 못하고 사는 그런 사람도 있지 않은가! 그에 비하면 난 정말 행복한 사람이야! 높은 자리 탐 내지 말고, 먹어 삼키지도 못할 그놈의 '돈' 받지도 말고, 쇠고랑 차는 꼴 매일 매스컴에서 보지 않는가요. 실상 높은 자리가 될수록 가시방석이니 양심이 구리다는 소리지요.

그런 자리 다 털고 나서 빈 잔이 되면 오히려 홀가분해지고, 너무 없어 우선은 투덜대고 살아도 그게 편한 거여……. 허망한 욕심 다 눈이 먼 어리석음 때문이여! 마음 편하게 등 따시게 살면 그만인 거여! 텁텁한 막걸리 한잔 나누면서 마음 비우고 웃으면서 건강하게 살아가면 그뿐이라오. 암, 그렇고말고. 알 만 하지요.

다 내려놓고
사는 삶

1) 과거에 잘나가던 사람들

　내 자신 스스로가 이제 다 버릴 것은 버리고, "왕년에……"
란 단어조차도 없애버려야 합니다. 다시 말해, 노년은 상실의
세대라고도 하지요. 과거 내가 ○○○자리에 있었는데, 하는
그런 망상을 남들 앞에서 예사롭게 자랑해 봐야 적응력이 없
고, 먹혀들어가지 않으며 망신만 당합니다. 그 기쁨과 지난 과
거의 이력은 모두 배낭 속 깊숙이 담아 두셔도 남들이 더 먼저
아는데 그것이 마치 자랑거리인 양 과시하기를 과거 내가 세무
서장을 했느니, 중앙부처 국장을 했느니, 은행이나 재벌회사
이사를 했느니 등등 과거의 지위나 위세를 자랑삼아 늘어놓기
를 좋아하는 사람과 깊이 있게 대화를 나누다 보면 대부분이
속빈 강정과 같습니다.

　그런데 그런 분들이 퇴직을 해 사회에 나와서 보면, 공직생활

때 청렴했던 분들은 대부분 어려운 삶을 조용히 꾸려가고 있는 반면, 초호화생활을 하는 부류들 대부분은 정당한 급료로 그런 삶을 살아갈 수가 없는 노릇이지요. 필자가 잘사는 사람들 중 한두 분을 골라 직접 겪은 사실들을 밝혀보기로 합니다.

이젠 이 친구가 이미 고인이 돼버린 사람이라 거짓으로 막말을 할 수 없어 사실대로 써야겠기에 들춰봅니다. 박정희 대통령 시절은 공직자나 사회가 온통 사바사바(소원성취라는 불교의 예)를 잘해야 통하고, 출세하던 시절입니다. 6·25전쟁 십수 년이 지난 후라서 사회질서가 혼란스러워 모든 기간산업 건설 등 어지러운 격동기 때 힘들었던 시절의 이야기입니다.

대학 재학 시절 필자와 서울 동대문구 용두동에서 한방 자취생활을 하던 때, 그 친구 하는 말이 어찌어찌하여 탈영을 한 후 헌병명예 제대한 걸로 바꿨다고 하는군요. 그만치 이친구 재주가 남다르게 비상하여 당시는 돈이면 그런 부정이 통하던 시절입니다.

나중에 필자가 군 생활을 마치고 돌아오니 이 친구가 대학을 졸업한 후 국가고시에 합격해 처음 부임지가 서울 국세청 ○○○세무서 법인세과와 외국인세과 몇 곳을 옮겨 다니며 십수 년 사이에 공직자가 돈을 물 쓰듯 하며 친구들 모임 때마다 회식비 전액을 내고 바쁘다며 가버리는 것입니다. 나중에는 연희동 부자촌 300여 평에 양옥집을 지었다며 친구들이 초대받아 갔더니 엄청난 음식 장만에 눈이 휘둥그레졌고, 더 놀란 사실은 자기 집 구경을 시켜준다며 지하실에 따라가 보니 대형 냉장고

와 대형 TV 등 아직 뜯지도 않은 그대로 창고에 가득했습니다. 자랑삼아 하는 말이 하루 큰 회사 몇 곳을 둘러 집에 갈 때는 현금과 수표가 든 봉투가방이 꽉 찬다는 것입니다. 고향 등지와 전국 그린벨트 지역에 사둔 땅만 수십만 평 된다는 자랑입니다.

그런데 이 친구가 바빠서 얼굴 보기가 하늘의 별 따기인데 하루 서울대병원 중환자실이라며 연락이 와 가서 보니 고혈압 당뇨합병증으로 이마를 뚫어 사경을 헤매던 모습을 봤는데, 10여 일 후 나이 50도 못다 채우고 죽었다는 소식을 들어 장지에까지 다녀온 일이 있습니다.

그런데 이 친구가 죽은 뒤 본마누라와 슬하에 아들 둘과 딸 하나가 미국에서 유학 중에 왔다고 하였고, 술집 마담 등 세 여자가 나타나 이들과 재산 싸움으로 법정 송사가 걸려 한동안 난리를 치르고, 미국에서 돈으로 고생 없이 유학시킨 자식들이라 잘못 풀려 불량 서클에 들어 골머리를 앓는다는 본마누라의 호소도 들었습니다.

다른 또 한 분의 예를 들어봅니다. 필자가 잘 아는 한 분이 ○○○지방은행 본점 이사로 재직하고 있었는데 대출이나 부실 기업체들의 체납처분 등 공매과정까지 담당하다 보니 유찰과정 및 돈세탁 등 부정한 방법으로 재산을 자기 자식들 명의로까지 헐값으로 돌려놔 그 재산이 엄청났다지요. 그렇게 돌려진 땅이나 가옥들이 다 어디에 있는지조차 모른다는 것입니다.

미국으로 시집간 큰 여식 앞으로만 십여 채나 되고, 두 아들과 집식구 앞으로 그린벨트에 묶여진 땅들이 풀리면 자기 손자대까지는 가만 앉아서 놀고먹어도 남을 것이라고 술좌석에서 자랑삼아 하는 말이었습니다. 죄스러운 마음은커녕 철면피같이 떳떳이 말하는 이 자를 침이라도 얼굴에 뱉어주고 싶었으나 꾹 참고 들어줬습니다.

그런데 이 사람이 정년퇴직 후 온 식구가 건강상태가 나쁘다는 사실을 들어보니 미국으로 시집간 큰딸은 결혼한 지가 8년차 되었으나 아이가 없고, 신경통 불면증과 신경쇠약 증세로 병원에서 살다시피 하고, 자기 집사람은 치아 암으로 2차 수술까지 받고도 의치로 음식을 못 먹는 상태고, 아들 하나는 ○○○방송국 과장으로 재직 시 밤에 술에 취해 가는 도중 차에 치여 중상을 입어 6개월째 하반신을 못 쓰는데 마누라가 어느 날 도망가 버리고, 막내아들 하나는 나쁜 친구들 서클에 합세하여 마리화나, 본드를 흡입하는 등 집안 사고뭉치가 돼 사람 만들어 보려고 돈을 물 쓰듯 해도 이젠 할 도리가 없다는 호소이고, 본인 자신도 근육통, 가슴앓이 당뇨, 고지혈증 혈압까지 좋은 약과 몇 달씩 병원에 입원해 있어 봐도 차도가 없다는 하소연이었습니다. 그러면서 돈 많으면 뭐하느냐며 필자더러 건강을 몹시 부러워한다는 말을 하더군요.

필자가 이런저런 말을 다 듣고 "이사님! 좀 듣기가 거북하더라도 이해하시고 제 말을 오해 없이 잘 들어주시기 바랍니다. 이사님이 모은 재산들이 어쩔 수 없이 넘어간 피눈물 맺힌 한(恨)의 돈이란 사실을 먼저 아셔야 합니다. 그러니 당신 집안이 그 액운 덩어리를 짊어지고 돈을 주고 바꿔 산 꼴이지요. 그러므로 집안 병고의 뿌리가 없어지지 않는다는 사실입니다."

"정 병을 고치고자 한다면 당신이 부정으로 모은 그 많은 재산 전부를 어려운 곳에 남 앞에 절대 표시 없이 돌려주고 나면 반드시 집안의 우환이 차츰차츰 도망가게 될 것입니다. 병은 돈의 인연 때문인 것이니 돈으로 풀어야 하는 것이지요. 제 말을 깊이 명심하십시오"라고 해줬으나 돈에 병든 이분은 제 말을 귀담아들을 인간이 아니었습니다.

2) 돈에 병든 인간들

돈! 돈! 돈!

이 돈 속에는 인간의 오욕칠정이 다 들어 있다고 하지요. 자본주의 사회에서 돈의 위력은 정말 대단합니다. 이 돈 때문에 얼마나 웃고 우는가! 이 말은 어느 누구도 부인할 수 없는 현실적 사실입니다. 당장 피부로 느끼는 돈과 함께 우리 인간이 살아가기에 돈 없는 세상은 몸서리 쳐지도록 괴롭고, 슬프며 고통스러운 나날로 육체적 고통이 따르는 연속입니다.

돈이야말로 무서운 힘을 가지고 있어 배운 것 하나 없어도 돈만 많으면 특대우로 금 방석에 앉을 수도 있습니다. 그러니 돈 많이 벌려고 별 수단을 다하며 욕심을 부리다가 탈이 생겨나지요. 나중에는 돈의 노예가 되어 타락의 늪에 빠지면 헤어나기

조차 어려워집니다.

 그러나 돈만으로 행복의 전부를 살 수는 없지만, 상당 부분은 도움을 받을 수 있고, 즐길 수 있으며 돈을 유용하게 쓸 때 가정의 평화를 가져다주고, 삶의 윤활유 역할이 합니다.

 돈이 많은 사람은 고생해 번 돈이 아니라 한 푼 쓰는 것조차 아끼고 꼭 써야 할 곳을 모르는 것이 대부분의 심리지요. 소유욕에만 집착하여 남을 경계부터 하며 살아가다 보니 오히려 대인관계에서도 멀어지기 마련입니다.

 자본주의 현대 세상에 그토록 돈에 병든 인간들을 우리는 너무 많이 보고 살아가고 있습니다. 언젠가 잡지책에서 본 사실인데 잡지사 기자가 서울 강남 역삼동 부자촌 집안 사진 촬영 허가를 받고 찍던 중 장독대가 있어 독 뚜껑을 열어 보니 간장, 된장이 들어있어야 할 곳에 만원 다발이 가득 들어 있었는데 나중에 돈을 다 들어내 보니 제일 밑바닥 아래에 있는 돈은 오래되어 퇴색까지 돼 있었다는 것입니다. 남 주기는 아깝고 은행에 많이 넣어두면 불안하고 소문날까 봐 숨겼다는 이유를 들을 정도의 불공평한 세상입니다.

 1960년대 박정희 정권시절, 서울근교 성남 쪽 가는 외진 곳에 과수원 등 2만여 평의 지주로 살던 한 분이 죽기 전 두 아들에게 유산으로 나눠주기를 큰아들 장손에게는 살던 집과 복숭아 과수원 땅과 많은 재산을 주었으나 막내아들에게는 아직 어려 밤나무 야산 하나만 주었다지요.

 형님은 사업을 크게 하다 부도로 몽땅 털려 빈털터리가 되었으나 막냇동생은 가진 야산이 나중에 도시개발 상업지구로 용도변경돼 노른자위로 바뀌면서 하루아침에 졸부가 되었습니다.

형이 사업하며 잘나가던 때 막냇동생은 형에게 가 몇 번이나 손을 벌렸으나 그때마다 퇴짜를 당하고 하여 크게 앙심을 품었던 때라서 큰형이 몇 번이나 찾아와 자금지원을 바랐으나 일언지하에 거절해 버렸습니다.

이후 동생은 호화저택과 빌딩을 지어 분양하며 최고급 승용차에 온갖 호사를 다 누리며 세계일주 여행까지 하며 살아갔습니다. 돈의 위력은 대단했지요. 그러던 어느 날 청소년기의 자식 하나가 사준 오토바이로 또래의 친구들과 밤에 광란의 질주를 하다 가로수를 들이받으며 연쇄충돌로 한꺼번에 세 명이 즉사해 버렸다고 하지요. 이들 부모는 넋을 잃고 말았습니다. 하루아침에 돈의 위력에도 불쌍한 처지로 전락된 졸부의 결과였습니다.

돈이란 돌고 도는 것, 자기만을 위해 살아가기보다 이웃을 알고 값진 돈을 써야 하는데 이 졸부는 돈의 값진 쓰임새를 전혀 모르고 살아오다 무서운 하나님의 경고장을 받았습니다.

《상도(商道)》라는 책을 쓰고 지금은 고인이 되신 최인호 작가의 글 속에 보면 이런 말이 있지요. "돈이란 개처럼 벌면 개처럼 쓸 수밖에 없지만, 정승처럼 벌어서 정승처럼 써야 한다. 물처럼 흐르는 재물을 움켜만 쥐려고 하기 때문에 문제가 생긴다"고 했듯이 돈은 반드시 값지게 써야 다시 복을 받아 후손들이 더 잘됩니다. 그러나 이 졸부는 개처럼 돈을 쓰다 하나님의 벌을 받은 셈이지요.

최근 우리나라 재벌급 '동양'이나 '효성'의 회장들이 회사 돈을 개인 돈인 양 엄청난 비자금을 조성하다가 들통이 나고, 삼성재벌가들은 형제간에 재산 송사관계로 서로 물고 물리듯 싸움질이고, 공직자들의 엄청난 비리가 터지는가 하면, 심지어은행에 맡겨 둔 돈들까지 도둑질해 도망가는 세상으로 변해 버렸습니다.

소욕다시란 뜻은 욕심을 버리고 남에게 많이 베풀라는 뜻입니다. 그러므로 복은 선한 생각의 검소함 속에서 생겨나는 덕을 쌓은 결과입니다. 돈은 유용하게 쓸 때 삶의 값진 도구이며 하늘의 뜻임을 감사하게 느끼고, 절대 표시 없이 남에게 자랑하지도 말고 조용히 많은 덕을 심어 둬야 합니다. 그래야 후손들이 잘살게 되는 것이지요.

미국에 세계적인 재벌 록펠러가 50줄에 큰 병을 앓아 죽게 되었을 때 자신이 곰곰이 생각하기를 그동안 돈독이 올랐음을 깨우치고, 그때부터 있는 재산 모두를 사회에 환원하고 어려운 곳에 많이 베푼 뒤에 건강이 회복되어 98세까지 천수를 누렸다는 일화도 있습니다.

그리고 일본에서 전기소켓 하나로 시작해 내쇼날 전기와 파나소닉 전자제품으로 1960년대 세계적 10대 재벌이 된 '마쓰시타 고노쓰케(松下幸之助)'는 그 엄청난 재산 상당부분을 사회에 환원하고, 자신의 월급까지도 아껴서 불우한 자선단체에 기부하고 검소하게 살다 가신 분으로 일본 사회에서 지금까지도 '정신적 지주'로 남아 있습니다.

우리가 한세상을 살아가며 욕심 없이 순수 그대로 고생하며 어렵게 번 돈을 남몰래 심어두면 그게 모두 훗날 싹이 트고 많은 대가의 결과가 반드시 돌아옵니다.

구로야나기 데쓰코가 쓴 《토토의 눈물》이라든지 의료선교사로 체험담을 쓴 워싱턴대학 정형외과 명예교수의 《고통이라는 선물》을 읽으며 나병환자나 아프리카 어린이들을 돕는 눈물겨운 구제활동과 오늘날 우리나라에서도 '코이카' 의료봉사단원들이나 방송국의 '사랑의 리퀘스트' 프로 관계자들, 연예인들까지 나서서 아프리카 현지에서 봉사하며 활동 중인 분들을 보며 참으로 고무적인 감동을 느꼈습니다.

왜 그리 헛된 시간 속에 날을
보내야 했던가?

1) 인생의 짧은 삶을 생각해 봅니다

1849년 12월 칼바람이 매섭게 부는 러시아 세메노프 사형집행 광장에 반체제인사로 28세인 나이로 형장에 끌려와 형장의 이슬로 사라질 순간 사형집행관이 마지막 5분의 시간을 주겠다고 외칩니다.

"아! 나는 5분 후면 죽는구나. 가족과 친구들을 생각하며 부디 먼저 떠나는 나를 위해 눈물 흘리지 마시오"라는 속에 2분이 지났다. 왜 내가 그리 헛된 시간 속에 살아왔던가? 찰나의 후회할 시간 속에서 또 2분이 지나고, 이제 나머지 1분은 주위의 공포와 두려움에 떨며 매서운 칼바람이 맨발 끝에서 타고 올라오는 땅의 냉기도 이젠 다시 느껴보고 만질 수도 없겠구나. 아! 모든 것이 아쉽고 아쉽도다. 진정 이제야 세상의 소중함을 느끼게 하는구나. 눈물이 흘러내린다. 조금이라도 더 살고 싶다. 살고 싶다.

탄알을 장전하는 소리가 찰칵하고 심장을 뚫는다. 바로 그때였다. 순간 멈추시오! 사형 대신 유배를 보내라는 '황제'의 전갈을 갖고 왔소. 사형수가 1분만 늦었어도 형장의 이슬로 사라질 운명의 순간이었던 이 사람이 훗날 러시아의 대문호 도스토옙스키입니다.

도스토옙스키는 담담한 어조로 동생에게 편지를 써 보내기를 "인생은 신의 선물이며, 모든 순간순간은 영원의 행복이면서 5분의 연속이다"라는 유명한 말을 남겼지요. 남은 5분 동안 무엇을 할 것인지가 그 사람의 인생을 좌우한다고 했습니다.

필자는 책을 다독하면서도 지금의 이 시간이 그 얼마나 소중하고, 중요한 시간이라는 것을 항상 깨닫고 느끼는 일이지만, 이제껏 왜 그리 허송한 날들만 보냈을까 하고 늘 후회하여 보지만 이젠 과거로 가버리고 말았습니다. 그러니 지금부터서라도 나머지 인생을 위하여 건강이 허락하는 날까지 공부하며 음지에서 조용히 글 쓰다 여생을 마감하고 싶을 뿐입니다.

죽음의 문턱에서 돌아온 도스토옙스키는 담담한 어조로 동생에 편지쓰기를 "내 인생은 바뀔 것이며 다시 태어날 것이다"라고 했습니다. 혹한 속 감옥소 안에서 무거운 쇠사슬에 묶여 있으며 창작을 머릿속에 외워 두었고, 나중에 유배생활에서 풀려난 후 4년간 쓴 장편소설 《죄와 벌》 등 역작을 남겨 노벨문학상을 탄 정신을 배워야 하는 뜻은 '인생은 5분의 연속'이라는 것입니다.

2) 베풀면 잘 살게 됩니다

우리가 사는 목적이 무엇이며, 어떻게 살아야 멋있게 살고, 정말 우리에게 소중한 것이 무엇일까를 생각해 봅니다.

무엇이 소중한 것인가는 그것을 잃고 난 뒤에 가서야 느끼게 되지요. 내 손안에 있을 때는 그저 귀함을 모르다가 없어지고 난 뒤에야 아! 있었으면 좋을 텐데……라는 아쉬움과 그리워짐이 남듯 인간의 소중함도 마찬가지입니다. 아쉬워하는 그 모습 그것이 인간의 참된 사랑이지요. 그러기에 인간은 가까이 있을 때보다 멀리 떨어져 있어 봐야 깊게 느끼게 됩니다.

필자가 이민 간 뒤 오랜 세월을 타국에서 지내다 보니 고국에서 그 많은 추억의 기억들이 새록새록 살아나 그리움에서 나중에는 고독함으로 바뀌어 진정 그 시절, 내 이웃의 그늘이 그 얼마나 소중했던가를 실감케 되었답니다.

우리에게 정말 소중한 것은 정녕 대궐 같은 자기 집 자랑이나, 최고급 자동차를 몰고 다니거나, 무슨 사회적 지위만을 자랑하며 홀로만 즐기는 독불장군의 인생이 아니라 계층의 인간을 구별치 않고 누구나에게 따뜻한 정으로 사랑을 나누며 어려운 이웃에게 표시 없이 얼마나 무엇을 베푸는가에 삶의 목적이 있습니다. 우린 그 울타리를 너무 모르고 자기위주의 이기주의로만 살아갑니다.

한 분의 예를 들어보지요. 베풀면 반드시 다시 돌아온다는 실례로 대한항공 창시자 '조중훈' 회장분의 과거사입니다. 20대

중반의 사장으로 낡은 트럭 한 대로 미군 영내 청소를 하청 받아 시작하던 때입니다. 물건을 싣고 인천에서 서울로 가던 길에 외국 여성이 차가 고장이 나 길에 세워놓고 안절부절못하고 있는 것을 지나치다가 보고, 다시 돌아와 1시간 30여분 동안 고쳐주고 가버리자, 외국 여성은 너무 고마워 상당한 돈을 수고비로 내밀었으나 한 푼도 받지 않고 그냥 가 버렸습니다.

이후 그 여성은 그의 남편과 함께 이 고마운 남자가 있는 곳을 수소문하여 찾아왔습니다. 그녀의 남편은 바로 미8군사령관이었습니다. 다시 사례비를 주려 했으나 끝내 거절했다지요. 그러자 미8군사령관이 이 분(조중훈)에게 강력하게 도와주는 방법을 권하자 당시 젊은 조중훈은 정 주시겠다면 "나는 운전사입니다. 미 8군에서 나오는 폐차를 내게 주면 그것을 인수해서 수리하여 그것으로 사업을 하겠소. 그러니 그 폐차를 인수할 수 있는 권리를 내게 주시오"라고 말하니 사령관으로서 그것은 식은 죽 먹기보다 쉬운 일이라 오히려 폐차를 고물처리하는 데 골머리 앓다가 더 잘된 일이라며 쉽게 승낙해 줬지요.

그렇게 해 만들어진 기업이 나중에 바로 대한항공이며 오늘날의 대한항공 한진그룹이 그 우연한 날의 인연으로 시작된 사실이 성공담 실화로 남아있습니다.

그렇게 생각해 보면 우리 인간은 내 앞에 지금 만나는 그 사람이 제일 중요하다는 사실이지요. 좋은 인맥을 만들려면 남에게 받으려고만 하지 마시고, 내가 먼저 솔선하여 누군가에게 대가없이 무엇인가를 먼저 줘야 합니다. 그것이 사람 사는 세상사 근본 이치랍니다.

오늘의 자기 삶이 힘든다는 생각은 누구나 갖는 마음의 짐이기 때문에 얼마나 자신이 잘 인내하고 정직하게 사느냐가 더 중요하지요. 욕심과 미움을 버리고 비우는 결단과 용기가 자기 인생길을 좌우합니다. 찌들고 지쳐서 뒷걸음질치는 일상의 삶에서 편하려면 우선 자신을 부단히 마음을 비우는 것부터가 선결 문제입니다. 매사가 다 그렇습니다.

욕심을 제하고 나면 늘 행복한데 그러지 못하고 사는 우리 인간들. 삶이 힘들어서보다는 내면의 욕망이 아직 자신에게서 없어지지 않고 남아 자신을 지배하기 때문입니다. 우리는 보석처럼 인간다운 인간을 존경하듯 보석은 그냥 빛나기 때문만은 아니지요, 조개 안에 들어간 모래알의 아픔을 감싸고, 견디며 품어내는 수많은 날의 인고 속에서 영롱하고 아름다운 보석의 흑진주가 탄생하기 때문입니다.

당신의 오늘 하루하루의 값진 보석이 쌓이고 쌓여 영롱한 자손의 훗날이 보장되듯 잘 살아가는 사람이 그냥 잘사는 게 아니랍니다. 선대 흐름의 후덕인데 자신이 살아가며 덕을 더 많이 심어두지 않으면 그것으로 잘살던 삶이 끝나 버립니다. 씨앗은 심어 둔 그대로 묻어두십시오. 그래야 먼 훗날 싹이 잘 돋아납니다. 자랑하는 짓은 땅을 파헤쳐 버리는 짓이 됩니다. 베풀면 반드시 되돌아 옵니다.

인간에겐 아홉 구멍과
세 뿌리가 있습니다

하나님이 인간을 처음 만들어 냈을 때 살아가기 편하게 이목구비를 제자리에 맞춰서 배치, 아주 정교하게 자기 맡은 일을 다 잘하고 있습니다.

인간의 몸속에는 아홉 구멍과 세 뿌리가 있습니다. 먼저 아홉 구멍에 대하여 표현합니다. 귀 둘, 눈 둘, 코 구멍 둘, 입 하나 오줌구멍과 항문 그래서 아홉입니다. 세 뿌리는 입 뿌리, 발 뿌리, 도구 뿌리를 말합니다.

이 중에서 제일 복 받은 곳이 입이고 제일 고생하는 곳이 항문이지요. 입은 먹기만 하는데 항문은 더러운 오물 찌꺼기를 모두 잘 참고 묵묵히 잘 처리합니다. 두 눈과 두 코로 보고 냄새 맡아 뇌의 지시에 의해 손이 입에다 넣어줍니다. 음식이 위장을 통해 들어가면 화학공장과 간(肝)이 맛은 보고 몸 안 각 곳으로 영양분을 골고루 배치해 주지요. 마냥 편하게 먹기만 하는 입은 편하지만, 항문은 남모르게 그 더러운 오물을 다 잘도 처리해 냅니다. 우리 인간으로 비교한다면 남의 일을 어떤 대가나 보수도 바라지 않고 묵묵히 보이지 않는 곳, 뒤에서 헌신 봉사하는 그런 인간을 말합니다.

그런 항문이 고장이 잘 나는데, 그게 치질이란 거지요. 치질에는 수치질, 암치질, 치루, 치 암 등 여러 질병으로 옮기는데 그 이유를 살펴보면 변비에서 주로 많이 발생, 항문이 찢어질 경우 나쁜 오물이 들어가 발생되는데 여자의 경우는 산후에 주로 많이 발생합니다. 이 중에 치루나 치암은 고치기 어렵고 고질병이 되지만, 다른 것은 현대의학으로 완치가 가능합니다. 필자가 대학 재학시절 서울 용두동 하숙집 주인이 치루에 걸려 피를 많이 쏟다 보니 하반신이 내려앉아 버리는 경우도 봤습니다. 특히, 치질 걸리는 사람들 대부분을 보면 대인관계에서 비밀과 숨기는 것이 많고 매사 분명치 못한 편에 속합니다. 변을 보고 난 후에는 인도인들처럼 물로 깨끗이 씻어주는 게 제일 좋습니다.

눈 둘과 귀 둘, 그리고 코 구멍 둘과 입 하나는 두 눈으로 보고, 두 귀로 듣고, 두 코로 냄새를 맡은 후 입은 적당히 먹고 그 반만큼만 말하라는 뜻으로 입조심을 나타냅니다.

입이 비틀어진 사람을 종종 보는데 그런 사람은 남의 말을 바로 듣거나 바로하지 않고 매사 비틀어지게 말하는 사람이나 남의 말을 쉽게 하거나 바른 말을 하지 않는 그런 사람에 속합니다.

나머지 세 뿌리는 나뭇가지와 같아서 움직이는 곳입니다. 입 뿌리는 먹기만 하지만, 그 보다 더 중요한 것은 말을 하기 때문인데 말 한마디 잘못해 평생 후회하는 일을 저지르기에 입조심 이라는 입 뿌리가 있습니다. 그리고 발 뿌리는 갈 곳 안 갈 곳 을 분별해 가려서 잠자리를 하라는 뜻입니다. 사람이 밤이면 잠을 자라는 뜻이며 잠은 반드시 자기가 잘 곳 보금자리에 가 서 자야 하는데 가서는 안 될 곳을 갔을 때 탈이 납니다.

지난날 시끄러운 장안의 화젯거리로 박 대통령 첫 방미 기간 동안 윤○○ 대변인의 밤거리 성추행 사태가 일파만파같이 자 기 분수를 모르고 함부로 발을 내디딘 죗값입니다.

춤바람도 발을 한 곳에 편하게 머물게 하지 못하고 무서운 태 풍으로 변할 수 있습니다.

마지막 도구뿌리는 우리 일상생활에서 가장 중요한 것인데 그 도구 뿌리를 아무 곳에서나 흔들어 젖히고 하다 보니 돌이 킬 수 없는 늪에 빠지고 맙니다. 최근 인기 연예인이라든지 운 동선수, 정치가, 검찰총장 등 할 것 없이 도구뿌리 잘못 흔들어 신세 망친 자들을 주위에서 많이 봅니다. 일평생 성공하기 위 해 쌓아온 공든 탑이 하루아침에 무너진다는 것은 이 세 뿌리 를 잘못 흔들고 다닌 탓으로 해서 발생하는 것입니다.

필자가 과거 무역업을 하던 젊은 시절 겪은 이야기 하나를 밝 혀봅니다.

오사카에서 가장 번화한 거리 '난바'라는 곳이 있는데 우연히 시장 안 밤거리를 지나가다가 가게 안을 들여다보니 웬 여인이 벌거벗은 체 서있는 것을 이상하게 생각하고 다시 안을 자세히 들여다보니 그 여인은 마네킹이었습니다. 점포 간판에는 '오도

나노 오모차야 쇼텐'(어른들이 가지고 노는 장난감 점)인데 안을 들어가 보니 희한한 남녀의 섹스 기물에 눈이 휘둥그레졌습니다. 그러니 현대 세상에 동성연애도 가능함을 감지했습니다. 에이즈 병은 주로 '호모 섹스'로 성행위를 하기 때문에 생기는 병으로 하나님이 준 벌이라 생각하면 됩니다.

우리는 한평생을 살아가며 가정의 행복을 위하여 세 뿌리를 잘 지켜 나가야 탈이 없습니다. 지난번 '윤 대변인' 성추행 사건을 보면서 다시 한 번 깊이 느껴보는 소감입니다.

인간이 살아가는 동안
제일 중요한 5복(福)

　필자가 중학교 청소년 시절 여수에서 부산까지 다니는 여객선으로 거울같이 아름다운 한려수도 고향 통영까지 가는 뱃길로 중간지점 4시간 거리를 방학 때면 잊지 않고 할아버지에게 인사차 다녀왔습니다.

　당시 일제시대 때부터 다녔던 여객선으로는 태안호, 태신호, 장구호(삼천포 앞바다에서 침몰), 천신호, 창경호(부산 다대포 앞바다에서 침몰), 제비같이 빠른 동일호가 있었는데 통영김밥이 그때 생겨났던 잠깐의 점심요기 음식이었습니다. 제일 큰 철선 태안호 당시 선장은 필자의 이모부(안충만)이셨습니다.

　할아버지는 통영 북신동에서 '한약방'을 경영하셨는데 갈 적마다 감초나 계피 등 말려 둔 약재를 작두로 썰라고 내밀면서 필자를 곁에 앉혀두고 인성교육을 시켰던 게 기억납니다.

　지금 이날까지 잊지 못하고 실행에 옮기고 있는 내용을 밝혀봅니다.

"수명장수 부귀용맹(壽命長壽 富貴勇猛)하시고, 수복이 다남자하시고, 수부강령(壽富降靈)하옵소서"……이 말을 할 적에는 반드시 귀를 잡고 세 번씩 외우라는 말을 하지요.

지금까지도 평생 동안 습관적으로 내 아내와 산에 가면 벤치에 잠깐 쉬는 시간이면 언제나 잊지 않고 함께 귀를 잡고 외우는 내용입니다.

다시 말해 인간이 살아가는데 제일 중요한 오복을 자세히 풀어봅니다.

1)건강……아무리 재물이 많아도 건강치 못하면 만사가 무용지물에 불과합니다.

2)처(아내)……옆에서 돌봐줄 수 있는 배우자가 없다면 더한 불행이 없을 것이니 있을 때 사랑을 듬뿍 주고 잘해야 합니다. 그것이 처복입니다.

3)재(돈복)……적당한 재산의 여유가 있어야 자식들에게 손 벌리지 않고 편안하게 여생을 보낼 수 있는 복을 말합니다.

4)사(일복)……일이 있어야 나태해지지 않고, 생활의 리듬도 있으며 직업이라는 삶의 보람 을 느끼고 건강도 유지할 수 있습니다.

5)우(친구)……진실로 나를 알아주는 '참된 벗' 이 세상에 셋만 있다면 성공한 인간이란 말 같이 인생사 절대 위기에서도 외롭지 않다는 뜻입니다.

인생이란 빈 잔에
마음을 바르는 약

　우리의 삶이 누구나 후회 없는 인생이 없듯 눈물 없는 인생도 없습니다. 우리는 인생이란 빈 잔에 채울 수 없는 욕망 때문에 결국 허망만이 남게 되고, 사랑으로 가득 채워 보나 그리움만 남는다고 하지요. 그 목마른 인생이란 빈 잔에 활활 타오르는 독주를 채워 본들 결국 목마른 갈증으로 몸만 망가지게 되기 마련입니다. 삶의 무게가 그같이 힘에 겨워 혼자서 이겨낼 버거운 삶일 때 마음에 바르는 약이 과연 무엇일까?

　그것은 상대에게 상처를 주는 말은 하지 말아야 합니다. 아무렇지 않은 척해도 상대는 속으로 울고 있을지 모르니까요. 상대에게 원래 이런 사람이니 무조건 이해해주길 바라는 마음도 버려야 합니다. 자신이 힘들 때 누군가도 당신보다 더 큰 고민을 안고 있을지 모르니까요. 우리는 누군가를 좋아할 때 줄자로 재듯 상대하지 마시고 온 마음을 다 주십시오.

　마음이든, 물건이든, 남에게 줄 땐 다 나를 비우고 주면 그 비운 만큼 다시 나에게 반드시 채워집니다. 그것이 진실이고 상대에 바르는 약이 되며 올바른 처신이면서 오래가고 신뢰라는 믿음이 주는 길입니다. 눈앞에 자기 이익보다 멀리 내다봐야지요.

우리들 마음은 샘물과 같아서 퍼내면 퍼낸 만큼 다시 고이기 마련입니다. 나쁜 것을 퍼다 주면 나쁜 것이 쌓이나 상대에게 좋은 것을 퍼서 담아주면 더 맑은 것이 내게 쌓입니다. 참으로 그건 신기한 일이지만 그것이 진실이듯 나중에는 샘솟듯 솟아나 우리 마음을 가득 채울 수 있게 되지요. 가난이 두렵다고 과도한 짓을 할 때 탈이 납니다. 분복만큼 순리대로 살아가면 그것이 빈 잔에 마음을 채우는 길이 됩니다.

젊어서 잘나가던
사람들

1) 밑바닥 인생을 살아 본 사람들

어느 한 신문 칼럼 속에 독일인의 장수 3대 비결을 첫째 좋은 아내, 둘째 훌륭한 주치의와 스승, 셋째 젊은이와의 대화였습니다. 좋은 아내는 섭생(건강의 유지와 증진을 조정함)을 보장하고, 훌륭한 스승과 주치의는 장래와 건강을 담보하며, 젊은이와 대화는 자신의 삶에 생기를 불어넣어준다는 것이지요.

필자가 알기로는 젊어서 돈을 많이 벌었거나 높은 자리에서 빨리 출세한 사람들 중에는 건강을 잃거나 쓸쓸한 노후를 보내는 이들이 의외로 많음을 보았습니다. 그 이유를 살펴보니 이들 대부분은 자신이 과거 아주 잘나가던 시절만의 기억을 간직하고, 그저 남들이 놀 때 돈 버는 일 외에는 해 본 일이 없기에 노년에 돈 쓰는 방법을 모르고, 그저 오래 살겠다고 보신 보약만 챙기다 보니 당뇨나 고혈압, 고지혈증 등 부자병인 중병이 많아서 오히려 빨리 세상을 뜨는 분들이 의외로 많음을 필자의 주위에서 봐 왔습니다. 가령 어떤 모임 때나 어느 때 남들 앞에서 삶을 진지하게 나눠보는 시간이면 으레 들추어내는 말 대부분이 과거 자기가 잘나가던 당시의 자랑과 거창한 추억을 늘어놓는 말 일색만 기억할 뿐, 남을 위해 봉사하는 일이나 남들의 사는 밑바닥 인생에 대해서는 전혀 모르는 분들이 많고, 이들 대부분이 정이란 손톱만큼도 없는 냉혈동물들이 대부분입니다.

"젊어 고생 사서도 한다"는 말처럼 고생을 많이 하여 본 사람은 고생한 흔적을 잊지 못하고 밑바닥 인생을 거울삼아 단단히 다져서 성공하는 사람들이 많으나, 그와 반대로 부모의 덕으로 일류대학을 졸업해 실패 없이 출세가도를 탄탄히 걸어온 젊은이는 자신감에 차 뭐든지 겁 없이 저지르다가 늪에 빠져 재기치 못하는 그런 경우의 젊은이들을 많이 봅니다.

한 예로 필자가 무역업 당시 겪어본 일본 사람들 대부분은 직장에서 퇴직 후, 자신의 과거 화려하던 시절은 100% 다 접어두고 현실적 삶을 사는 것을 필자는 많이 보면서 놀란 적이 있습니다. 두 사람만 예로 들면 한 사람은 1970년경 당시 일본 도쿄에 '야마구치구미'(山口組 /야쿠자 깡패조직 /회장 정건영 한국인) 밑에 쓰무라 센무(쓰무라 專務)라는 사람을 필자가 우연히 잘 알게 되었는데 어느 날 이분과 만나 일본 교외 어느 조용한 별장에서 점심을 잘 대접받고 나오는 자리에서 문 밖에 대기하고 있던 나이든 한 분을 불러 저에게 소개하며 함께 관광지(아타미 온센 /도쿄서 신간선 열차로 1시간 거리)까지 필자를 잘 모시라 하여 이분의 승용차로 가게 되었습니다.

가는 도중 '쓰무라센무'와 어떤 사이냐고 물어보니 그분의 개인비서라고 해서 왜 하필 야쿠자 한국인 깡패 회사 젊은 전무의 비서를 하느냐고 물으니 이분이 간단한 자기소개를 하면서 과거 그 야마구치구미 지역의 경찰서장을 했는데 정년퇴직 이후 그분의 부름으로 모시게 된 것이 영광스러우며 노년에 직업에 무슨 귀천이 있는가라고 오히려 저에게 반문했습니다. 더구나 노년에 놀지 않고 일자리도 얻고, 돈도 많이 주는 사람이라고 자랑까지 하더군요. 필자는 그때 당시는 이분 말을 도저히 이해하기 곤란했으나 이제 나이가 많이 들고 세월이 가다 보니 한국사회와 비교되어 이해가 될 것만 같았습니다.

▶ 도쿄 제일고주파공장을 둘러보고 있는 필자(왼쪽)

그리고 또 한 사람은 배관계통에서 세계적인 대 메이커인 도쿄 제일고주파회사의 나가이 소장으로, 재직 당시 친분이 두터웠던 사이라서 몇 년 후 도쿄에 간 길에 전화로 안부연락을 했더니 퇴직했다며 오후 3시에 자기회사 지하식당에서 꼭 만나자고 해서 일부러 간 적이 있어요. 그런데 이 사람이 하필이면 그 회사 구내식당에서 과거 부하 직원들의 구두 닦는 일을 하고 있었습니다. 정말 저는 깜짝 놀라지 않을 수 없었습니다.

이 사람이 과거 자기회사 '지바현'의 배관공장을 견학시켜 주기로 해서 돗큐센으로 함께 가는 길 초 포장마차 같은 작은 곳에 들어가 거기서 함께 서서 우동 한 그릇씩을 같이 시켜 먹었던 아주 검소한 분으로 잊지 못하는 분이십니다.

그와 반대인 우리나라에서 만난 한 분은 필자가 최근 영호남 문인작가모임에서 인사로 안 대구분인데 자기소개를 거창하게 하면서 과거 어느 지역 세무서장을 하였고, 퇴직 후 지금은 별장 같은 집에서 시와 수필을 쓰는데 공직생활 때 좀 모아둔 돈으로 아내가 사별 이후 아파트 90평에 젊은 마누라를 새로 만나 산다고 자랑하며 대화 내용이 허파에 바람이 많이 든 가벼운 사람처럼 무게가 없어 보였습니다. 그런 정신으로 철 밥통 공직생활을 어찌 했을까 걱정했는데 자기가 최근 좀 젊어지려고 주름살 수술을 했다나요. 젊은 여인에 빨려서인지 저보다 십여 살 아래인 분인데 폭삭 늙어 보였습니다.

이상의 세 분을 비교해 보면서 일본인들과 우리나라 사람들 생각하는 사고방식이 크게 다름을 느꼈습니다. 우리 인간은 젊어서 잘나가던 사람보다는 나이 들어 무게 있게 존경받을 수 있는 처신과 행동을 하며 조용히 지내는 그런 사람이 진정 행복한 분이 아닐까 생각해 봅니다.

필자는 비록 가진 게 없이 살지만 욕심 같은 것 다 비우고, 노후 향촌에 묻혀 여행과 바둑을 즐기며 독서와 집필에 열중하다가 가끔씩 각종 모임이 있어 참석하며 지낼 수 있는 여건의 행복이 값진 삶이라 느껴 보며 여생을 보내고 있습니다.

2) 부부중심의 깊은 가정의 정

우리 인생이 한평생을 살아가다 보면 누구 할 것 없이 젊은 시절 잘나가던 날들도 많았지만, 고난이 겹치는 산전수전의 날들이 더 많기 마련입니다.

초년 젊어 출세한 사람들 대부분을 보면, 자신감에만 차 교만해지기 쉽고, 과거 잘나가던 시절만 생각하는 추억병에 파묻혀 허송세월만 보내는 사람도 많지요.

한 예로 과거 베를린 올림픽에 한국인이 일장기를 가슴에 달고 마라톤 경주에 출전해 금메달을 딴 손기정(당시 24세)선수였지만, 나라 잃은 설움을 지니고 뛰어야 했던 아픔에 벗어나지 못하여 일생을 가슴에 묻고 살며 허송한 세월을 보내야 했던 분도 있고, 우리나라 전직 두 대통령 아들들 중에는 부모의 후광으로 소통령이란 소리를 들을 정도로 위세를 부리면서 온갖 부정에 개입, 순탄치 못하게 살아온 자들도 있지요.

살아가는 우리 인생길이 순탄치 못하여 마치 배를 타고 거친 파도와 싸우는 그 고비와 같습니다. 그러나 세상을 살아가다 보면 견디지 못할 일도 없고, 참지 못할 일도 없습니다.

다만 가장 위험한 젊은 나이는 정신문제가 제일 큰 비중을 차지하지요. 다른 사람들은 다 괜찮아 보이는데 나만 사는 게 고단한가 싶어도 다른 이들의 속내를 깊이 들여다보면 이들도 다 아픈 눈물의 세월이 있게 마련입니다. 인생에서 가장 큰 실수는 아예 포기해 버리는 것입니다. 50대 중반쯤이 인생의 정점이라면, 60대에는 관록으로 대접받다가 정년이 되면 조용히 원로인생을 걷는 것이 바람직하고 순탄한 인생이 되어야 합니다.

그러나 한참 즐겁게 살아가야 할 40~50대 때 배우자를 병마로 잃거나 어쩔 수 없이 이혼해야 하는 경우 참으로 큰 충격이 되고, 더구나 자식들이 아직도 다 성장하지도 않은 상태라면, 가정이 망가져버리고 말 것입니다. 인생살이 제일 중요한 기본의 틀인 가정을 잃었을 때 그 충격은 엄청납니다. 자기 가정이 안정치 못하고 성공치 못할 때 사회에 나가 되는 일은 없습니다. 가장 소중한 가정을 느낄 줄 알아야 삶이 성공합니다.

자식들이 성인이 된 이후에는 부모에 의지하지 말고 자신이 험난한 사회에 나가 고생하며 자립정신을 키워 일어설 수 있도록 하는 정신이 더 중요하지요.

부모는 자식을 위해 더 이상 희생치 말고 부부위주로 가정을 지켜나가야 합니다. 남편은 아내를 존중해 주고, 신뢰할 때 튼튼한 기둥이 되고, 아내는 남편을 가정의 중심으로 오직 일편단심 받들어 대접해 줄 때 그 가정은 절대 무너지지 않습니다. 여자가 무조건 남편을 존경하고 우러러보는 집안은 반드시 평안하고 탈이 없습니다.

오늘날 우리나라가 이혼율이 세계 1위라는 사실에 정말 경악치 않을 수 없고 부끄러운 일이지요. 그 이유야 많겠지만 남편

모르게 유흥을 즐긴 춤바람도 큰 이유가 될 겁니다. 그 바람은 도저히 잡을 수 없어 아편보다 더 무섭지요.

일본의 경우 여성들은 무조건 남편을 하늘같이 존경해야 한다는 정신이 과거 300여 년 전 '메이지' 시대부터 내려오는 풍습이 전통으로 철칙처럼 이어져 첫째로 성주를 받들고, 다음으로 자기 남편의 출세를 위한 일이라면 기꺼이 몸을 바치며 헌신하는 것이 여자의 도리라고 여깁니다.

가령 남편이 직장에 나가는데 여자가 아직 잠자리에 누워있다거나 화장을 하고 있으면 그 길로 여자는 봇짐 쌀 준비를 해야 하지요. 그만치 남편을 무조건 받들고 존중해야 한다는 사명감의 정신이 언제나 머릿속에 깊이 박혀있기 때문입니다.

우리나라 여성들이여! 일본에 가 빛 좋은 관광만으로 비싼 엔화를 낭비하며 헛돈만 쓰고 돌아오지 말고, 이들 여인들의 깊숙한 애교정신을 좀 배우고 와서 창피스러운 세계 이혼율 1등 국가라는 불명예를 씻어주기 바랄 뿐입니다.

괴테는 소설《친화력》에서 "한 쌍의 부부는 서로 은혜를 주고받으며 영원히 갚아야 할 무한의 은혜를 지닌다"고 했고, 영문학자이자 당대의 명수필가로 유명한 피천득 선생은 "아내란 이 세상에서 가장 정답고 마음이 놓이고, 아늑한 평화로운 이름"이라고 말했습니다.

또, 프랑스 작가 앙드레 모루아(1885~1967)는《인생을 보다 잘 사는 기술》이란 책 속에서 "부부의 인생이 마치 흐르는 강물과 같은 것"이라 했으며 자기의 아들 딸 손녀들의 걸어가는 모습을 보는 것 속에 행복과 고뇌를 함께하며 마지막 사별의 아픔을 견디는 것이라고 했습니다.

우리나라 노년층 대부분은 자식들을 의무적으로 공부시키고, 결혼시켜 집까지 장만해주다 보니 허리뼈가 다 부러지고 나중에는 헌 빗자루 신세가 되고 맙니다. 부모가 빈털터리가 되면 노후에 자식들 출세시켜 덕을 보는 게 아니라 땅바닥에 주저앉아 쓸쓸히 빵 한 조각 들고 한숨만 쉬는 날이 올 것입니다.

왜 그렇게 살아가야 합니까? 이젠 자식들 때문에 그토록 무조건 희생할 필요가 없음을 느끼셔야 합니다. 왜냐고요? 황혼 길에 가진 게 너무 없다 보면 추한 인생이 되고 맙니다. 죽은 뒤 자식들이 남은 재산 서로 차지하려고 박이 터지는 한이 있더라도 상관치 않으면, 그것이 오히려 보기에 좋습니다. 부부 중심의 행복한 일생은 미리 누리는 천국입니다.

노인들이여! 마지막 황혼의 인생을 값지게 보내도록 다시 설계하십시오.

착각하고 사는
우리 인생

1) 대물(貸物) 차물(借物)의 숨은 참뜻

우리가 태어날 때 무슨 계약서를 쓰고 태어나질 않았고, 내 심장의 박동이 살아가는 100년 동안 아무 탈 없도록 언제나 힘차게 끝없이 뛰어 주리라는 확고한 보장을 하나님으로부터 언약 받고 태어난 것도 물론 아닙니다. 또한, 나의 몸이 어떤 대가를 지불하고 구입해 온 물건도 아니지요. 다만, 이 고통의 바다 넓은 초원에 살아가는 동안 하나님은 인간들이 즐겁고, 값지게 살다 오라고 빌려주신 귀한 몸에 불과합니다. 그러니 하나님이 그 얼마나 감사한 분이신가요? 그러니까 지금 내가 지닌 이 몸이 내 몸이라고 온전히 자신할 수 없고, 빌려 썼다가 깨끗이 돌려 드려야 하는데 우리 인간들은 그러지 못하고 살아가다가 맨 나중에는 몸이 만신창이가 다 돼 돌려 드리고 맙니다. 그러니 그 죄의 하중에 따라 천국과 지옥으로 갈라놓듯 그

죄악의 벌 속에는 신상(인간의 몸에 나타나는 오만가지 질병)과 사정(세상사 얽히고설킨 많은 사건들)에 따라 벌의 차이가 있는 게지요. 정말 우리 인간들이 언제나 하나님께 감사하며 살아가야 하는데 그러지 못하고, 제멋에 겨워 착각하고 살아가는 우리 인간들이라고 말할 수 있습니다.

그 감사의 생각이 하나님과 동행하는 동반자가 되어야 하는데 자신이 어려운 환경에서나 힘들 때만이 구원의 하나님을 부르며 고통의 사슬에서 풀어달라고 애원합니다. 그러니 그건 틀린 일이지요. 한번 곰곰이 생각해 봅시다. 하나님이 만든 이 세상 속에는 오만 것들이 아무 탈 없이 자유롭게 허락되어 살아갈 수 있도록 허락해 주셨습니다. 물, 불, 바람과 땅이 있어 인간들은 매일 공짜로 살아가는 것이지요. 그런 감사함을 전혀 느끼거나 깨닫지 못하고 살아가는 우리 인간들! 지금 우리가 곰곰이 생각해 보면, 숨을 자유롭게 들이쉬고 내쉴 수 있는 것도, 사계절을 둬 곡식을 자라게 하여 음식을 마음껏 먹을 수 있는 것도, 내가 부모님의 몸을 빌려 이 세상에 태어나게 하여주신 은혜마저도 모두가 다인데 그런 사실을 가마득히 잊은 채 그저 당연하게 생각하며 착각하고 살아가는 어리석은 우리 인간들입니다.

다시 말해 농부는 사과나무를 만드는 것이 아니라 키우는 것이지요. 커 가고 있는 것을 지켜보고 있는 것에 불과합니다. 처음 만든 것과 커 가는 과정인 '설계의 이치'는 창조주 하나님이십니다. 다만 인간은 신의 사업에 꼽사리로 끼어들어 봉사한 것에 지나지 않고 그저 커 가는 과정을 지켜보면서 탄복할 뿐이지요. 그러므로 전자의 파장이 인간의 눈에 보이지 않지만 존재하는 이치처럼, 하나님은 우리 인식 너머에 존재하는 것이며, 신은 무한이며 인간은 유한의 존재입니다. 불교에서는 이 우주를 가리켜 "시간과 공간으로 표시하고, 무량수 무량광으로 나타낸다"고 하여 그 본원은 관세음으로 표현합니다.

만일, 내 인생이 시한부 선고를 받고 하루하루를 살아간다면 그 얼마나 이승을 떠나고 싶지 않아 몸부림칠까 한번 생각해 보십시오. 그만치 이 세상을 창조하신 하나님의 존재가치는 헤아릴 수없이 위대하십니다.

필자가 '비교 종교학을 연구'하던 어느 날 진심으로 잘못을 깨달으며 나의 무거운 짐을 다 내려놓고 하나님 앞에 무릎을 꿇어 조용히 자신의 어리석음을 뉘우치며 다음과 같은 솔직한 기도를 드려 본 일이 있습니다.

내 인생에 주인이신 하나님! 그리고 내 안에 언제나 함께 존명하고 계시는 하나님! 이제 내 마음 안에 들어있는 죄의 모든 것을 끄집어내어 사하여 주시고, 당신이 원하는 참된 인간이 되도록 이제야 당신께 온전히 다 맡깁니다. 그리하여 언제나 함께 동행하며 기쁘거나, 슬프거나 즐거울 때도 곁에서 지켜주시고, 고난의 어려운 길에서 건져주실 하나님! 당신과 온전히 모든 인생을 함께하겠습니다.

가령 누구에게도 말할 수 없는 홀로의 비밀에 고민하고 있을 때, 세상살이 만사가 정말 귀찮아질 때, 살아가는 동안 삶의 답이 전혀 없을 때, 나의 풀 수 없는 비밀이 '행복한 판도라 상자의 열쇠'로도 쉽게 풀리지 않을 때, 어느 날 갑자기 나의 육신과 아내의 몸이 비참하게도 대장암과 위암의 선고를 빋고 망가져 앞이 캄캄할 때, 구원의 손길을 지푸라기라도 잡고 일어서고 싶을 때, 지난 젊은 시절 알게 모르게 저지른 사건들이 후회스럽도록 가슴을 찢고 싶을 때, 외롭고 고독한 심정을 달랠 길 없이 홀로 먼 바다 발치를 바라보며 울분의 고함을 질러보고 싶을 때, 내 자신의 온전한 마음을 주체하지 못하고 방황할 때. 그리고 교만과 질투와 이기심이 가득 차 있을 때, 가장 가까웠던 분들이 저세상으로 말없이 하나둘씩 내 곁을 홀연히 떠나버려 마음을 걷잡을 수 없을 때, 우울증에 불면증까지 시달리며 누구에게도 고통을 호소하지 못할 때, 깊은 상처를 입고 몹시도 슬퍼 마음이 점점 메말라 들어갈 때, 나는 비로소 하나님을 불러보며 나의 아픈 곳을 어루만져 주시고 채워 주시라고 기도드려 봅니다.

그러면 내 마음 곳곳이 활력소가 되어 새롭게 거듭나는 것을 감지해 보았지요. 참 이상한 일입니다. 그것은 내 안에 하나님이 들어오셨다는 증거입니다.

사랑이 많으신 하나님! 나머지 인생 살아가는 동안까지라도 지켜 주시고, 이끌어 주시며 받아 주십시오. 그리고 어렵고 힘들 때도 함께하여 주시고, 이젠 완전히 감사함 속에 불평도 불만도, 욕심도 전혀 없이 마음 비우고 완전히 이 몸 바치는 참된 산실이 되게 하여 주십시오. 이 세상에 나와 이름값을 하며 사명을 다해 살아갈 것입니다. 빌려 주신 이 몸뚱이의 감사함을 언제나 느껴가며 살아갈 때 하나님은 당신에게 복을 듬뿍 주시리라 믿습니다.

2) 가장 소중한 지금 이 시간 삶의 물음표 앞에서

"삶의 마지막 순간에 인간은 무엇을 생각할까?" - 몇 해 전 극작가 손턴 와일러가 '우리 읍내' 라는 연극에서 이미 이 세상을 떠나서도 이승에 미련을 못 버린 에밀리는 살아생전 지극히 평범한 '어느 하루' 로 돌아가게 해 달라고 신(神)에게 간청합니다. 그 소원이 이뤄져 잠깐 하루 동안 이승으로 돌아간 에밀리는 살아서 바쁘게 움직이는 사람들 일상의 모습이나 모든 것들이 그저 너무 평범하고 당연하게 여긴다는 사실을 알게 됩니다. 그 안타까움을 혼자 보면서 독백으로 표현하는 연극의 표현입니다.

내가 살아있을 때 주변에서 일어나는 일들을 전혀 깨닫지 못했어! 아무도 그런 점에 관심을 갖지 않았지. 종일 그런 모습만을 보다가 석양노을 이제 작별인사를 할 때가 되었구나. 세상이어 안녕! 길거리에 나무들 안녕, 그리고 아름다운 저녁 달빛과 반짝이는 달빛, 아빠 엄마 형제들 안녕, 째깍거리는 시계 소리, 멀리 짙어가는 가을 들녘에 해바라기와 코스모스들 안녕, 흩날리는 낙엽송들, 맛있는 샌드위치와 구수한 커피 맛 내음,

그리고 새로 다림질한 드레스와 뜨거운 목욕시간, 잠을 자고 깨어나는 일, 일상의 사람들이 저리도 아무렇지 않게 어떻게 저런 멋진 환경과 자연의 행복한 짓들에 겨운 사람들. 왜? 난 미처 몰랐단 말인가? 살아있던 그 시간 그 순간이 그리도 행복한 것들인데 말이야. 아! 이제 난 드디어 떠나야 하는구나!……. 이상의 연극처럼 우리가 사는 평범한 일상인데 죽어본 사람은 그 평범함이 얼마나 값진 삶이었던가 하는 것을 깨우침을 주는 연극을 체험으로 느끼게 하며 하루하루를 더욱 값지게 살아야 함을 반성케 합니다.

또, '다이너마이트'를 발명해 일약 거부가 된 알프레드 노벨이 어느 날 프랑스를 여행 중 호텔에 배달된 신문에 대문짝만하게 난 기사를 보고 깜짝 놀랐습니다. 그 이유는 멀쩡하게 살아있는 자기를 "알프레드 노벨 사망"이라고 분명하게 쓴 내용입니다.

나중에 알고 보니 자기 형 노벨이 사망한 것을 잘못 쓴 오보였습니다. 노벨은 이 기사 때문에 충격을 받고 호텔 방에서 두문불출하며 '삶과 죽음'에 관한 생각에 몰두했습니다. 만약 자신이 이대로 정말 숨을 거둔다면 어떻게 될까라고 생각하던 끝에 그럴 일이 아니라 이 많은 재산을 사회에 환원하자. 내 발명품이 잘못 사용돼 폭탄의 살상무기로 변신돼 버렸기에 그로 인해 죽은 죗값을 회개하는 목적으로 전 재산을 사회에 헌납하게 되어 그 돈이 오늘날 노벨상 수상의 시초가 되었다는 사실입니다.

우리가 사는 이 삶의 현실이 마치 정답이 없는 것처럼 한세상을 살다가는 마지막 이별의 순간에도 결국 정답은 없습니다. 그저 태어났으니 살다 갈 뿐이지요. 그래도 내 한 존재가 이 넓은 세상 속에 한 조무래기 인간으로 태어나 삶에 작은 행복을 누리며 때로는 남에게 좋은 일이나 나쁜 흔적을 남기며 살아갈 뿐, 무슨 삶에 물음표를 달 필요야 없지만, 살아온 성적표는 남긴다고 하지요. 우리는 오늘도 아침 햇살의 찬란한 모습을 감미롭게 느끼며 귀 기울여 음악소리를 듣고, 괴로운 번뇌를 달래면서 사는 것이기에 "왜 사는가?"라고 꼭 무슨 물음표를 달 필요가 없습니다. 이 한밤을 지나 또 한밤을 지나다 보면 알 수도 없는 미로의 세계인 길, 한 이정표 복판에서 당신도 쓸쓸히 서서 삶의 몫을 챙겨볼 뿐일 것입니다.

그러니 세상사 모두가 다 속고 살았거나 기뻐서도 살고, 울고, 불고, 지지고 볶고, 지치다 못해 몸이 만신창이가 되기 마련이지요. 그 해답은 모두 당신 자신들이 풀어가는 지혜를 만드는 길밖에는 없습니다. 그리하여 둥글둥글하게 편히 살아가야지요. 그러다 보면 인생이란 빈 잔에 무엇을 채우며 마음을 바르는 명약은 과연 무엇일까요?

우리들 삶에는 누구나 후회 없는 삶이 없듯 눈물 없는 인생도 묘미가 없다고 하지요. 그 빈 잔에 채울 수 없는 과욕의 욕심 때문에 결국 몸만 상하고 허망만이 남는답니다. 돈에 과욕이 넘치면 목마른 인생처럼 갈증에 허덕이다가 몸만 망가지게 됩니다. 마음을 비우고 사는 방법을 빨리 찾아야 합니다. 당신이 힘들 때 누군가도 당신보다 더 큰 고민을 안고 있을지 모르니까요.

더 이상 쑤셔 넣을 자루가 없는데 쑤셔 박아놓고 보는 것이 인간들의 심리입니다. 그러다 몸이 지쳐 쓰러지면 소생할 길이 없습니다. 항상 신뢰라는 믿음을 주는 길이 성공의 지름길입니다. 눈앞에 우선의 이익보다 멀리 내다봐야지요. 우리 인간들 마음은 샘물과 같아서 퍼내면 퍼낸 만큼 다시 고이기 마련입니다. 그건 신기한 일이지만, 그것이 진실로 쌓입니다. 분복대로 순리에 따라 살면 탈이 없습니다.

다음은 한 이야기 전설입니다. 욕심 없이 사는 한 부자로 어렵게 살아가는 사람들에게 많은 적선을 한 분이 하루 장손의 며느릿감을 찾던 어느 날 한겨울 얼음을 깨고 냇가에서 빨래를 하는 한 처녀를 보고가 차림새는 남루해 보이나 용모가 뛰어나고 덕스럽게 보여 무조건 며느리로 삼았다. 남편이 첫날밤 신부의 의중을 살필 겸 해서 시 한수지어 보내기를

청포대하자신노(靑袍帶下紫腎怒)(푸른 도포 허리띠 아래서 붉은 거시기가 성을 내는구나) , 신부가 그 말을 받아 홍상고중백합소(紅裳袴中白蛤笑)(붉은 치마 고쟁이 속에서 흰 조개가 웃는구나)라고 답해 웃음을 나누며 비몽사몽 연을 맺어 백년해로 했다고 합니다.

3) 부모가 올바르게 살 때 가풍(家風)이 이어 진다

부모가 자식들에게 마지막 물려주는 것은 재물보다도 더 크고 소중한 가풍입니다. 자식이란 성장하면서 부모가 하는 것을 그대로 배우는 것이지요. "왕대밭에 왕대 나고, 쑥대밭에 쑥대 난다"는 옛날 속담은 하나도 거짓이 없습니다. 윗물이 맑아야 아랫물도 맑은 법이듯 부모가 효자면 자식도 효자 나고, 부모가 개판이면 자식은 개망나니가 된다는 뜻입니다.

부모가 정직하게 열심히 살면 자식도 열심히 살아 성공합니다. 모든 부모의 행실을 보고 자식들은 자신도 모르게 배우고 따릅니다. 부전자전이란 천성적인 요소보다는 후천적인 교육의 힘이 훨씬 크다는 사실이지요. 자식 교육은 부모가 지금 삶을 어떤 태도로 어떻게 살아가고 있느냐에 따라 결정되는 사실입니다.

자식은 부모의 본성과 습관을 닮기 때문이지요. 결국 그 아버지에 그 아들이란 말이 가풍을 이어간다는 뜻이 됩니다. 자식이 잘못하는 짓을 하면 그 애비의 그 자식이라고 말하지요. 그러므로 부모가 자식에게 물려주는 것은 분명 재산보다는 더 크고 소중한 가풍과 효심이지요. 형제간에 화합함은 물론이요, 자손을 반듯하게 잘 가르친 집안은 가풍이 언제나 아름답게 유지되는 것이 그리 큰 일이 아닙니다. 그런 가풍을 이어갈 때 진정 아름답고 융성하게 빛납니다. 이를 가화만사성(家和萬事成)이라고 하지요.

그러나 오늘날 세상의 삶이 정말 너무나 부조리합니다. 온갖 변수로 인해 만들어지는 게 현실이지요. 그같이 부모는 자식

하나를 진실한 인간으로 만들기 위해 오만 정성을 다해 노심초사하여 고생하여 가르쳤는데 자식은 그 부모의 은공을 모르고 불효막심합니다.

생사애경(生事愛敬)이란 효도에 나중이 없고 살아계실 때 사랑과 공경으로 부모를 섬기라는 뜻입니다. 그러므로 진정한 효도는 부모가 살아계실 때 해야 합니다. 그것이 인간의 도리입니다. 돌아가신 후에 묘 앞에 엎드려 통곡해본들 아무 소용이 없습니다.

부모에게 잘하는 자식일수록 사회에 나가서 사는 가정의 모습이 바르고 모범된 삶을 살아가는 인간이 됩니다. 가정은 한 작은 국가이고 기본이지요. 작은 한 가정을 경영하는 것이나 큰 나라 살림을 꾸려가는 과정은 그 본질이 똑같습니다. 가정이 행복으로 넘칠 때 화목하고 진취적이 되나 가정이 무너진 집안은 사회 어느 곳에 가서도 하는 일마다 절대 잘될 수가 없습니다. 우리는 인간의 도리를 하고 살아가야 합니다. 비록 오늘날 우리 사는 현실이 무자비하게 질서가 없고 상하가 없이 인륜도덕이란 말조차 사라져가고 있습니다.

결국 많은 집들의 부모가 이혼하고 가정파탄까지 이른 집들이 많아 참으로 부끄러운 게 우리의 현실입니다. 결국 집안이 파괴되면 모든 것이 끝입니다.

우리는 다시 한 번 가풍이 그 얼마나 중요한가 하는 사실을 알고 살아가야 할 때입니다.

좋은 뒤끝은 없어도
나쁜 뒤끝은 반드시 있다

1) 덕(德)과 복(福)은 항상 함께 가는 동반자입니다

요즘 각박한 세상살이에 모든 것을 돈에 기준을 두고 상대를 저울질 해버리고 살아가다 보니 더 귀하고 참된 우리들 인간미에 찬 향취를 느끼지 못하고 살아가는 게 현실입니다. 다시 말해 따뜻한 마음으로 서로 양보하며 상대편 입장에 서서 생각해 보지 못하고 이기적인 자기생각만으로 살아가는 야박한 세상인심입니다.

필자가 외국에서 오래 살다가 귀국하여 한때 외국인등록증만 있고 아직 주민등록증도 바로 갱신하지 못해 휴대전화 구입도 할 수 없고, 당장 몸에 지닌 비상금 900여 달러마저 교환해 써버리고 나니 현실이 다급했습니다. 하지만 차마 큰 여식에게 두 번 손 벌리지 못하고, 끼고 있던 금반지를 수차 전당포에 잡혀 쓰기까지 하다가 시골 넷째 여동생에게 전화로 연락했더니 여수까지 오라고 하여 내려갔습니다. 거기서 부득이 어릴 때 죽마고우로 자란 여유 있는 친구가 있어 연락하여 만나 우선 차비와 30만 원만 빌려달라고 하니 이 친구 첫마디가 "언제 줄 래?" 하기에 "한 열흘 안에 돌려줄게"라고 했더니 수첩과 볼펜 을 꺼내더니 그러면 약속대로 이 통장번호로 부쳐라, 그러면서 지갑에서 돈을 내 주는 것이었습니다. 참으로 뒷골을 한 대 얻 어맞은 기분이었으나 우선 고맙다하고 커피 한잔씩 나누고 헤 어졌습니다.

이후 여수 동생에게 필요한 용돈을 받아 빌릴 때 써준 은행통 장에 먼저 부치고, 10여 일이 지난 후 이 친구가 만나자는 연락 을 받고 서울 잠실 석촌호수로 갔더니 차를 한잔씩 나누기도전 에 첫마디가 "빌려간 돈 은행에 부쳤니?"라고 하여 입금시켰던 영수증을 내보인 기억이 납니다.

세상에 이럴 수가 있을까 싶어 그 돈 입금 안 시켰으면 큰 망 신당할 뻔했구나? 그렇다고 먼저 인사말도 않고 그럴 수 있니? 반문했더니 하는 소리가 가까운 친구일수록 돈거래는 분명해 야 하는 거야 하면서 사실은 네가 이민가기 전에 술 먹고 술값 을 내면서 모자란 돈 중에 3만원을 빌려간 일이 있는데 너는 잊었는지 모르나 나는 아직 기억하고 있단다. 이 말에 다시 한 번 미안타며 그 자리에서 바로 주니 받아 넣었던 일을 잊을 수 없습니다.

그러던 우연한 날 또 다른 어릴 적 친구가 홍천에 사는데 집 에 한번 꼭 놀러와 달라고 해서 간 일이 있습니다. 오랜만에 한국에 돌아와 지내기가 어떠냐며 용돈으로 쓰라면서 봉투하나를 손에 쥐어주기에 감사히 받아 쓴 일이 있었지요. 훗날 다시 그 돈을 돌려주려고 갔더니 이 친구는 "너와 내가 그뿐이 안 되는 사이냐?"며 "친구 사이에 돈거래는 주었으면 그냥 그걸로 끝나는 것이지 받으려고 해서는 안 되는 것 몰라?"라고 화를 냈습니다.

이 두 친구를 이후 오랫동안 비교해 보면서 작은 돈이었지만, 손익을 따지는 인간차별의 절실함과 구역질남을 깨닫게 만든 진실 없는 우정이란 사귀나 마나임을 느끼고, 이후 한 친구는 두 번 다시 가까이할 자가 못돼 거리감을 둬 버렸습니다.

아무리 가까운 친구 사이라 하더라도 돈 거래를 해 보거나 남의 말을 예사롭게 잘 전하는 그런 사람과는 절대 가까이 하지 말아야 합니다. 그 사람이 바로 돌아서 내 흉을 보고 다니는 사람이란 것을 알아야 하지요.

이처럼 우리 인간살이에 좋은 뒤끝은 별 기억을 남기지 못하나 사이가 나쁜 뒤끝은 기억에서 지울 수 없이 반드시 남게 마련이고, 받은 기쁨은 짧지만, 주는 기쁨은 길다고 하지요.

옛말에 빚지고는 못 산다는 유머로 "벌통 속에 남자 J(성기)를 담가 놓고 벌에 쏘였으면 쏘였지 그놈의 빚쟁이한테는 못 견디겠다. 오는가 잘 봐라 쥐구멍에 숨어야겠다"는 말이 거짓이 아닙니다.

요즘 돈이 급해 급전 쓰는 분들 돈 쓸 땐 좋으나 그 돈 카드빚 갚다 보면 허리가 부러진다고들 하지요. 빚진 것은 잊어도 받을 빚은 절대로 잊지 않는 것이 인간의 심리지요. 심지어 오늘날 자본주의 사회다 보니 종교들마저도 기복신앙처가 돼 버려 목회자들까지도 신도를 돈 잣대를 재는 사람차별을 해버리는 세상이니 진정으로 믿고 신앙코자 하는 설교나 교화의 장소가 되지 못하는 게 현실입니다.

그러나 살다 보면 남몰래 덕을 많이 심어 놓고 베풀면 그것이 복으로 돌아갑니다. 덕과 복은 언제나 함께이나 덕이 먼저이고, 복은 나중인데 덕을 심어두면 표시가 없도록 흙을 덮어 조용히 둬야 합니다. 그래야 잘 성장하지요. 남에게 자랑하는 짓은 그 복을 까먹는 결과로 돌아갑니다. 요즈음 남의 봉사일이나 덕 쌓은 일들을 많이 하는 사람들을 봅니다. 심지어는 매스컴에까지 나와 큰 자랑으로 떠벌리는데 그런 경우 심어둔 덕을 다 파헤쳐 버리는 결과가 돼 버립니다. 나의 베풂이 늘 돌아오질 않고 고단한 삶이어도 언젠가는 반드시 하늘이 내려다보고 있고, 후손들이 그 복을 찾아먹게 돼 있습니다.

그래서 요즘 세상에 남에게 피눈물 나게 하면 당대에 벌이 돌아오는 경우도 있고 자손이 불행해지기도 합니다. 더 큰 죄악은 나랏돈을 자기 돈인 양 집어삼키는 자들입니다.

2) 많은 사람을 만나는 인연

우리는 우연이든 필연이든 한세상 살아가는 동안 많은 사람을 만나고 헤어집니다. 인연이 깊어 오랫동안 함께하는 사람이 있는가 하면 아쉬운 이별을 해야 하는 그런 분도 있습니다. 그러나 그 인연이란 참으로 소중합니다.

살다 보면, 싫은 사람을 다시 보지 말기를 바라지만, 외나무다리에서 우연히 만나듯 인생이란 언제 어디서 또다시 만나게 될지 아무도 모릅니다. 그러니 서로 등을 지지 말고, 자신이 세상을 지면서 어수룩하게 사는 게 오히려 편하고 잘사는 길입니다.

자기답게 산다는 것 그것은 바로 자기 자신 안에 있지요. 항상 밝은 마음과 긍정적인 생각을 지니고 있으면 밝은 기운이 밀려와 자신의 삶을 밝게 비춰주고, 행복의 지름길이 될 수도 있습니다. 미움과 욕심을 다 비우는 일은 결코 쉬운 일이 아니지만 아름다움과 너그러움입니다. 상대로부터 심한 모욕감과 굴욕의 배신감을 당했어도 감내하며 스스로 참기란 성인이 아닌 바에야 인내심의 한계를 느끼게 하지요.

그러나 지는 게 참는 것이고, 참는 게 이기는 것입니다.

덕은 낮추고, 겸손함에서 생겨나고, 화(禍)는 탐욕과 거만한 데서 생겨난다고 하지만, 부단히 자신을 비우고 버릴 수 있는 그런 결단과 용기란 여간 어려운 일이 아닙니다. 일상의 자기와 관계도 없는 말을 곁에서 함부로 하는 사람이나 어떤 지위를 이용해서 무시를 하는 경우도 마찬가지지요. 참는 한계란 무조건 이해 이전에 상대방의 비굴함을 생각게 하니까요.

오늘 하루의 값진 삶은 늘 자신의 본분을 지키며 위치와 상황에 걸맞게 행동하며, 남 앞에서 권위의식을 버릴 줄 알고 살아가야 탈이 없습니다. 언제나 자신을 낮추고 살아갈 때 삶의 값진 의미와 내일의 희망을 꿈꾸게 되겠지요. 그런 자신의 위치를 망각할 때 화를 불러옵니다. 그러므로 복은 청렴하고 검소함에서 생겨나는 것이기 때문입니다.

자신의 본분을 지키는 사람이 세상사 처신에서 이길 수 있고, 복이 저절로 오기에 지나친 권위는 자신을 병들게 만들 뿐이지요.

지극히 평범하지만, 늘 변하지 않는 마음으로 살아갈 때 주위에 적이 없어집니다. 한세상 사는 동안 내 마음을 진실로 이해하는 사람을 한둘이라도 만날 수 있다는 것, 다시 말해 나와 코드가 맞아 사정을 털어놓고 나눌 수 있는 그런 진실한 사람을 만난다는 것, 그거야말로 큰 축복이며 행운이지요. 그런 사람이 있다는 소중함을 잘 키워가야 합니다. 그런 사람은 절대로 배신하지 않습니다.

우리 삶은 끊임없이 주고받는 관계 속에서 살아가지만, 매사 상대를 쉽게 무시해 버리는 경우가 있습니다. 우선, 내 자신만이라도 인간관계의 습성부터 바로잡는 것이 급선무입니다. 아무리 부자나 잘나가는 사람일망정 남이 인정치 않으면 오히려 불행한 인간이라 할 수 있습니다. 그 차이란 내가 별거 아니라고 보면 참으로 시시하고 쓸모도 없고, 바보 같은 인생이 되지만, 내가 내 자신을 귀하고 소중한 인간이라고 여긴다면, 참으로 귀하고 고귀하여 세상의 어느 것보다도 찬란한 인생, 참 살아볼 만한 가치가 있는 인생의 삶이라는 생각을 가지게 될 것입니다.

자신의 인생이 참으로 값지고 값진 존재라고 느껴질 때 가는 날들이 아까워 낭비하는 하루를 후회하게 될 것입니다.

시인은 몇 줄의 글귀 속에 참기름 짜내 진실의 진한 향내를 뿜어내듯 우리 인생의 삶의 진액도 짜낼수록 더 진한 맛을 짜내고 뿜어내야 합니다. 우리들 인생은 저마다 깊이깊이 곱씹어 볼수록 더더욱 감칠맛 나는 그 향내와 품위를 지니고 있기에 주위에 퍼져나갈 수 있고, 존경받고 우러러보는 값진 인생이 될 것입니다.

세상살이가 독불장군이 없듯 다 기대살기 마련이지요. 고유한 우리민족의 정은 어느 나라에서도 찾아볼 수 없습니다. 영어에는 정이란 단어 자체가 없고, 일본은 원(怨)의 나라인 복수의 민족인데, 우리민족은 5000년 역사에서 이어온 정의 민족이라는 게 특허산물인 셈입니다. 그런데도 우리의 정의 민족을 승화시키지 못하고 살벌하게 살아가는 오늘날의 현실을 개탄해 볼 뿐입니다.

러시아의 대문호 톨스토이는 일흔이 넘는 나이에 마지막 《부활》이란 작품을 쓰며 이런 말을 남겼지요. "공명심, 권세, 이기심, 애욕, 자만심, 분노, 복수심, 쾌락의 어둠속에 갇혀서 살아가는 우리들 인간들 몸에서는 이미 죽은 사람들의 악취까지 나고 있다"고 했습니다.

또, 영국의 대문호 셰익스피어도 《햄릿》속에 "죽느냐? 사느냐? 그것이 문제로다"라고 했지요. 인간은 가혹한 운명의 화살을 받아도 참고 견디는 것인가? 아니면 힘으로 막아 싸워 이길 것인가? 그래서 인간을 '선택의 인간'이라고 표현했듯 주님께서는 죄 많은 인간들과 하나가 되기 위해서 스스로 죄인이 되어 초라한 말구유에 누우셨다고 했습니다.

그리하여 주님은 "나는 부활이요, 생명이다. 나를 믿는 자는 죽더라도 살고 또 살아서 나를 믿는 모든 사람은 영원히 죽지 않을 것이다"(요한 11, 25~27)라고 말씀하시며 큰 소리로 "라자로야 이리 나와라"라고 외치셨습니다. 살아 숨 쉬는 우리 인간들에게 작은 씨앗이 되게 하소서라고 했다지요. 이제 우리가 이승에 사는 동안 악취를 풍기는 그런 사람이 되지 말고, 좋은 만남의 인연으로 마지막 종지부를 찍는 값진 삶을 살아가야 하겠습니다.

착한 사람이
오래 산다지요?

　많은 독서를 하면서도 꼭 머릿속에 여운이 남는 그런 책이 있습니다. 《살아있음이 희망이다》라는 희망전도사 닉 Ｖ 치치의 책이 그러합니다. 미국 목사의 아들로 태어날 때부터 양팔과 양다리가 없이 성장하며 수차례 자살을 시도했으나 결국 죽지 못하고 절망을 이겨낸 닉 치치가 세상의 모든 청년들에게 보내는 꿈과 희망의 메시지입니다.

그의 글 속에 이런 말이 기억납니다. "이 세상에 그 어떤 것도 그저 의미 없이 존재하는 것은 하나도 없다. 그건 이미 고유한 가치를 가지고 있기 때문이다"라고 했듯 이 세상 우리 인간이 사는 존재의 가치가 그 얼마나 소중한가 하는 것을 일깨워 줍니다.

　인생을 살아가며 자신의 삶의 흔적이란 자기 스스로 남기기보다 남들이 먼저 더 잘 알게 된다지요. 그것은 누군가의 기억 속에 그분은 참 곱게 살다 가신 분이라든지, 그 반대로 그분 더 말하지 말게, 한마디로 구역질나는 사람이야라고 하는 등 비교의 대상이 되기도 하면서 사람마다의 흔적을 남기게 마련입니다.

바르게 산다는 것은 정직하게 정의로운 삶을 말합니다. 최근 최장수국 일본 의학계의 자료통계로나 미국 리버사이드대학 심리학 연구진이 학술지에 발표한 내용에 의하면 "착한 사람이 악한 사람보다 오래 산다"고 합니다.

살기 험한 세상에 그런 자신의 마음을 비우고 살아가기란 여간 어려운 일이 아니지요. 김동길 교수가 "이 세상 사람들 중 자기가 원하는 생을 사는 사람이 이 지구상에 그 몇이나 될까?"라고 했듯, 그만큼 인생살이가 희비의 쌍곡선입니다.

서로의 갈등과 이권의 소용돌이에서 분노하고 과욕을 챙기는 데서 발생하는 인간의 이기적 놀음인 선악을 구별짓기 때문입니다.

착한 사람은 이기적인 성품이나 허영심이 없이 신중하고 양심적이기에 남을 이용하는 방법을 잘 모르나 그와 반대인 경우 야비하고, 이기적이며 남을 헐뜯거나 속이고 자신을 채우려는 과욕의 성품이 대부분이라 30% 이상 단명한다는 것입니다.

그러므로 착한 마음의 정체는 마음의 무용 상태로 지나침을 모른다는 사실인 데 비해 바르지 못한 성품일 때 모든 원인의 뿌리가 과욕에서 발생, 거짓과 불안과 초조로 마음이 지속되는 데서 온다는 것이지요.

마음이 '평안하다'와 '압박당하다'의 차이는 심리적 갈등에서 불안과 안도의 차이입니다.

복잡한 세상사 인생의 풍요로운 결실을 거두고자 한다면 첫째 자신의 과욕에서 벗어나 마음을 비우고, 스트레스를 피하며 이권이나 실속에 한 걸음 양보하고 지면서 살아가는 정신이 장수의 비결이 된다는 사실입니다.

공부벌레 하버드대학 도서관에 붙어있는 명문 30훈(訓)

1)지금 잠을 자면 꿈을 꾸지만, 지금 공부하면 꿈을 이룬다.

2)내가 헛되이 보낸 오늘은 어제 죽은 이가 갈망하던 내일이다.

3)늦었다고 생각했을 때가 가장 빠른 때이다.

4)오늘 할 일은 내일로 미루지 말라.

5)공부할 때의 고통은 잠깐이지만, 못 배운 공부는 평생이다.

6)공부는 시간이 부족해서가 아니라 노력이 부족한 탓이다.

7)행복은 성적순이 아닐지 몰라도 성적은 성적순이다.

8)공부가 인생의 전부는 아니다. 그러나 인생의 전부도 아닌 공부 하나도 정복하지 못한다면 과연 무슨 일을 할 수 있을까.

9)피할 수 없는 고통은 즐겨라.

10)남보다 더 일찍 일어나 더 부지런히 노력해야 성공을 맛볼 수 있다.

11)성공은 아무나 하는 것이 아니다. 철저한 자기 관리와 노력에서 비롯된다.

12)시간은 멈추지 않고 간다.

13)지금 흘린 침은 내일 흘릴 눈물이 된다.

14)개같이 공부해서 짐승같이 놀자.

15)최고를 추구하라. 최대한 노력하라. 그리고 최초에는
   최고를 위한 최대의 노력을 위해 기도하라.

16)미래에 투자하는 사람은 현실에 충실한 사람이다.

17)학벌은 돈이다.

18)오늘 보낸 하루는 내일 다시 돌아오지 않고 기다려주지
   않는다.

19)지금 이 순간에도 적들의 책장은 넘어가고 있다.

20)고통이 없으면 얻는 것도 없다.

21)꿈이 바로 앞에 있는데 당신은 왜 팔을 뻗지 않는가.

22)눈이 감긴다면 미래를 향한 눈도 감긴다.

23)졸지 말고 차라리 자라.

24)성적은 투자한 시간의 절대량에 비례한다.

25)가장 위대한 일은 남들이 자고 있을 때 이뤄진다.

26)지금 헛되이 보내는 시간이 시험을 코앞에 둔 시점에서
   얼마나 절실하게 느껴지겠는가.

27)불가능이란 노력하지 않는 변명이다.

28)노력의 대가는 이유 없이 사라지지 않는다.
   오늘 걷지 않으면 내일은 뛰어야 한다.

29)한 시간 더 공부하면 남편 얼굴이 바뀐다.

30)건강을 잃으면 모든 것을 잃는다.

이상의 글은 필자가 느긋한 마음일 때마다 한번 씩 읽는다.

다음은 이런 사람과 가까이 하십시오.

1) 이메일을 자주 나눌 수 있는 사람

2) 확신에 찬 사람

3) 적은 일도 소중하게 여기는 사람

4) 남을 먼저 배려해 주는 사람

5) 언제나 밝게 웃는 사람

6) 부지런한 사람

7) 신앙의 바른 자세에서 예수님이나 부처님과 동행하는 사람.

제3부

인연 따라 흘러가는 인생

남태평양 섬나라
피지(Fiji)의 밤하늘

▶ 파라다이스 피지섬과 민속춤을 추는 주민들.

사철 여름뿐인 '피지'에 오래 살다 보니 사계절이 뚜렷한 고국 생각에 잠길 때가 많습니다. 설악의 단풍이나 내장산 불바다가 된 가을 만추의 풍경, 추운 겨울 바바리코트 깃을 세우고 눈이 펑펑 쏟아지는 날 아삭아삭 눈길을 아내와 손잡고 산길을 걸었던 지난날의 추억이 무척이나 그립기도 합니다.

내가 살던 피지 나후토카 언덕배기 아래 실개천을 지나는 곳곳에 자연 그대로 베지 않은 은갈색 억새들과 사탕수수들이 사람 키를 재려는 듯 훌쩍 설멍하게 커 바람에 춤추듯 사각거리고, 개울물 같지도 않은 징검다리 아래로 흘러가는 실개천 뒤로 돌아가면 늘 다니던 숲길 쪽을 빠져나가서 바라보는 연초록

바다가 눈앞에 펼쳐집니다.

모래사장 길 따라 늘어진 푸른 야자나무들과 코코넛 열매와 파파야와 망고가 주렁주렁 매달린 그늘진 곳을 지나 백사장에 출렁이는 푸른 파도가 밀려왔다 사라지는 하얀 거품의 해변을 맨발로 걷다 보면 꿈길인 양 착각하는 때가 가끔씩 있지요. 하늘에는 어린 시절에 보았던 솜털구름이 시시각각 모습을 바꾸며 연보라에서 핏빛으로 타 들어가는 모습이 참으로 장관을 이룹니다.

어떤 땐 아내와 함께 멀지 않은 원주민 마을에 가끔 가 이들과 어울려 손짓 발짓하며 웃고 즐기는 시간, 조상이 본래 식인종이라던 이들 모습이 전혀 순진하고 티 없이 맑은 까무잡잡한 우람한 체격의 모습을 보면서 가끔씩 두려움을 느끼곤 하지만, 우리 내외가 갈 적마다 마다않고 반기며 피지 특유의 갯벌에서 잡아온 로브스터(가재)를 삶아 내놓거나 산돼지 바비큐를 불 위에서 돌리며 함께 밤바다에 모닥불을 피워놓고 밤새도록 카니발을 즐기다 보면 비록 피부색깔은 검지만 마음만은 너무 순박하고 곱디곱습니다. 멀리 수평선 밤바다가 달무리가 보석처럼 수면에서 반짝거리고 파도가 출렁일 때마다 꿈길의 황홀함에 파묻혀 아내와 해변을 손잡고 걸으며 고국생각에 잠기곤 합니다.

그런 밤을 즐기다가 이들을 멀리하고 숲길을 돌아 나올 때쯤 숲속 여기저기서 사람 발자국 소리에 놀란 기러기 떼들이 늦잠을 자다가 후다닥 튀어나와 끽끽거리며 수면을 차고 하늘로 날

아갑니다. 이 지구상에서 정월 초하룻날 아침 해가 가장 일찍 솟아오르는 나라가 적도구역 피지라는 사실을 알게 돼 그곳 해변에서 촛불을 켜 들고 신년 새해 고국에서 헤어진 가족들의 무사를 기도하며 소원을 빌기도 했답니다.

피지 바다에서 잡히는 어종으로는 생선 횟감으로 제일 알아주는 참다랑어(블루핀 튜나), 눈다랑어(빅아이), 황다랑어(옐로핀), 새치다랑어(마알린·일명 가지키), 가다랑어(통조림용) 등 바다의 닭고기라고 불리는 다랑어 종류가 있습니다. 피지에서 가까운 사모아를 중심으로 깊은 바다에서 잡히기에 우리나라 원양어선단들이 피지 수도 수바에 많이 정박하여 이들 고기가 잡히는 대로 일본, 미국, 한국 등지로 공수하고 있지요. 지금은 대한항공이 주 3회 직항 노선을 운항하고 있습니다.

필자는 피지에서 하룻밤 뱃삯으로 한국 돈 1만 5000원 정도를 주고 밤에 배를 빌려 이곳 주민들과 함께 바다낚시를 자주 나갑니다. 남태평양 깊은 바다에 1시간 정도 나가 고기를 잡는데, 먹이로는 꽁치 한 마리나 고등어 살점 한 덩어리를 크게 낚시에 달아 보통 20~30길 아래로 줄을 줘 놓고 낚시질을 합니다. 한국의 숭어 종류 같은 실라실라라는 고기나 쏨뱅이, 우럭 종류가 주로 많이 잡히지만 어쩌다 사람 몸체만 한 소형 황다랑어를 잡는 때도 있습니다.

멀리 달 밝은 밤바다에 별빛과 어우러져 달무리가 수평선 저멀리서 비칠 때면 참으로 아름답습니다.

마치 숨바꼭질이나 하듯 빠르게 비켜가는 달빛이 구름 틈새를 숨었다 나오고, 다시 숨는 달님이 너무 고와 밤바다에 취해 넋을 잃고 있을 때, 갑자기 손끝에 잡히는 짜릿한 느낌! 드디어 긴장감에 아! 이번엔 제법 큰 놈이 문 것 같은 짜릿한 감촉을 느낍니다. 순간 안간힘을 써 버티는 고기와 실랑이를 벌이며 짜릿한 기분을 만끽하면서 사투를 시작하지요. 낚싯줄을 힘껏 끌어당기는 힘이 탱탱해지면서 포물선을 그리다가 휘어지는 것 같더니 다시 발악하듯 방향을 바꾸는 순간 줄을 풀어줬다가 다시 있는 힘을 다해 끌어당깁니다. 거의 10여 미터 전방쯤에 까지 보일라치면 다시 있는 힘을 다해 한바탕 솟구치다가 뱃전에 가까이 오면 다시 달아나려는 듯 안간힘으로 뻗대는 고기의 힘에 나도 안 질세라 실랑이를 벌이다 보면 그 순간 장갑 낀 손가락이 찢어질 것만 같습니다. 이러기를 여러 차례 몸에 땀이 흥건히 젖고 기진맥진하고 있을 때 곁에 피지인이 함께 마지막 힘을 다해 끌어당겨 가까이 왔을 때 갈고리로 찍어 올리고서야 환호성을 외칠 수 있습니다.

　　그렇게 잡다 보면 하룻밤에 서너 뭇(30~40마리) 정도로 어느덧 아침 동이 트며 하늘이 부옇게 달아오르기 시작할 때 그 빛깔의 여명이 자주, 오랜지, 핑크빛으로 변해 가면서 아침이 열리고, 배는 나후토카 항구에 다다릅니다. 잡은 고기는 말려 놓거나 몇몇 교민들에게 연락하여 나눠주기도 하지요. 이런 날들로 이민 생활의 외로움을 먼 타국에서 달래며 하루가 저무는 석양 노을이면 수평선 끝에서 이글거리던 태양도 하루의 장엄한 여행을 마치고 바다로 빠져듭니다.

인연되어 머문 자리
강진

　먼 이국땅 적도구역 피지(fiji)에서 이민생활을 청산하고 다시 고국으로 돌아와 버린 지 얼마쯤 지났을까, 젊을 적 이민 가기 전에는 서울생활 35년을 넘게 살았던 탓으로 다시 복잡한 서울에 가 산다는 것이 마치 닭장 속에 갇히는 느낌이 들어서인지 이젠 도심을 떠나 봐야지, 어디 조용한 바닷가 탁 트인 해변에나 가 살아볼까? 그런 곳이 돌아다니다 보면 어딘가에 분명 있겠지? 그저 막연한 생각으로 마음먹고 하루 주섬주섬 챙긴 배낭 하나 둘러메고 귀국 후 내가 살아갈 곳을 찾아 정처 없이 맨 처음 길을 나서 본 것이 인천 쪽이었나 봅니다.

　젊을 적에 서울에서 답답할 땐 으레 서울 시청 쪽에서 출발하던 리무진 버스로 한 시간거리 인천에 가면 갯가 먼 발치의 탁 트인 바다를 바라보거나 월미도 산허리 숲길을 거닐다 보면 마음이 한결 차분해지던 느낌을 주던 곳이라서 유독 매력을 느끼던 때입니다. 한데 지금도 그런 곳이려니 생각하고 가본 인천은 정말 "아니올시다"는 듯 오히려 서울 못지않게 어디가 어딘지, 정말 엄청나게 발전되어 가봤던 길조차 완전히 달라 보였습니다.

필자가 과거 젊을 적에 무역업에 종사할 당시 일본 도쿄에 내려 신간선으로 요코하마나 남쪽으로 지바켄 쪽을 가다 보면 지역적으로 인접해 도쿄와 건물들이 연결되어 전혀 어디가 어딘지 구별이 되지 않았는데 서울과 인천 사이 부천역이 생겨나 이젠 경계도 없어져 버린 듯 도시 형태가 완전히 변해 버렸더군요. 그리고 보면 우리나라가 비약적인 발전을 한 것은 사실입니다.

그래서 인천 쪽은 포기하고, 다시 충청도 아산으로 가 온양온천에서 1박하고 천안을 거쳐 서산, 태안, 안흥 길을 따라 버스에 몸을 실어 서해안으로 달렸답니다. 생각해 보니 필자가 그곳도 과거 석유공사에 재직 시 출장을 자주 다니던 곳이라 추억이 깃든 정든 어촌의 모습에 설레던 어린 동심처럼 여겨져 감회가 깊었습니다.

그러나 막상 그곳에 가 보니 완전히 딴 세상으로 바뀌어 산을 파 헤집고 큰길들이 생겨나고 고층 아파트에 방파제까지 없던 '시화' 개발지구로 갯가 쪽 도로변에 길 따라 횟집들이 즐비하게 생겨나 지나는 손님을 서로 모시려고 어항 속의 싱싱한 고기들로 유혹하고 있었습니다. 마침 출출하던 김에 여기저기를 두리번거리다 보니 전라도 여수 집 간판이 눈에 들어와 무조건 들어갔습니다. 까마귀도 제 고향 까마귀가 반갑다는 느낌이더군요.

들어가 광어회 한 접시를 시켜놓고 오랜만에 소주 한 잔에 목을 축이고 나니 얼큰해지는 기분에 그동안 쌓인 피로도 풀 겸 입도 텁텁하고 간질간질하여 주인장을 불러내 주고받는 술잔 속에 정이 듬뿍 들어 고향사람 만난 기분으로 반가워 나도 옛날 여수에서 살았다는 이야기와 여순반란사건 때와 6·25를 겪었으며 당시 여수고등학교 규율부장까지 했다는 자랑 등 숨도 쉬지 않고 주워섬기니 이분도 질세라 "아이고 반가워라. 난 여수 교동 옛날 빙모가지 알지라? 거기 살았당게요. 진짜 반가워유. 형님으로 모실게요" 하더니 주방에 들어가 푸짐한 서비스 안주(쓰키다시)로 해삼과 멍게와 소라 등 한 접시를 담아 와 함께 주고받는 잔 속에서 추억의 웃음꽃이 하룻밤을 장식하였답니다. 그러나 그곳에 내가 오래도록 마지막 여생을 머물며 살 곳이 되지 못해 다음 날 아침 이들과 아쉬운 작별 인사를 나누고 발길을 돌려야 했습니다.

다시 호남선 무궁화 열차편으로 군산, 장항을 거쳐 전라도 땅 무안을 지나 목포에까지 왔습니다. 목포에도 추억이 깃든 곳이지요. 과거 1959년도 대학졸업여행 때 제주도 방언연구차 가던 때 일기불순으로 제주도 가는 여객선편이 이틀간이나 연장돼 목포 청송여관이란 곳에서 머무는 동안 유달산에도 가보고, 선창가 주점에서 난생 처음으로 코와 혓바닥을 톡 쏘는 흑산도 홍어회를 단지 안 톱밥 속에 넣어 절여둔 놈을 썰어 막걸리 한 사발을 마셨던 기억이 지금도 잊혀지지 않습니다.

그런 목포를 50여 년이 지난 후 가보니 시가지가 완전히 고층 아파트와 대도시로 변하여 옛날에 머물었던 그 시절 청송여관을 도저히 찾을 길조차 없어 포기하고 말았지요. 우연히 부둣가를 돌아보던 중 도서지방으로 가는 도초도, 하이도, 비금도 행이 있어 한번 객선을 타고 둘러볼까 하다가 그만두고 완도를 거쳐 해남 땅끝까지 가 하룻밤을 쉬었습니다.

　해남에서 하룻밤을 자면서 생각해 보니 차라리 청소년 시절 내가 살던 여수 돌산 우두리 쪽이 어떨까 싶어 마음 작정하고 뒷날 아침 터미널에서 일단 순천까지 표를 끊었지요. 가는 중간에 곁에 앉아있는 분에게 여기가 어디냐고 물으니 살기 좋고 인심 좋은 '강진' 땅이라고 말해 주위를 둘러보니 자연경관이 너무 좋아 표 값을 무르지도 못하고 무작정 도중하차해 버린 것이 인연이 되어 오늘까지 강진 땅에 자리를 잡게 되었지요.

　남쪽 바닷가 끝자락 포근하고 아늑한 남도의 아름다운 산하와 해변에 어린 황홀한 달빛, 젖줄처럼 도도히 흘러가는 탐진강 구강포구, 보은

▶ 아침이 밝아오는 강진읍 덕남리 강진만

산 기슭아래 병풍처럼 펼쳐진 들녘, 기름지고 풍만한 여자의 자궁모양 자태를 뽐내는 자연경관에 나는 얼이 빠져 첫눈에 반해버렸답니다. 이 평화로운 강진 땅의 자랑은 첫째 맑은 공기,

둘째 샘솟는 맑은 샘물, 솜털구름들이 뭉게뭉게 떠다니는 강진만의 자랑 해맑은 남도 답사 1번지랍니다.

장날 재래시장에는 어촌에서 갓 잡아온 낙지, 주꾸미, 전복, 전어, 소라들로 가득하고 강진의 갯벌에서 잡히는 특산물 바지락까지 풍성해서인지 강진의 한정식은 전국에서 제일 알아주는 친환경 식탁이지요.

천혜의 강진 땅은 문화유산도 가득한 보배로운 곳임을 저도 이곳에 와 알고 깜짝 놀랐습니다. 청정지역인 강진은 두둥실 떠다니는 솜털구름의 가을 하늘, 다산 정약용 선생이 18년간 귀양살이하던 곳이며, 천년의 에메랄드빛 고려청자를

▶ 모란이 핀 영랑 생가(좌)　▶ 다산이 머물던 다산초당

그대로를 빚어내고 보전 간직한 유서 깊은 고장으로 황금빛 들녘에서 재배되는 '황금 쌀'은 전국 최고 금상으로 인정받고, 과거 임금님 진상으로 올린 '토하젓' 하며 강진 막걸리가 최고 금상을 수여받아 일본으로 수출되고 있지요.

황주홍 의원이 군수로 재직할 당시 만들어 놓은 자랑거리 강진의 '가우도 출렁다리'는 국립공원으로 유명한 여수 오동도에 못지않게 유명한 섬입니다. 이곳 관광명소는 섬을 일주하는 길이 정말 환상적입니다. 또 2014년 말에 개통되는 강진 마량항~제주도 길은 가장 빠른 1시간 30분 거리로 고속 쾌속정의 길

이 열립니다.

　마량에서 약산면 가는 길 초에 이순신 장군의 시신을 마지막 83일간 모셨던 '충무사'가 있으나 아직도 모르는 사람들이 많습니다.

　강진 땅에 사는 사람들이야말로 하나님이 주신 복 받은 분들임에 틀림없습니다.

　강진에서 살아오는 동안 강진 분들의 너무 좋은 인심과 포근하고 따뜻한 사철 온화한 기후 조건 등 어딜 가나 자랑하고 다닌답니다.

　강진 출신 영랑 김윤식 선생의 '모란이 피기까지'는 중학교 교과서에까지도 수록된 유명한 서정시입니다. 한 번 낭독해 드리겠습니다.

　"모란이 피기까지는 /나는 아직 봄을 기둘리고 있을 테요. /모란이 뚝뚝 떨어져 버린 날 / 나는 비로소 봄을 여윈 설움에 잠길 테요 /오월 어느 날, 그 하루 무덥던 날 /떨어져 누운 꽃잎마저 시들어버리고는 /천지에 모란은 자취도 없어지고 /뻗어오르던 내 보람 서운케 무너졌느니 /모란이 지고 말면 그뿐, 내 한 해는 다 가고 말아 /삼백예순 날 하냥 섭섭해 우옵네다 /모란이 피기까지는 /나는 아직 기둘리고 있을 테요 /찬란한 슬픔의 봄을……"

"고려청자 축제"는
최우수 지방예술축제로 명성

　　강진은 고려청자의 본고장이며 다산 정약용 선생의 18년간 유배지로 유명하고, 강진이 낳은 민족시인 영랑 김윤식 (1902~1950)의 시혼이 살아있는 남도답사 1번지입니다.

　　강진 문화의 꽃 고려청자는 2013년도에 '대한민국 최우수지방예술축제'로 선정되었으며 강진 유적을 대표하는 사적 제6호로 지정된 도요지가 있습니다. 우리나라에서 5000년 역사와 전통을 자랑하는 대표적 한국문화의 꽃도 고려청자입니다. 그 문화의 장수를 꽃피운 발상지가 바로 강진 대구면 사당리와 용운리 일대에 자리한 고려청자 도요지입니다.

▶ 청자 후손들이 새로 빚어낸
　고려청자의 우아한 모습

　　고려청자에 대한 찬사와 청자도

요지가 빠진 강진 문화유적답사를 이야기를 한다면 그것은 한마디로 속빈강정에 불과할 것입니다. 그리하여 강진의 고려청자는 당당히 대한민국 축제행사 중 단연 최우수축제임을 나라에서 선정, 증명하였습니다.

고려청자의 푸른 비취색 에메랄드빛깔은 제작기법이 더욱 정교해졌고, 도자기의 종주국인 중국의 한 도예가는 "천하에서 제일 값진 것"이라고 평하고 있을 정도이다.

강진의 자연 지리적 여건과 대구면의 진흙은 청자 제작의 토질에 제일 적합한 것으로 밝혀졌습니다. 강진의 도공들은 과거 사회적 하층계급이었으나 그들이 가진 예술혼은 누구도 따르지 못했습니다. 흙을 빚고, 유약을 만들어 며칠 밤과 낮을 새워가며 가마에 불을 지피고, 하여 자신의 혼을 불살라 '뛰어오를 듯한 기쁜 그 한순간을 위해' 온 생애를 바쳐온 역사의 산실이기도 합니다.

그리고 1801년 강진으로 유배 온 다산 정약용 선생은 강진 다산초당에서 유배생활을 하며 저서 500여권을 저술한 바 있습니다. 다산이라 함은 초당이 자리한 산의 이름을 말하거니와 정약용의 호도 여기에서 따온 것입니다.

다산의 첫 유배지로 4년간 머문 강진읍 입구의 '사의재'는 한 주막의 귀퉁이에 자리 잡고 있으며 처음으로 짐을 풀어야 했던 곳입니다. 이곳도 최근 마을사람들의 증언을 토대로 강진 읍성 남문 밖에 잘 복원돼 있으며, 필자가 거처하는 곳에서 500여 미터 떨어진 곳입니다.

다산초당은 원래 초가집으로 유배가 풀린 이후 폐가로 방치됐던 것을 1950년 다산유적보존회가 기와집으로 변형 복원하였습니다. 다산 정약용 선생이 귀양살이 중에 저술한 책은 《목민심서》 등 다 펼쳐 보이기 힘들어 다산 선생이 아들과의 편지를 주고받은 내용만을 참고로 다음 편에 실었습니다.

그리고 영랑 김윤식 선생은 본관이 김해이고 서울 휘문의숙(휘문고)을 거쳐 일본 도쿄 아오야마학원 영문과를 다니다 중퇴했고, 1919년 독립선언문을 강진에 갖고 내려와 만세운동을 주도하시다가 검거돼 대구형무소에서 6개월간 복역한 민족시인입니다.

1930년 도쿄 유학시절 동인지(시문학) 창간을 주도했으며 1935년 한국을 대표하는 서정 시인으로 영랑시집을 발간하였습니다. 필자도 영랑선생의 기념사업회에 자문위원으로 동참, 매년 4월 25일이면 영랑축제 행사를 성대하게 열고 전국 시낭송회와 시작 발표회 등을 주도하고 있습니다.

영랑선생의 셋째 자제인 김현철(현재 미국 마이애미에 거주)은 필자와 6 · 25전쟁 당시 여수로 피란 와 여수중학교 3년 시절에 동급생으로 1년간을 있다가 수복 후 다시 서울 경복 고등학교로 복학한 동창생인데, 60여 년 만에 강진 영랑생가에서 기념축제 때 만나 뜨거운 눈물을 흘린 적이 있습니다.

인연은 우연히
맺어지는 게 아닙니다

우리는 누구나 자기 분량만큼 고통을 지니고 살아가지요. 그러나 자신 안에 만들어 놓은 기도와 인내로 믿음을 갖는 의지의 곳이 확고히 섰을 때 그 고통을 이겨낼 수 있습니다. 그런 삶속에서 살아가다 보면 만나는 수없는 사람과의 만남의 인연이 내 의지대로 절대 되지 않는 오묘한 힘을 가지고 있습니다. 그 힘은 우리가 생각하는 것 이상으로 놀랍기도 하고 무섭기도 합니다. 자신이 살아가는 주위의 사람과 인연을 맺고 싶다고 해서 그게 자기 멋대로 맺어지고 끊겠다고 해서 끊어지는 것이 절대 아니랍니다. 다만 우리가 경계하고 조심해야 할 일은 좋은 인연을 악연으로 만들지 말아야 한다는 사실이지요. 내가 오늘 하루를 그냥 그저 지나가는 것 같아도 그 자체가 아주 가치 있는 하루의 삶인 것이기에 마음이 괴로운 때는 드높은 가을 하늘을 멀리 바라보십시오. 하늘을 바라보면 마음이 편안해집니다. 인생은 자신의 처신이 제일 중요합니다. 그러면 마음이 좀 더 넉넉해지고 심신이 안정되게 풀어질 것입니다.

절간에 스님들을 만나보면 이들이 잘 쓰는 말이 있지요. "인생은 너나없이 길동무"라고요. 벗님도 나그네요 우리 모두가 흘러가는 나그네라고 말합니다. 그것이 실은 맞는 답이기도 합니다. 살아가다 보면 때로는 강물을 건너야 하고, 가파른 고갯길을 넘어야 하는 인생 나그네 길, 어디로 가는지? 무엇을 하러 가는지? 실은 한치 앞을 알지 못하면서 하염없이 오늘도 당신과 만나 인생길을 가고 있는 길동무입니다. 어차피 가야 하는 인생길 모두가 벗이고 동행자이기에 아웅다웅 싸워가며 살지 말고 즐겁게 살아가야 할 텐데 말입니다. 그것은 다 채울 수 없는 욕심 때문이겠지요. 삶이 힘들 때라도 마음을 비우고, 문을 활짝 열어두면 어느 땐가는 마음의 화로에 불이 활활 피어나 삶이 다시 밝고 따뜻해지며 넉넉한 마음이 될 것입니다. 그러자면 내가 선 자리가 먼저 깨끗해야 하겠지요. 남을 위하기 전에 자신을 가꾸는 것이 먼저입니다. 그러면 그것이 좋은 씨앗으로 자라서 남에게 시원한 그늘이 될 수 있습니다. 그러므로 상대와 절대 악연을 만들지 말고, 소중한 인연으로 오랫동안 함께할 수 있고, 서로 아끼고 보듬으며 다른 사람에게 바람막이가 될 수 있는 인연을 만들어 가야겠습니다.

인연은 절대로 우연히 맺어지는 것이 아닙니다. 우리는 그런 소중한 인연을 바라자면 자신이 먼저 노력하고 바른 길이 선행돼야 합니다. 다음의 한 사실을 예로 '여자를 울려버린 한 남자의 사연'을 여기에 밝혀봅니다.

백년을 기약하고 달콤한 연애를 하던 연인이 결혼을 약속하며 남자는 아파트를 준비하고, 여자는 세간을 준비하며 기다리면서 꿈과 희망에 부풀어 있던 어느 날, 여자의 아버지가 갑자기 사업에 실패, 회사 문을 닫게 되었습니다. 그 충격으로 여자의 아버지는 병원에 입원케 되자 결혼을 한 달 앞둔 어느 날 남자는 여자의 손을 잡고 조용히 아픈 고백을 하게 됩니다. 자기가 보여준 새 아파트는 사실은 자기 것이 아니라고 말하자 여자도 자신이 가져갈 혼수품이 사실은 살 수 없는 형편이라는 것입니다. 그러나 이들은 실망치 않고 어렵게 단칸방에서 신혼살림을 차렸습니다. 그런데 남자의 월급마저도 전에 비해서 너무 작았습니다. 그러나 여자는 신혼의 맛에 폭 젖어 다 잊고 살아가던 어느 날, 아버지의 건강을 다시 찾 게 되었고 사업도 다시 잘돼 갔습니다. 그러나 여자의 마음은 갈대와 같다고 결혼 전 아파트를 보여주고 그래도 경제적으로 어렵지 않게 해 준다던 남자의 약속이 모두 상처로 되살아나 사랑스럽던 신랑이 미워졌답니다. 그 속상하고 억울한 심정을 자기 친정어머니에게 솔직히 다 말했지요. 그러자 그의 어머니는 볼에서 아픈 눈물을 흘리시며 그동안 숨겨두고 있었던 비밀 이야기를 늘어놓았습니다. 사실은 김 서방이 아무에게도 말하지 말라고 했는데 이제는 털어놓아야겠다고 합니다.

　그 내용은 남자는 여자가 혼수용품을 해올 형편이 못되는 사실을 알고 여자의 마음이 상할까 보아 아파트를 팔아 장인어른의 빚을 갚는 데 보태었습니다. 그리고 남자의 매달 월급의 반쯤인 돈도 여자의 아버지의 병원비로 썼던 것이라고 어머니가 말해 줬습니다. 그 이야기를 다 들은 딸의 눈에서 눈물이 얼굴을 적셨습니다. 그 눈물은 조금 전 어머니가 흘렸던 감동의 눈물이었습니다. 실망의 눈물이 감동의 눈물로 이렇게 쉽게도 바뀔 수 있는 잘 만난 남편의 어질고 참된 천생연분의 인연 탓이며 떨어지게 된 결혼을 동아줄로 단단히 다시 맺은 남자의 정신이 깃든 노력의 탓이었습니다. 우리는 요즘 자본주의 세상에 신문 지상에서 보면 있는 집들의 혼숫감에 1억 원이 적다고 이혼을 하고, 혹은 30분 정도 빌려 입는 여자 드레스 한 벌에 900만 원을 우습게 쓴다고 하지요. 왜 우리는 그렇게 허황되게 살아가야 되는 건가요?

하늘이 맺어준 내 사랑이 이들처럼 감동의 눈물을 흘리게 할 수는 없을는지요! 신발을 바르게 돌려 놓아주는 작은 배려가 우연이 아닌 참된 인연으로 우리 사회가 맺어주는 감동이 되는 인연을 만들어가야 하겠습니다.

빛바랜 수첩 속
인연들

요즘같이 팍팍하고 고단한 세상에 누군가가 나를 아직도 기억하며 나의 안부를 물어온다는 것, 그리고 기억해 준다는 것, 그것이 정말 별것 아닐 것이라고 생각하지만, 깊이 생각해 보면 참으로 행복하고, 나에겐 얼마나 다행스럽고, 가슴 저리는 일인지 감명을 느끼게 하지요. 우리가 한세상을 사는 동안 그분이 지금쯤 어딘가에 살아 있을 것이라는 것, 그래서 찾아보고 싶어진다는 것, 그 음성, 그 모습이 눈에 밟히거나 그리워지는 그런 사람이 누구에게나 꼭 있게 마련입니다. 고운 정, 아픈 정, 미운 정으로 가득히 말입니다.

그러던 어느 날, 빛바래 버린 수첩을 끄집어내 일일이 이 잡듯 뒤져서 혹시나 이분 하며 전화를 해 보니 오랫동안 지병을 앓다가 고인이 되어버렸다는 그의 아내인 듯한 분의 힘없는 말소리를 듣고 나니 오히려 안 한 것만 못했을 것……. 허전함이 온종일 텅 비는 마음의 아픔으로 남아 감출 수도, 달랠 수도 없어 다른 바쁜 일에 정신을 쏟기까지 했지만, 며칠이 더 지나도 그분의 환영이 더 또렷하게 남아있어 사람들마다 심리적 인연이란 것이 정말 질긴 정으로 남는 것이로구나 하는 생각을 해 봤습니다.

그런 분들의 기억을 더듬어 일일이 수첩을 뒤적거리다 보니 이미 가버린 뒤안길의 한 시절 추억이 스크린처럼 돌아가고, 펼쳐진 눈 속에 아름다움으로 남는 한 시절 연인처럼 그리운 분들이나 또, 먼 이국으로 떠나버리던 이별의 플랫폼에서 그분의 모습을 기억해 보면서 지금쯤 자리나 좀 잡혔을까? 어디서 무엇을 헐까? 잘 살아가고 있겠지? 하는 아쉬움으로 마음을 혼자 달래볼 뿐입니다.

그러다 보니 빛바래 버린 나의 수첩들 속에는 1996년에 이민 가기 전 만들어 둔 국제운전면허증까지 나오고, 또, 하나하나 빨간 줄을 긋다 보니 어느덧 고인이 돼버린 분들이 70%가 넘는 것을 보며 화들짝 정신이 들어 거울 앞에 내 모습을 한번 보니 그나마 지금 내가 살아 있다는 것이 기적이로구나라는 생각이 들 정도입니다.

마치 바람에 다 흩날려 빼먹어버린 머리숱이 어디론지 자취도 없이 다 떠나가 버리고 대머리에 남은 숱마저 온통 백발에 눈가 주름만이 짙게 골이 패어 당신도 황천길이 머지않았구먼…… . 내일 모래여! 살아있다고 큰 소리 치지 말드라구…… .

이런 거짓 없는 현실 앞에 고개 숙일 뿐, 내가 무슨 장사라도 된당가? 버텨봐야 별 볼일 없지라고 자위해 볼 뿐입니다.

그러고 보니 이제 꽉 찬 고갯마루 턱에 얹혀버린 7학년 9반, 여든이 내일모레라 숨이 제법 할딱거려도 참고 어쩔 수 없이 주책부리지 말고 조용히 사는 날까지 살아야 하겠지요.

　그래도 옛날에 펜대로 끄적거리던 때보다는 훨씬 수월해서 컴퓨터 앞에 서툰 검지 둘만으로나마 글을 또닥또닥 두드릴 수 있고, 현재까지 강진고을신문에 인생교양 칼럼을 123회나 연제중에 있으니 아직은 노익장을 보이고 있는 셈이구먼요. 한술 더 떠 넷마블 바둑 게임 아마추어 5단으로 상대가 누군지도 모르는 젊은이들과 당당히 실력을 겨뤄 볼 수 있다는 자부심으로 용기를 잃지 않고 살아가고 있지요. 그런 바쁜 시간 속에서 나의 실력을 어느 정도 인정해서인지 작가협회 사무국장 '이현숙' 여걸님이 작품 마감이라며 독촉해 낮에는 불볕더위라 남이 자는 새벽 시간에 책상머리에 앉아 있답니다. 어쨌든 그런저런 사정으로 인해 가는 시간을 쪼개 쓰다 보니 사실 노인정에 한 번도 나가보지 못했답니다.

　그러나 새벽 5시가 되면 어김없이 아내와 손잡고 집 뒤 활터 양무정을 지나 보은산길을 손잡고 오르다 보면 젊은이들이 곁을 지나가며 "참 보기가 좋습니다"라고 하는 말을 들을 땐 외려 늘그막에 주책같이 들리기도 한답니다. 그러던 2012년 5월 어느 날 청천벽력 같은 대장암 선고를 받고, 서울 부근 김포 뉴고려병원에서 17센치를 절단하게 되었고, 혹시나 해서 집사람도 검진을 받아본 결과 위암이란 판정을 받아 바로 수술에 들어가 위 70%를 도려내고 함께 석 달 만에 퇴원한 바 있지요.

철학자 톨스토이 글 중에 "인간들은 자기 겨우살이 준비는 하면서도 죽음은 준비하지 않는다"는 말을 기억해 보면서 살아있는 동안 만남이 그 얼마나 중요한 것인가 잊고 살아갑니다. 그러던 어느 날 만남이 언젠가는 이별의 아픔을 나눠야 하는 정의 미련을 남기면서 잊지 못하고 연락조차 안 되고, 행방을 알 수 없게 돼 버리고 맙니다.

이별은 참으로 슬픈 일이지요. 한생 동반자의 길을 걷다가도 서로를 이해하며 산다는 것이 여간 어려운 일이 아니랍니다. 그러니 사는 동안 적을 만들지 말아야 합니다. 그리고 내가 먼저 인간이 돼야 하고, 먼저 남 앞에 고개 숙이고 지는 공부를 할 때 모든 것은 원만해지고 가능해질 것입니다. 상대를 생명의 은인처럼 대해 보십시오. 그러면 탈이 없습니다.

삼국지에 '유비 현덕'이 나이도 어린 '제갈공명'을 만나기 위해 삼고초려하듯 말입니다. 그러니 상대에게 항상 만남의 고마운 인연을 잘 유지하고 대할 때 오래도록 관계가 지속될 수 있습니다. 사람을 잘 만나고 못 만나고에 따라 운명이 바뀔 수도 있고, 평생 원수도 될 수 있기에 만남같이 중요한 것은 없답니다. 그러니 첫사랑보다 강렬한 인상을 심으십시오. 길거리에 차이는 돌멩이 하나도 인연이 닿는다고 하듯 잠시 스쳐가는 돌처럼 되지 말고, 애써 얻은 보석처럼 버팀목 같이 유익한 사람이 되고, 상대의 가슴에 남겨주듯 헤어질 때 다시 만나고 싶어지는 그런 사람 말입니다.

한번 그 사람이다 싶으면 절대 놓치지 마십시오. 한 번의 인맥은 영원한 인맥 '아날로그'가 아닌 '디지털 인맥'으로 만드는 것이 중요합니다. 우리는 길 떠나는 나그네지만, 발에 차이는 옥석이 살다 보면 세상 속에는 많이 널려있다는 것을 명심하고 살아가야 합니다. 저 언덕 넘으면 우린 너나없이 모든 걸 훌훌 다 털고 떠날 것이니 사는 동안 미워하고 싸워봐야 남는 건 상처뿐입니다.

법정스님의 말씀 중에 "아름다운 마무리는 내려놓음이 깨끗한 비움이 돼야 한다"고 했습니다. 사는 동안 미련이란 게 인연의 정으로 남아서 그러지 못하고 우리는 살아가고 있지요. 내 분수를 적당한 마음으로 그릇에 담아두고 그리운 분들의 모습을 기억해 본다는 것이 행복이라 여기면서 살아가면 그만입니다. 필자도 인연이 된 이 땅과 좋은 고장 우리 강진에서 반가운 분들과 인사를 나누며 아내와 손잡고 여생을 조용히 살아가고 싶습니다.

다산 정약용이 남긴
발자취와 강진

1) 답답한 세상사 다산 정약용 선생과 비교해 봅니다

▶ 다산 정약용 선생의 영정

우리나라 새 정권이 5년마다 바뀌면 거창한 구호들과 목표로 국민의 마음을 붕 뜨게 화려한 말꽃으로 그럴싸하게 표현의 구호들을 내걸고 시작하지만, 마지막 떠나는 자리마다 구리고 실망스러운 모습들을 너무 많이 보이며 국민을 놀라게 하였습니다.

그 한 예로 '전두환' '노태우' 군사 독재정부에서는 말할 필요도 없는 부정축제로 두 분 다 감옥에 가 쇠고랑을 차고 나오는 꼬락서니를 봐야 했던 씻을 수 없고 유치한 역사의 오점을 남겼으며, 문민정부라고 거창한 구호로 출범한 김영삼 대통령은 야당 당수 노릇만 하다가 당선된 분이라 정치나 경제의 깊이를 모르고 경제에 무능했던 탓으로 나라 경제를 후퇴시켜 빚만 지게 한 대통령으로 낙인되어 경제를 '갱제'로, '우르과이 라운드'를 '우라까이 라운드'(세탁소에서 쓰는 일본 말)로 표현할 정도이고, 김대중 대통령의 말기에는 자식들 셋이서 엄청난 나랏돈의 청탁 비리 등 부정한 방법으로 업자들과 결탁돼 결국에는 감옥살이를 해야 했고, 노무현 대통령은 주위 인척들과 지인들의 결탁으로 나라 경제를 농락하여 백일하에 들통이 나자 스스로 고향 산 높은 바위에서 투신자살해 버리는 오점을 남겼으며, 이명박 대통령도 친형이 부정 비리로 투옥되는 수모를 겪어야 했으며, 4대강 정비의 과감한 실천구상은 좋았으나 시행착오로 물의를 일으키는 오점을 남겼습니다. 그러나 박정희 대통령만은 유신독재로 국민을 많이 혼란시켰지만, 그분의 업적은 무(無)에서 유(有)를 창조해 가난한 나라에서 국민이 오늘날 잘살 수 있도록 세우신 가장 위대한 분임에는 틀림없습니다.

이들 대통령 분들이 나라일 한다며 돈을 마구 써 빚을 갚기는커녕 깔아 논 나랏빚만 갈수록 천문학적 수치로 늘어나 뱃속 아이까지 갚아도 못 갚을 부채를 안고 있습니다.

이제 새로 들어선 박근혜 정부에서는 백성이 너무나 시달렸던 아픈 삶의 고단한 실생활을 밑바닥에서부터 등을 긁어 주겠다고 말하니 잘되기만을 기대하며 바랄 뿐입니다.

여기에서 과거 나라일만을 오직 생각하며 청렴하게 일한 다산 정약용 선생을 비교해 봅니다. 당시 탐관오리들의 비리 등을 들춰 숙청하다 보니 나중에 정권이 바뀌자 정적들에 의해 역모로 몰려 귀양살이까지 가야 하는 수모를 당하게 됩니다.

다산(茶山) 정약용은 22세 때 진사과에 합격한 뒤 성균관에 들어가 갈고 닦은 실력을 8년이 지난 후 28세 때 정월 27일 임금님이 직접 참관한 과거시험에 갑과(甲科) 2등으로 급제했으나 일등의 장원은 결격사유로 급제가 취소되어 실제로는 다산이 장원급제한 셈입니다. 이때 국가의 큰 인재를 얻었다며 정조 임금은 매우 기뻐했습니다. 이후 정조임금이 승하하신 후 다산 선생은 반대파들의 모략과 음모에 몰려 마지막 집안의 몰락과 함께 1801년 남쪽 지금의 강진 땅으로 귀양살이를 떠났습니다. 그가 강진에서 처음 머문 읍내 샘 거리(지금의 사의재, 필자의 거처와 500여 미터 거리) 주막집 골방에서 한참 어려운 생활을 하던 4년 동안의 유배 초기에 지은 시(詩)가 있어 여기에 적어봅니다.

독소(獨笑 : 홀로서 웃는다)입니다.

유속무인식(有粟無人食), 다남필환기(多男必患飢), 달관필용우(達官必?遇), 재자무소시(才者無所施), 가실소완복(家室少完福), 지도상능지(至道常陵遲), 옹색자매탕(翁嗇子每蕩), 부혜낭필치(婦慧郎必癡), 월만빈치운(月滿頻値雲), 화개풍오지(花開風誤之), 물물진여차(物物盡如此), 독소무인지(獨笑無人知) 정약용(丁若鏞 · 1762~1836)

(곡식 많은 집에는 먹을 사람 없고, 자식 많은 집에는 배고파 걱정이라네. 높은 벼슬아치 꼭 영락없이 바보인데도, 재주 있

는 사람 써먹을 자리가 없다. 두루두루 복(福)갖춘 집안이야 몇 집 없으나, 최상에 오르고 보면 대개 쇠락의 길을 밟는다네. 아비가 검소하면 아들은 방탕하기 마련, 아내가 지혜로우면 남편은 꼭 어리석어, 달이 차면 구름이 자주 끼고. 꽃이 피면 바람이 망쳐놓는다. 세상만사 모두가 다 그렇기에 혼자 웃는 이유를 남들은 모른다네)

이상의 내용은 무능한 자가 높은 자리를 차지하고, 유능한 이는 능력을 발휘할 자리가 없다. 재산이 많은 사람은 누릴 자식이 없는 반면, 자식이 많은 이는 배고파 걱정이다. 하늘은 한 사람에게 복을 몰아주지 않는다. 어디 그뿐인가? 그만하면 됐다 싶은 삶의 궤도에 오르니 그때부터는 내리막길이다. 그런 부조리의 결함이 인생인가 싶다는 의미로 쓴 내용의 글입니다.

다산은 과거급제 이후 비록 10년 가까이 공직생활을 했지만, 그 기간 동안 참으로 공명정대하게 오직 청렴이라는 덕목으로 공무에 임했던 분으로 지평이라는 벼슬에 있었으며 무과시험의 감독관이 된 때도 이름 없는 가문의 출신이었지만, 능력만 있으면, 합격시켜 세상에 없는 공정한 시험결과가 나왔다는 후문입니다. 그 공명정신은 그의 명저 《목민심서》에도 그대로 보여줬고, 오늘날까지도 그 공직자상의 귀감이 됩니다.

이번 총리를 비롯해서 인사청문회를 들어보면서 자식들의 병역문제나 부동산, 위장전입, 심지어 성 폭력행위와 논문 표절까지 단골손님같이 나타나는 비리들을 보면서 한심한 사회현실을 개탄해 볼 뿐입니다.

옛날 중국 당나라 때의 송지문은 사위가 쓴 시가 너무 마음에 들어 자기에게 달라고 했는데 사위가 거절하자 몰래 죽이고, 그 시를 자기 이름으로 발표했다는 이야기가 있습니다. 표절은 도둑질이라는 옛말도 있습니다. 그런데 최근 인사청문회에서 지적된 '자기 표절' 논문에 나타난 행위들을 도덕적으로 크게 문제될 게 없다는 결론에 코웃음이 나올 정도입니다.

2) 유배지 강진에서 나눈 부자간의 편지

아버지 다산의 꿈과 사랑, 슬픔 그리고 정과 한을 다각도로 조명한 내용입니다.

척박한 유배지에서 자식들을 혹독하게 원격교육을 강행한 아버지 다산(茶山), 가난 속에서도 도덕성을 지킨 아버지 다산, 자녀 9남매(6남3녀)를 낳은 다산, 참척(4남2녀)을 가슴에 묻은 아버지 다산, 스물아홉 꽃다운 나이에 요절한 며느리를 둔 시아버지 다산, 자신의 학문을 계승시킬 후계자로 여겼던 17세와 20세 두 조카를 허망하게 잃은 작은아버지 다산, 아린 슬픔과 한을 그의 학문적 생애와 연관시켜 조명한 부자간의 편지로 소통한 것들을 읽어볼 수 있습니다.

한편, 다산 정약용은 조선후기 학술 문화사를 찬란하게 빛낸 학자이기 이전에, 너무나도 비극적인 아버지이기도 하지요. 자녀들 9명 중 6명을 제대로 보듬어 주지도 못하고 떠나보낸 아버지, 오랜 유배생활이 끝나가고 고향에 돌아갈 날이 다가올 즈음 젊은 며느리가 또 요절하고 어린 조카들이 연이어 세상을 뜨는 허망한 인생사에 가슴을 칩니다.

그러나 아버지 다산은 고민하지 않았고, 가슴을 치지 않았습니다. 오히려 편지와 가계로 자식들을 가르쳤지요. 하늘나라로 먼저 간 슬픈 영혼들을 위로하였으며 후세 사람들이 알게 하였습니다. 독근이거원(篤近而擧遠)을 실천하신 분이십니다.

가정이나 사회에서 아버지의 위상이 없어지는 이 시대에 아버지란 존재가 그 얼마나 위대한가 하는 것을 깨닫게 해준 내용이기도하며, 부모로서 어떻게 자녀교육을 해야 하는지 그 기본자세를 알게 했고, 부정의 아름다운 세계를 비춰보는 내용이기고 하지요.

그는 18년간 고난에 찬 유배생활을 하면서도, 민초들이 겪는 고초를 자신이 겪는 일로 받아들이면서 낡고 병든 나라를 개혁하여 새로운 조선을 만들고자 치열하게 고민하게 됩니다. 철학, 윤리, 역사, 정치, 사회, 문학, 의학 등에 이르기까지 거침없이 뻗어가는 실학자 다산 정약용 선생이십니다.

유배시절 키워낸 제자 '황상' (현재 강진 고을신문에서 소설로 '송하훈' 작가님이 연재중임)에게 "문사를 공부해라"하니 황상이 첫째로 둔하고, 둘째는 꽉 막혔고, 셋째는 미욱하다고 답하자 다산이 아래와 같이 말했다지요.

공부하는 자들에게 있는 세 가지 병통을 너는 하나도 갖고 있지 않구나! 첫째는 기억력이 뛰어난 병통으로 공부를 소홀히

하는 폐단을 낳고, 둘째는 글 짓는 재주가 좋은 병통으로 허황한 데 흐르는 폐단을 낳으며, 셋째는 이해력이 빠른 병통으로 거친 데 흐르는 폐단을 낳는다. 둔하지만 공부를 파고드는 사람은 식견이 넓어지고, 막혔지만 잘 뚫는 사람은 흐름이 거세지며, 미욱하지만 잘 닦는 사람은 빛이 난다. 파고드는 방법은 무엇이냐? 근면함이다. 닦는 방법은 무엇이냐? 근면함이다. 그렇다면 근면함은 어떻게 지속하느냐? 마음가짐을 확고히 갖는 데 있다.

"효도와 우애는 인을 실천하는 기본이다"라며 다산은 아들에게 주는 편지에서 늘 강조했고, 아들 학유에게는 무릇 친구를 사귈 때에도 불효자와 형제끼리 우애가 깊지 못한 사람을 가까이하지 말라는 당부를 하였습니다. 다산은 불굴의 의지로 두 아들을 원격교육하며 나약해지지 않게 독려하고 쓰다듬고 때로는 혹독하게 가르쳤지요. 세 가지로 정리해 보면 '폐족의 생존 방법'과 '실용경제관', '학문 전승을 위한 공부'를 위주로 하였습니다.

마늘을 팔아 아버지 면회 온 큰아들이 1801년 정월에 노론 벽파를 중심으로 한 무리들이 남인 시파의 천주교신봉을 구실삼아 위정척사의 명목으로 이른바 신유사옥을 일으켜 셋째형 정약종은 참수되고, 둘째형 정약전은 신지도로, 다산은 죽음을 면하고 경상도 장기로 유배된 이후 다시 서울로 압송되어 백서사건과 무관함이 밝혀져 다산은 다시 전라도 강진으로 유배되어 장장 18년간을 조롱 속에 갇힌 새가 되었지요. 처음 강진 읍

내 동문 밖 주막에서 4년간, 이후 보은산방으로, 이학래 집으로 전전하였고, 1808년 봄 '만덕사' 서쪽 다산초당으로 옮기고 산 이름과 호를 다산이라 하였습니다. 이때 쓴 시 '학가래 휴지 보은산방유작'(學家來 携至寶恩山房有作)에는 가난한 유배객 아버지와 그 아들의 궁핍한 모습이 엿보이는 내용의 글입니다.

1)손님이 와 내 문을 두드리는데 /자세히 보니 내 아들이었네. /수염이 더부룩이 자랐는데 /미목을 보니 그래도 알만 하였네 /(중략)입은 옷이 황토 범벅인데 /허리뼈라도 다치지나 않았는지.

2)억지로 웃으며 말을 거네. /차츰차츰 농사에 대해 물었더니 /밤나무는 해마다 증가하고 /옻나무도 날이 갈수록 번성하여 /배추와 겨자도 몇 이랑 심었는데 /마늘은 맞을지 어떨지를 몰라 /(중략)처절하고 또 처절하여 /그만두고 다른 말을 꺼내기로 했네.

3) 지난 시절 낭패 당하던 초가에 /책들이 남은 게 없이 다 없어져 /왕의 친필도 더러 잃어버렸는데 /그 나머지야 찾아 뭣할 것인가 /막바지 바다까지 떠내려 와서 /아무리 생각해도 기약 없네.

4)날씨 춥고 거센 바람 많아 /대나무 소리마저 구슬픈데/(중략) /잡서들은 모두가 그게 그거고 /주역만은 손을 놓지 않는다네.

5)인생은 약한 풀과 같은데 /하물며 너무 늙고 쇠약하누나 /풀 위에 이슬은 아침 해 뜨면 마르나니 /내 지금 너에게 책을 주어 읽게 하니 /돌아가 네 아우의 스승이 되라.

보은산방에서 더부살이하면서 아들에게 《주역》과 《예기》를

가르쳤으며 당시 아들과 문답한 것이 52개 항목으로 정리한
'승암문답' 으로 남아 있습니다.

이상의 255쪽을 읽으며 다산 정약용의 삶을 통해서 우리시대
아버지상을 읽을 수 있었습니다.

인성교육 없는
절름발이 교육정책

　다산 정약용 선생과 스티브 잡스의 앞날을 내다보는 시야는 똑같은 것 같습니다. 세계적인 IT 천재 잡스가 세상을 떠났지만 그를 흠모하고 남긴 업적은 현대사회에는 가장 큰 사건들로 기억될 것입니다. 이분은 인간의 천재성을 발휘하는 창조행위가 인류사회에 미치는 영향이 그 얼마나 큰가를 보여줬습니다. 어찌 보면 과학자 에디슨이나 포드의 전기와 자동차 혁명에 견주면서 인간의 능력이 극대화될 때 미치는 영향력이란 엄청남을 보여주고 있습니다. 잡스는 "끊임없이 갈망하고 우직스러움을 유지해야만 목적을 달성할 수 있다. 결국, 인간은 자기와의 싸움이며 성공한 사람들 90%는 자기와의 싸움에서 좌절치 않고 이긴 사람이다"라고 했습니다. 이분은 교육도 전혀 받지 못한 젊었을 때의 인생관이 많은 사람들의 마음을 흔들었습니다.

　한편, 다산 정약용 선생은 이미 200년 전에 이곳 강진 땅에서 18년간이나 미 복권상태의 불우한 유배생활을 하면서도 절망이나 좌절감은 느끼지 않고, 밤낮없이 학문 연구와 세상을 구하고자 하는 저술로 몰두한 실학자로서 신아만방(新我萬邦)이라 외치며 국가를 통째로 개혁하고자 주장, 그러지 않으면 망한다고까지 경고하는 글을 목민심서에서 밝히고 있습니다. 군왕의 지위나 군력에 버금가는 목민관을 제조(諸條)에 비기며 입법, 사법, 행정을 한 손에 쥔 통치자가 임무를 잘 수행할 때 요순시대가 온다고 했고, 선비나 군자가 처신을 바르게 해야 한다고 역설했습니다. 또한 교육이 바로서야 나라가 바로 일어선다. 그런데 오늘날 산업화에 따른 급속한 성장으로 치유할 수 있는 곳이 학교밖에 없는데 교육자가 존경받지 못하고 생계를 꾸려가는 직업인으로 전락해 교육의 뿌리 자체가 병들어 가고 있습니다. 그런 속에 어린 청소년들의 도덕 불감증으로 선생님을 대접할 최소한의 예의마저 사라져버린 현실입니다.

부모가 자식을 가르치는 열기는 대학 진학률만 봐도 세계 최고인데 근본적인 인성교육이 전혀 없는 상태여서 마치 "인성교육이 없는 절름발이 처방전으로 교육을 시키겠다고 하니 사람이 병든 근본적인 원인을 찾지 못하는 비유와 다를 바가 없다"고 했습니다. 학교 현장이 퇴폐하게 된 원인은 결코, 학생의 방종하고 나태한 태도에만 있는 것은 아니지요. 스승이 책임감을 잃고, 학부모가 이기적이고, 탐욕적인 데도 큰 원인이 있으며, 교육의 목적을 망각한 외형만을 추구하는 데에도 그 원인이 있겠습니다.

교육의 진정한 모습이 무엇이며 또 무엇이 문제인지? 한국사회의 교육의 위기를 재확인할 필요가 절실한 때입니다. 그리고 선생이 존경받지 못하고 생계만을 꾸려가야 하는 오늘날의 비극이 마치, 우리사회에 불길같이 뜨거운 열기로 타오르는 신성한 신앙처의 종교들이 기복신앙으로 전락할 때 썩은 새끼줄보다 못한 추악한 믿음으로 전락하는 예와 다를 바가 없습니다. 그러기에 우리나라 교육정책의 삭막한 현실이 다산 선생님 같은 정의롭고, 바른 지식인이 사라져 버리고 없다 해도 과언이 아닙니다. 퇴계는 스승과 학생들을 훈계하는 글을 지었는데 "학교는 풍속을 감화시키는 근원이요, 선의 모범이 되는 자리이며 선비는 예법과 의리의 근본이요 원기가 깃든 곳이다"라고 했습니다.

교육은 바로 한 사회가 지향하는 문화와 도덕의 기준을 정립하는 것임을 말합니다. 세계에서 우리나라가 교육열이 가장 강한 반면 가장 몹쓸 기본적 인성교육을 망각시킨 근본적 책임을 위정자는 풀어야 할 가장 급선무가 된 것을 통감해야 할 때입니다. 다산은 직관론에서 세상이 잘 다스려지고 백성이 편안해지려면, 관각(館閣)과 대간(臺諫)이 없어져야 한다고 했으며, 국민을 교육하고 교화시키는 일이 그 얼마나 중요한 국사인가를 목민심서 예전에서 밝히고 있습니다. 또 한 세대가 지난 뒤에야 인이 실현되고, 백년이 지난 뒤에야 예악이 일어난다고 말했습니다.

우리는 이제라도 원대한 내일의 교육정책을 위하여 교육입국으로 나아가지 않을 수 없습니다. 학교교육, 사회교육, 가정교

육 등을 통한 국민 전체에 대한 교육을 어떻게 해야 하는가의
옳고 그른 바른 방향으로 교화될 수 있을 때까지에 대한 논의
가 절실하게 선행돼야 할 중요한 시점이라 여겨집니다.

이순신 장군 최후의 영구를 봉안했던 곳 강진을 아십니까?

　이순신 장군은 임진왜란 최후의 노량해전에서 전쟁의 막바지에 이르러 일본으로 도망가던 수많은 왜적을 소탕하여 대승을 거두었으나 날아온 왜적의 흉탄에 안타깝게도 장렬한 최후를 맞았습니다.

　충무공의 돌아가심을 숨기기 위해 비밀로 우선 선조 31년 11월 19일 새벽 영구를 당시 강진군 고금면(지금은 완도군에 편입됨) '월송대'에 임시로 시신을 아무도 모르게 모셔와 83일간 봉안하였다가 1599년 2월 11일 충남 아산으로 옮겼습니다.

　이 중요한 유적지를 우리 국민은 전혀 알지 못하고 있는 실정이어서 다시 한 번 역사적 소명의식을 일깨우는 뜻으로 필자는 현지를 답사하고 다녀오며 널리 전파코자 하는 바입니다.

이곳 충무사는 충무공의 마지막 본영이요, 처음으로 조명연합전선을 형성한 곳이며, 초유의 대수군을 이룩한 곳으로서 최후의 전승을 제공한 군사기지 총사령부임과 전쟁 종국을 가져오게 한 삼도수군통제영이며 마지막 장군의 영구가 임시 봉안된 곳으로서 길이길이 후손에 물려줄 전승유적지입니다.

충무사 본 건물은 선조 31년(1598) 명나라 도독이 그들의 군신 관왕(삼국지의 등장인물 관운장)을 모시기 위해 건립하였으며, 현종 7년(1666) 수군절도사 유비연이 중수하고 동무에는 진린, 서무에는 충무공을 모시고, 암자 옥천사를 지어 중국 천휘로 하여금 사당을 관리하고 제사를 모시게 하였습니다.

현종 때는 경칩과 상강 두 차례에 걸쳐 영암, 강진, 보성, 해남 등 6개 부군현 관원들이 제수를 갖추어 제사를 모셨으며, 정조께서는 탄보묘(큰 나라의 은혜에 보답한다는 뜻)라는 어필현판을 하사하시고, 노량해전에서 전사한 명나라 장군 등자룡도 함께 모시게 하였습니다.

그러나 일제 때는 민족주의 말살정책에 의하여 관왕상과 위패를 비롯하여 유물(투구, 서적, 벽화, 현판) 일체를 철거 및 유실됨과 더불어 사당은 퇴락하였습니다.

1945년 해방 이후 고금도 유림이 중심이 되어 충무사 현판을 걸고 일생을 충의에 살고 나라를 구하신 높은 덕을 기리기 위해 다시 공을 정전에 모셨으며 1959년에는 이순신의 보좌관인 조방장이며 당시 가리포 첨사 양성인 이영남을 동무에 모시고 매년 4월 8일(양력) 탄신 기념제와 11월 9일(음력) 순국제를 봉행하고 있지요.

또한 1960년 1월 29일 사적 114호로 지정하고, 여러 차례 보수하였고, 주민들의 협조로 암자 옥천사를 분리하여 이전하고 담장을 둘러 오늘의 경관을 갖추게 되었으며, 이곳은 정유재란 이후 이충무공의 최대의 삼도수군통제영이며 노량해전 전승 및 임진왜란 종전 제공지입니다.

이에 따라 2003년부터 고금 묘당도 이 충무공 유적 및 '월송대' 어란정 주변 정비를 추진 중이며 2011년도에는 문화자원의 보존은 물론 역사 체험의 장으로 활용할 수 있도록 사업을 벌이고 있습니다.

이충무공께서 고금도로 진을 옮긴 다음 날인 3월에 장흥에 있는 왜적들이 사방으로 흩어져 나와 살육 약탈을 자행함으로써 공은 녹도 만호 송치종에게 정예군을 주어 추적케 했지요.

적들은 놀라 순천방면으로 도망치는 사실을 알고 겸조방장 순천부사 김언공이 전라병사 이광악에게 급보로 알려 소탕하게 하였습니다(선조 증흥지 난중난록권삼). 그리고 적선 16척을 격침시키고 적의 머리를 모조리 베었던 것입니다.

이 해전 이후로 왜적은 위용이 제압되어 이곳 고금진 근처에 얼씬도 못하게 됐습니다.

한편 그해 7월 16일에는 명나라 장군 도독 진린이 수군 5000명을 거느리고 와서 합세하니 그 군세는 장엄하였고, (충무전서 행록)하늘을 찌를 듯 했습니다. 그러나 이들이 도착 이후 민가를 함부로 드나들며 약탈을 일삼자 충무공은 진 도독에 강력하게 말하니 깜짝 놀라 공의 손목을 잡고 정중히 사과하고 이후에는 진린 자신도 충심으로 공의 인격에 감화되고 존경하였다고 '충무공 전서 행록'에 수록돼 있습니다.

한국과 일본의
차이점

1) 일본을 알아야 일본을 이길 수 있다

해방되던 1945년은 필자가 초등학교 4학년 되던 해로 대동아 전쟁 막바지 때라서 피죽도 못 먹을 정도로 엄청나게 굶고 고생하던 어린 시절이었습니다.

▶ 일왕이 거처하는 황거(皇居)에서 폼을 잡아본 필자

그런 고난의 고통은 일본이 패망하면서 약소국가이던 우리나라 땅을 미국과 소련이 갈라먹기 식으로 38선을 두 동강이로 분단시켜 6·25전쟁까지 하게 만든 당사자 일본이야말로 따지고 보면 우리와는 철천지원수의 나라임에 틀림없습니다. 그런 가깝고도 먼 이웃 일본을 오늘날 우리는 너무나 모르는 것이 많습니다. 그래서 우리가 이런 역사의 사실만은 꼭 알고 넘어가야겠기에 필자는 일본을 알아야 일본을 이길 수 있다는 다음의 사실들을 낱낱이 밝혀두고자 하는 바입니다.

1905년 11월 17일 일제의 강요에 의해 을사보호조약(을사늑약)을 맺게 되지요. 나중에 중국 하얼빈에서 안중근 의사에게 총살당한 이등박문(이토 히로부미)이가 조선 주둔 일본군 사령관 하세가와를 대동하고 야밤에 임금님이 계시는 대궐을 침범하여 강제로 조선을 지배하겠다는 핵심적 내용의 괴문서를 고종 황제에게 강요하자 목숨을 끊을지언정 끝끝내 그 문서를 허락지 않았으나 이후 박제순 외무대신에게 인장을 가져오게 하여 강제로 날인시켰습니다.

이때 을사보호조약을 맺을 때 승인에 앞장선 박제순, 이완용, 이근택, 이지용, 권중현 다섯 명이 당시 우리나라를 팔아먹은 매국노들로 이들을 을사오적(乙巳五賊)이라 부릅니다.

이때부터 마침내 일본이 한국의 외교권을 빼앗고 통감부를 설치하며 일제의 보호를 받게 만들면서 국권을 침탈당하는 결과가 되었습니다. 이 사실이 밝혀지자 백성들의 분노와 울분으로 조약을 반대한다는 투쟁이 일파만파로 확산되었으며 당시 민영환 선생은 자결하였고, 김 하원, 이기범, 차병수는 일본 헌병에 끌려가 모진 고문을 당하였습니다.

을사늑약 체결 5년 후, 조선의 마지막 왕 '순종' 때 일본의 탄압에 못 이겨 한일합병조약체결 사실을 발표하게 되던 운명적인 그해 8월 10일을 전후해 일본 도쿄 지역에 전에 볼 수 없었던 엄청난 집중 호우가 쏟아졌다고 하는 심각한 수해상황의 전문(8월 14일)을 보내온 사실이 확인됨. 드디어 1910년 8월 22일 오후 2시 창덕궁 대조전 흥복헌에서 조선의 마지막 어전회의가 열리고, 총리대신 이완용, 내무대신 박제순, 농상공부대신 조중응, 탁지부대신 고영희, 법무대신 이재곤, 왕족대표 이재면, 원로대표 김윤식, 궁내대신 민병석, 시종원경 윤덕영, 이병무 등이 참석한 가운데 총리대신 이완용은 이날 한일합병조약을 가결하고 체결했음.

이를 경술국치라 하며 경술 9적은 우리나라 백성을 배반하고 나라를 일본에 넘겨준 놈들임. 이때 윤덕영, 이완용, 한상룡, 조중응, 신흥우 등 5인은 합병한 것에 만족한다고 말한 자들로 대한제국의 멸망은 이들 내부의 부정부패한 적 때문이었고, 이완용은 한일합병의 주역으로 훈1등 백작이 되었고, 백성은 나라 잃은 비통한 심경으로 합병조항 발표를 지켜보게 됨. 그 조항은 전체 8항으로 공포 융희 4년 8월 22일 내각 총리대신 이완용 도장과 명치 43년 8월 22일 통감 자작 데라우치 마사타케 도장으로 작성. 이 비통하고 부끄러운 문서가 또 어디 있겠는가!!

이후 1910년 8월 29일 강제로 국세를 찍게 강요했으나 순종황제는 끝까지 "한일 합병은 무효"라고 선언했으며 이완용 등 일본의 역신인 무리들이 협박하여 한 것이라고 마지막 유언을 남겼습니다.

이런 중요한 우리의 수난의 역사를 비롯한 한국사를 대학시

험 필수과목에서 선택과목으로 돌려버리는 위정자들의 어처구
니없는 문교정책에 규탄과 분노와 항의가 심해지자 2013년 8
월 23일 '한국사'를 필수과목으로 결정키로 해 그나마 다행한
일이 아닐 수 없습니다.

이후 이들 일제는 본격적으로 황국신민정책을 계속하면서 민
족문화 말살정책으로 초등학교에 등교하는 필자의 어린 학생
들의 이름까지 일본 이름으로 '오야마 지로'로 바꾸고 매일 아
침 조례시간에 모여 일본의 동쪽을 향해 천황에게 허리를 굽혀
인사시키는 동방요배를 강요했고, 신사 참배 때 강제로 "덴노
헤이카 반사이"(천황폐하 만세)를 강요했습니다.

이후 우리나라가 힘없는 백성이 되어 대동아전쟁 총알받이로
징병과 징용에 강제로 끌려 가 수없는 인명을 살상시켜 놓고도
그 잘못과 역사를 전혀 인정치 않고, 오히려 우리나라를 도와
줬다는 이런 어처구니없는 놈들이 또 어디 있겠습니까.?

그런 일본인들이 당시 조선의 건설에 이바지했고, 좋은 일만
했다는 괴변을 늘어놓고 있지요. 역사 교육의 회피와 거짓말을
일삼는 아베 신조 정권의 극우파는 보수적 국민성을 결집해 역
사를 왜곡 날조하며 일본인에게 인정을 받아 참의원 선거에서
까지 과반수를 확보하는데 성공했습니다.

2013년 8월 15일 68회 광복절 날에는 미국 맥아더 장군 항복
문서 속에도 한국에 저지른 왜곡사실이 기록돼 있음을 미국에
서 재차 발표하였고, 또, 경축사에서 박근혜 대통령은 역사란
1000년이 지난 뒤에도 진실은 남아있게 되어있으니 솔직하게

일본이 저지른 위안부 동원 등 역사왜곡 사실을 시인, 고백하는 태도가 중요하다고 말했습니다. 이처럼 우리의 분노는 아직도 끝나지 않았음을 인식하여야 하는데, 일본 우익들과 아베 총리를 비롯한 나머지 각료들마저 전범을 합사한 야스쿠니 신사 참배까지 강행하고 있으며, 개헌 발의로 군국주의 때 헌법으로 돌아가도록 하며, 독도를 교과서에까지 자기들 땅이라고 명기하는 정신 나간 자들입니다.

2) 뻔뻔스러운 일본의 이중적 너울 쓴 모습

일본에서 가장 오래된《속일본기》에 보면 일본은 우리나라 한민족의 영향을 받아 고대국가의 틀을 확립했고, 그들이 자랑하는 '아스카문화' 와 '나라문화' 의 꽃이 우리나라 삼국시대 때 백제와 신라왕실과의 관계와 각종 문물을 비롯한 문화의 전래, 지명이나 사적지 등 한민족과의 관계를 빼놓고는 고대 일본사 자체를 논할 수 없다는 사실을 증명하며 특히 '나라' 라는 지명의 이름 자체가 우리나라 말입니다.

일본의 아키히토 천황은 2001년 12월 그의 생일 날 일본 천황으로는 처음으로 고대 한민족과의 관계에 대하여 말하기를 고대 야마토 조정의 황태자인 백벽왕과 결혼한 다카노 니이카사가 백제 무령왕의 피를 이어받은 여성이며, 770년 남편인 백벽왕은 고닌 천황으로 즉위하였고, 그 아들은 훗날 쓰네타케 간무 천황으로 즉위하였다고 밝혔습니다.

쓰네타케 간무 천황의 생모가 백제 무령왕의 자손이라고 되어 있으므로 조선은 분명히 일본 형님의 나라라는 사실을 '아키히토' 천황 자신이 증명한 겁니다.

따라서 고대 백제의 25대 왕이었던 무령왕은 일본 가카라 섬에서 출생하였고, 그 후 40여 년간의 행적이 베일에 가려져 있다가 백제로 건너가 왕이 되었으며, 일본에서 결혼하여 순타태자를 낳은 것으로 되어 있고, 백제인의 후손인 15대 천황 오우진 천황과 닌도쿠 천황 부자가 백제인의 후손이라고 기록된 사실로도 충분히 증명이 됩니다. 이후 662년 백제가 멸망 후 50여만 명의 백제인들이 일본으로 망명해서 큰 환영을 받고, 벼슬과 토지를 받았으며 당시의 인구 조사로 일본 귀족의 약 3분의 1이 백제인 성씨였다고 합니다.

일본인들은 개인이 아닌 집단적 행동일 땐 저들의 개인 희생을 감내하고 칼을 숨겼다가 가는 잔인한 민족성을 지니고 있는 좀생이 섬나라 이중적 얼굴의 국민성을 갖고 있습니다.

특히, 우리는 이런 이웃나라 일본을 철저히 미워하면서도 일본을 깊이 알아야 하겠기에 일본과 국교가 정상화(1965)된 이후 필자는 일본 출입이 어려울 때 무역업의 비즈니스로 1970년대 후반기 때부터 비자발급을 받아 일본 출입을 자유로 하게 되었습니다.

우리나라가 북한 김일성의 남침으로 전쟁이 발발할 당시 일본은 패망 직후여서 가난을 면치 못해 일본 여인들이 나서서 미군에 몸을 바치고 달러를 벌어들이는 짓을 할 당시였는데, 한국동란을 기화로 전쟁 물자를 만들어 팔아먹고 경제가 일시에 부강해진 나라로서 이런 고마운 이웃의 형님나라를 전혀 모르는 섬나라 근성의 좀생이들이 틀림없습니다.

　필자가 처음 일본을 가서 보니 폐허가 된 우리나라 국민소득이 100달러에도 못 미치던 당시에 비해 약 15년 정도나 비약적인 발전으로 앞서 있다는 사실을 실감했습니다. 특히 산업분야가 당시 일본이 우리나라에 비해 근 20년 정도 앞서 있을 때이고 더구나 컴퓨터 분야에서 우리는 걸음마단계일 때, 일본은 미국 나라들과 경쟁하며 전자제품을 석권하고 있을 때입니다.

　필자는 당시 우리나라 컴퓨터 초창기 발전을 위해 이들의 비밀병기인 IC부품을 구입할 수 있는 길을 텄습니다. 그 실례로 일본 전국에서 야쿠자 조직 중 제일 큰 야마구치구미(山口組·회장 '정건영'·당시 한국 김종필 국무총리와도 친분이 두터운 사이였고, 부산~일본 시모노세키(하관) 간 연락선 선주이기도 함) 휘하의 쓰무라 센무(전무)를 알게 됐습니다. 필자가 일본 갈 때 부하 직원의 외삼촌이라는 분이 일본에 있다며 편지를 좀 전해달라는 부탁을 받고 (당시는 일본과 전화 연락이 어려운 때임) 도쿄에 머물 때 전화로 한번 연락해 본 분이었지요. 쓰무라 센무라는 분이 그렇게 엄청난 조직의 야쿠자 회사 전무라는 사실에 깜짝 놀랐고, 또 필자가 머문 궁성 옆 조용한 '회야몬드 호텔'에 투숙할 당시 벤츠600 차를 직접 몰고 와 필자를 만나 조카의 편지를 전해줄 때 보니 남자다운 듬직한 인품에 놀랐으며, 같이 동행한 곁에 나이 드신 분이 자기 개인 비서라는 인사소개에 다시 한 번 놀랐습니다.

그래서 이런 분을 안 이상 조국 한국을 위해 뭔가 좋은 일을할 수 있을 분 같아 호텔에서 밤새 머리를 짠 후 이분을 뒷날다시 만나자고 하여 호텔 로비에 왔을 때 부탁 하나를 꼭 들어달라고 하니 "그게 뭐냐?"고 묻기에 사실 한국이 이제야 컴퓨터회사가 발족돼 초창기로 IC부품의 중요한 것들을 일본 큰 회사들에서 도저히 팔지 않고, 구하지 못해 전자제품을 만들지못하는 실정인 바 애로가 많으니 일본 회사에서 구입해 줄 수없겠느냐고 말했습니다. 그분은 그런 거면 해 보자고 말한 후승낙을 받고 품명을 적어오라 하여 불가능한 일이었지만, 혹시나 해서 삼성과 현대가 당시 도쿄 유라쿠초의 한 빌딩에 연락사무소를 두고 있을 때 이들에게 필요한 품명을 적어 달라하여쓰무라 센무에게 주었더니 3일 뒤에 한 품목에 열 개 이상씩전량을 구해다 줘 정말 다시 한 번 깜짝 놀랐습니다. 피는 속일수 없다는 사실을 인식했고, 만일, 이들 조직에서 부탁했는데협조치 않고 거절하면 그 회사 중역의 생명에 위협받고, 회사경영에 문제가 발생하기 때문에 절대 들어줄 수밖에 없었다는사실을 나중에 '쓰무라 센무'의 개인 비서(그 지역 경찰서장으로 정년퇴직하신 분)에게 들은 말입니다.

'쓰무라 센무'는 돈도 받지 않고 부탁한 종류대로 전량을 그냥 주셨습니다. 이후에도 수차 도움을 받았지요. 그리하여 3회에 걸쳐 당시 일화 약 480만 엔 정도를 벌었던 일을 기억하고 있습니다.

그러니 필자의 우연한 발상이었지만, 우리나라의 전자 기초 산업의 초창기 IC부품 소재의 공급에 엄청난 보탬이 됐던 큰일을 해냈다는 자부심이 있었습니다. 삼성이나 현대회사들에서는 당시 돈은 얼마든지 주겠으니 자기들 회사를 계속 도와달라고 필자에 매달렸지요. 오늘날 우리 한국의 전자 제품이 일본에 앞서고 세계를 좌우하는 그 큰 기쁨을 필자는 조용히 느껴볼 뿐입니다.

그리고 당시 1980년대 초반 한국의 건설 분야의 중공업이 발판을 내리면서 필자는 울산 현대중공업을 비롯하여 화력발전소와 여천지구 화학공장(남해화학, 한양화학, 다우케미칼) 등지의 공단에 기계류와 배관, 밸브(고압밸브 저압밸브)류, 특수 윤활유와 용접봉, 계기 등 부품 할 것 없이 일본 기술자를 한국으로 파트너 식으로 불러들여 상호 거래, 전문기술인력 관계를 이들과 맺어 한국 공단 건설업에 이바지했습니다.

이 큰 일의 뒷받침을 당시 현대 미포조선소 사장이던 백충기 (여수출신이고, 해양대학 졸업) 선배의 도움으로 일본 도쿄에 '삼호물산'(산요 붓산) 대표이사 윤우순 회장님(당시 한국인으로 일본에서 무역회사를 크게 경영하신 분이며 특히 김대중 대통령 부인 이희호 여사님과 과거 이화여중 동기동창생 분)을 소개받아 일본 기술자와 부품 등을 한국에 공급해 주는 역할을 분담하면서 윤 회장님과 이익을 반반씩 나누기로 약정하고, 배관 계통의 세계적인 메이커로 손꼽는 제일고주파회사와 일본

발조 행어 메이커, 그리고 발전소에 공급할 고압 밸브와 저압 밸브의 전문생산 메이커인 '기다사와'와 '오카노밸브' 회사 등을 윤우순 회장님이 뒷받침을 다하여 줬습니다. 그렇게 젊은 시절 필자는 많은 돈을 모았고, 국가를 위해 값진 일을 했다고 자부하는 바 큽니다.

3) 일본 국가의 명이 끝나가고 있는 인과응보의 이유

오늘의 일본 자민당 극우파 아베 신조 총리는 참의원까지 의석 과반수를 확보하여 일본인의 광적인 우상으로 만들어 놔 앞으로 3년간 탄탄대로를 독주하고 있습니다. 더구나 최근 부 총리 아소 다로의 발언 속에 "나치로부터 헌법 개정 수법(히틀러 바이마르헌법)을 배우면 어떤가?"라는 발언으로 일본 자체에서도 망언이라며 부끄러워 "아소 물러나라"는 목소리가 커지고 있지요. 또, "우리도 과거로 돌아가야 한다"는 궤변과 우리나라 '독도'와 중국의 '센카쿠'가 자기들 나라 섬이라고 주장하고 나서는 이자들의 정신 나간 발악적 망발독주를 막는 몇 가지 처방전이 필요할 것 같습니다.

그 첫째로는 독도가 일본 땅이라고 주장한다면, 우리도 '대마도'가 한국 땅이니 내놔야 한다고 주장해야 하나 1965년 처음 한·일협정 시 독도가 한국 땅도 일본 땅도 된다는 웃기는 일본 놈들의 요구조항이 적힌 밀약서에 돈 3억 달러를 받아오려고 사인해 버린 '박정희 정권'의 실수로 사실증거가 밝혀지고 있어 일본이 전혀 근거 없는 엉터리 주장이 아니라는 것이 사실이기는 하다. 그러나 앞으로 2015년이 한·일 국교정상화 50주년을 정당화하려면 박정희 정권과 '밀약서'는 완전히 무효로 하고 '과거 일본의 통절한 반성과 마음으로부터의 속죄'가 필요하며 1995년 무라야마 담화를 다시 확인하고 양국의 미래지향적 관계구축을 지향한 1998년 김대중 '오부치' 한·일 파트너십 공동선언의 의의를 재확인해야 함이 당연하다는 것입니다.

이러한 일련의 뜻은 일본 아베 신조 총리와 그의 일당들이 현재 저지르고 있는 어거지 같은 막말이 곧 '후쿠시마' 원전의 대가로 벌을 받는다는 사실을 명확히 인식해야 할 때임.

둘째, 일본의 과거 조상들이 저지른 엄청난 사실은 중국 양민 수천 명을 생매장 학살한 사실을 다시 환기시키고, 센카쿠 섬이 분명 중국 땅이니 돌려줘야 하고, 우리나라 젊은 여인들을 끌고 가 저지른 만행 등 일본이 제일 싫어하는 아킬레스건을 유엔 등 세계만방에 계속 창피를 주는 방법과 패망국 독일과 비교해 독일은 모든 잘못을 솔직히 시인하는데 일본만은 각종 인륜범죄 자체를 부정하는 사실을 폭로 강조해야 합니다.

그리고 최근(2012년)에 외국으로 나간 일본의 원전관련 저명한 교수분의 고백에 의하면, '후쿠시마 지진으로 부서진 원전 1호기에 대한 발언'으로 "일본국가의 수명이 이미 끝났다"라는 미국에서의 발언에 대하여 금년 7월 22일 일본 도교전력이 기

자회견에서 발표한 "사고원전이 있던 방사능 오염 지하수가 일부 바다로 유출된 것으로 보인다"라는 사실의 발표가 유언비어가 아닌 사실로 확인되고, 다시 2013년 8월 23일 일본 원전사고로 인한 방사능 유출량은 체르노빌 원전사고의 18배 이상이라는 급박한 발표로 변경, "후쿠시마 방사능 유출 '비상사태'로 오염수가 올라가 대책이 없어 역부족상태다"라는 사실 고백이고, 원전사고가 지난 2년 5개월이 지난 현재 기형 동식물이 속출하는 상태라고까지 발표되고 있다. 일본 도쿄전력은 끊임없이 땜질식 대응을 하는 거짓말과 지하수에서 검출된 양이 바다로 흘러가 뒤늦게 비상을 걸고 있는 상태로 심각하여 미국에 간 교수 분은 일본 열도가 머잖아 지구상에서 사라지게 될 것이다. 더구나 2014년 들어 밝혀지고 있는 바에 의하면 후쿠시마에 방사능물질인 세슘의 농도가 이젠 100배가 넘는데 아베 정권이 쉬쉬하고 있다는 사실이 밝혀지고 있습니다.

이제 일본은 이미 국가의 생명이 끝났다는 엄청난 발언은 모두가 괴담이 아닌 사실로 밝혀지고 있으며 '수소폭발로 또다시 부서진 후꾸시마 제1원전'의 지하수에 증기가 새 태평양으로까지 흘러나가고, 오염수 저장탱크 350개 전부가 불량상태라는 사실이며 인근 바다 방사능물질 농도가 무려 18배 이상이라고까지 발표되고 있습니다.

"그렇다면 일본이란 나라가 얼마나 위험합니까?"라는 질문에 교수 분이 그냥 일본국가가 끝났다고 생각하면 된다는 것이고, 현재 방사능 피해가 예측불허이고 엄청나지만 일본 정부에서 쉬쉬하고 있다는 사실입니다. 그 사실이 공식적으로 발표가 되면 일본 자체에서 큰 혼란과 난리가 발생하기 때문에 그저 쉬쉬하고 있는 것이지요.

그러면서 현재 그 피해가 이미 한국의 부산까지라는 사실로 일본 전 지역은 이미 방사능오염으로 진행되고 오염된 방사능 자체가 없어지는 것은 절대 불가능이고, 생명체에 엄청난 데미지를 입힌다는 사실이 증명되고 있습니다.

학자들로서 자신의 명예와 양심을 걸고 말하지만, 일본에서 무얼 먹고 사느냐의 문제가 아니라 일본 땅을 하루빨리 떠나야 하는가의 문제라는 것입니다. 가까운 미래에 방사능의 부작용이 계속하여 가시적으로 드러날 것이기에 일본 여행도 가장 위험한 지역이니 자제할 것과 식품류 생선류 기타 일체를 무조건 수입중단을 해야 하고, 일본이란 나라는 아마도 지구상에서 없어지는 땅이라고 생각하라는 주장입니다.

그래서 우리나라 해양수산부의 발표에 의하면, 우리나라 명태를 전량 외국에서 수입해 오는데 총 21만 4138톤의 97%가 러시아 산이며 일본산은 3443톤으로 2% 이내이고, 고등어 등 일본산이 오히려 러시아를 거쳐 러시아산으로 '둔갑' 해 국내로 들어오고 있다는 엄청나고 심각한 사실이 밝혀져 있음을 우리는 알아야 하고, 수산물 기타 일체의 수입 선을 다른 나라로 빨리 바꿔야 합니다. 특히 동태나 고등어찌개를 많이 먹는 우리나라 식생활이 큰 문제이므로 국가에서 빠른 시일 내에 대책을 강구 개선해야 하는 심각한 때입니다.

4) 일본인들에게서 꼭 배워야 할 좋은 점

도쿄 긴자거리(우리나라 서울 명동거리 같은 곳)는 대형 백화점이 1정목에서 6정목까지 직결돼 있고, 마지막 쪽 '긴자(銀座) 7정목'(町目)쪽과 8정목 쪽에는 주로 이름 있는 주점이 많습니다. 필자가 그곳에서 큰 회사 중역 네 분과 저녁에 술안주로 오뎅과 복(鰒)요리 사시미(후쿠 지리)에 정종(마사무네)으로 검소하게 대접받은 후 그 주점 안에 시설된 가라오케(당시는 한국에 노래방이란 없을 때)로 자유스럽게 노래를 부를 수 있게 돼있어 당시 필자가 한국에서 유행하던 조용필 노래 '돌아와요 부산항'(모돗데데스 후산코에)을 신청하니 반주로 한국곡이 나와 이들도 함께 열창하여 깜짝 놀랐습니다. 헤어질 때 당시 숙소로 정해둔 '긴시초'까지 '에도가와'를 지나 40분정도의 거리인데 영업용 택시로 태워주고, 돈은 회사단골 택시라며 뒷날 사인 지를 갖고 가서 받는다는 것입니다. 일과 후에는 지위고하를 막론하고 회사차를 이용할 수 없다는 말을 듣고, 큰 회사까지 기름을 절약하는 그 정신을 우리는 꼭 배워야겠다고 느꼈습니다.

정부 부처나 큰 회사 중역 분들 수준의 집들에 초대받아 가봐도 평균 15평 내외 정도인 아파트에서 아주 검소하게 사는 모습을 보고 정말 깜짝 놀랐습니다.

또한 일본인들의 삶 그 자체는 '마쓰리'(祭)라 하여 축제행사가 1년 열두 달 하루도 끊일 날이 없습니다. 이런 마쓰리 행사는 단합정신과 그 지역 전통 특성을 나타내지요. "간다 마쓰리나, 텐진 마쓰리, 기온 마쓰리, 나라켄 축제 등 교토 마쓰리와 도쿄의 스미다가와에서 매년 열리는 불꽃놀이 축제행사 때는 100만 명이 구경한다는 유명한 축제행사지요.

5) 우리가 고치고 절대로 배워야 할 점

1) 한국인은 겉만 번지르르하게 비싼 옷 입고 허세 부리며 다니는 것을 자랑으로 아는데 일본인은 평범한 근무복이나 작업복만을 입고 다니는 것을 자랑스럽게 여긴다.

2) 한국인은 잘 먹고 잘 쓰고, 편하게 호의호식하는 것을 으뜸의 성공인 줄 알지만, 일본인 들은 한 공기 밥그릇에 단무지 3개와 김 3장 정도면 충분하다고 여김. 그런데도 일본은 세계에서 최장수국이다.

3) 한국인의 심성은 아파트 50평짜리도 작다고 곁에 한 채를 더 사 넓히고, 아방궁같이 최 고급 이탈리아제 호화장식품을 해두고 사는 것을 부러워하며 자랑으로 여기지만, 일본은 총리를 비롯해 재벌회사 중역들도 20평 정도 규모의 집에 사는 것이 일반 대중화돼 있다.

4) 한국인은 외제 최고급 비싼 승용차를 몰고 다녀야 체신이 서고, 자랑으로 살아가지만, 일본인은 소형 승용차나 자전거를 일상적으로 타는 것을 상식으로 여긴다.

5) 한국은 중소기업이나 개인 혹은 큰 법인회사까지 탈세, 감세하려고 거짓신고와 기회를 노리지만, 일본인은 세금만은 꼬박꼬박 정직하게 내면서 살려고 노력한다.

6) 한국인은 아홉 번 잘하다가도 한 번만 실수하면 손가락질하며 따돌림을 당하지만, 일본인 은 한번 잘하고 9번 실수를 해도 한번 잘했던 것을 칭찬해 주며 용기를 북돋워준다.

7) 한국인은 큰 회사 높은 지위 분께 아부근성이 많고, 부정을 알고서도 쉬쉬하지만, 일본 인은 아무리 고위직이라도 옳지 못할 경우 끝까지 싸우며 약자 편에서 함께 싸운다.

　특히, 공직자와 일본 법정의 판검사의 공판은 정의롭기로 유명하다.

8) 한국인은 조금만 남보다 더 알면 자만심이 머리에 꽉 들어찬 물병이 되나 일본인은 아무 리 알아도 또 공부하고 노력하며 상대를 높여주고 고개 숙여 주는 빈 항아리와 같다. 그래서 일본은 오늘날 노벨 수상자를 7명이나 배출시키는 개미같이 부지런한 일꾼들이다.

9) 한국인은 좀 높은 자리면 자신을 남 앞에 과시하고, 상대방을 깔보는 경향이 많으나 일본인은 높은 자리일수록 더 자신을 낮추고 상대방을 높이려 한다.

10) 한국 여자들은 성형으로 외모만 가꾸거나 허영심이 꽉 찬 빈 깡통으로 남편이 구린 돈일망정 많이만 가져다주면 최고로 여기지만, 일본 여인들 대부분은 내조정신이 강해서 더 잘하려고 고생하는 남편 앞에 감사의 애교로 언제나 무릎을 꿇는다.

11) 한국인은 수단방법을 가리지 않고 출세만 해 버리면 그만이고, 덩달아 자손들이 잘살 게 된다고 여기지만, 일본인은 내가 열심히 노력하고, 절약할 때 자손들이 본받고, 잘살게 된다는 정신을 이어가도록 근검절약하는 것이 몸에 배어있다.

12) 한국인은 축구만은 절대 일본에 져서도 안 되며, 질 수 없다고 말로만 다짐하고 자신하 지만, 일본인은 어린이 때부터 축구 강국 브라질로 수천 명 유학을 보내 언젠가는 한국을 꼭 정복한다는 장기계획을 세우는 저력의 무서운 나라다.

13) 한국인은 나라를 비판하고 대통령 욕하는 것을 국가를 위해 일 잘하는 애국자로 여기지만, 일본인은 일단 허수아비 총리가 선출되어도 욕하는 일 없이 총리 말을 바르게 믿고 따르며 실천하는 것을 애국하는 줄 안다.

14) 한국인은 잘 모르는 것도 아는 체하며 혼자 처리하다 실수를 저지르지만, 일본인은 아 는 것도 동료에게 자문 받고, 도움 주며 다시 전문가에게 도움을 경청하는 정신. 일본 속담에 "바가 산닌 아스맛테 릿코 히도리 가쓰"(멍청한 세 사람이 영리한 한 사람을 이긴다)라는 말이 있다.

15) 한국인은 말로만 애국애족한다고 떠들지만, 실천에는 소극적이다. 빈손으로 외국에 나 가 돌아올 땐 잔뜩 사들고(비싼 양주나 시계 등) 외화를 낭비하고 오는데, 일본인은 소리 없이 나라사랑으로 실천하며 자국 상품을 홍보하고 자랑하며 빈손으로 돌아온다.

16) 한국인들은 높은 자에게는 무척 굽실거리며 약하지만, 아

랫사람에겐 강한 상약하강 형이 많다. 일본인은 만나는 사람마다 깍듯이 몇 번이나 절하며 예의가 지나칠 정도로 바르다.

17) 한국인은 줄타기를 잘해 높은 사람만 잡고 빨리 출세하려고 하나 일본은 그런 생각은 처음부터 없고, 그저 자기노력으로 열심히 하면 승급되어 출세한다고 믿는다.

18) 한국인은 돈이면 안 되는 게 없어 법망에 걸려도(유전무죄, 무전유죄)로 통하는 나라지만, 일본은 돈을 중하게 여기나 노력 없는 대가는 아무리 많은 돈이라도 거절한다.

19) 한국에는 날마다 사기, 절도, 강도, 성폭력, 이혼, 회사 큰 도적들이 우글거리는 사회로 정신이 없는 데 비해, 일본은 나쁜 자들이 없지는 않으나 한국에 비해 정직한 편이라 부정률이 10분의 1도 되지 않는다.

20) 한국인은 못 먹어도, 먹은 척, 이빨 쑤시며 트림하고, 없어도 있는 척 남 앞에 기(氣)죽지 않으려는 '척하는 체면 병'이 있어 자기가 책임질 일에도 오리발을 내미는 일이 다반사인 데, 일본인들은 자기회사에 큰 사건이 터지면 잘못을 서로 자신이 저지른 짓이라며 총대 메고 소리 없이 자살해 버린다.

인간은 머문 자라가
아름다워야

1) 청렴하게 사는 공직자상

필자가 어느 날 강진에서 서울행 고속버스를 타고 가던 중간 휴게소 화장실 변기통 눈앞 정면에 써진 글이 너무 좋아 외워 뒀습니다. "아름다운 사람은 머문 자리도 아름답다"는 이 말의 의미를 차창 밖을 내다보면서 한참이나 곰곰이 생각해 봤습니다.

우리 인간들은 한세상 살아가는 동안 자기와 가까웠던 사람이나 사회에 명성을 남긴 한 시대 분들의 무수한 사람을 대하면서 자기 나름으로 깊이 생각해 보게 됩니다. 그 무수히 많은 자리에 머물렀다가 간 자리는 한동안 멀리 떠나있어도 잊히지 않는 사람이 꼭 있습니다. 크게는 반평생동안 한 직장에서 만난 동료나 사업하던 거래처 그리고 도와준 분이나 사기치고 간 사람, 또, 사회에 좋은 자국을 남기고 간 훌륭한 분들, 그런 사람을 우리는 잊을 수가 없습니다.

사람은 한세상을 살아가며 남에게 부끄러운 짓을 남기고 떠나는 자리보다 그 사람이 남긴 훌륭한 업적으로 아! 그분 참 존경스러운 분이셨는데 아깝게 떠났다는 말을 남겨야 하겠습니다. 그러나 어떤 사람은(전직 대통령의 한 분의 경우) 백성은 안중에도 없고 개인의 영달과 사리사욕의 탐욕만을 위해 자신의 직위나 명예를 저버리고 부정한 방법으로 공금을 횡령하며 악취와 혐오감만을 남기고 떠나는 자가 얼굴색 하나 변하지 않고 뻔뻔한 낯짝으로 큰 행사에까지 모습을 나타내는 덜된 인간도 봅니다. 이 자가 과거 백담사에 가 부처님 앞에 뭐라고 빌었을까? 의문이 되기도 합니다.

우리는 아무리 낮고 보잘것없는 자리에 머물렀던 사람도, 그가 떠난 자리에 체신과 향기가 남는다면 그 사람의 인생은 분명히 성공한 분이 틀림없겠지요. 그러나 떠난 자리에 악취만 풍긴다면 그 사람의 인생은 크게 실패한 것이 분명합니다. 더구나 오늘날 우리나라 고위 공직자들 속에는 부정으로 재물을 모아 호화롭게 살아간다 하더라도 같은 동료나 주위사람들의 경멸과 대중들의 혐오를 받는다고 한다면 하늘이 부끄러운 짓이며 세상 사람들 앞이나 자기 조상과 자손에 부끄럽지 않을 수 없는 일입니다.

그러므로 우리가 살아가면서 하늘로부터 부여받은 인간의 기본 품성인 '부끄러워할 줄 아는 마음' 조차 잃은 실성한 인간이 되지 말아야겠지요. 그와 정반대로 청렴하게 살아가는 일반 공직자들도 많이 봅니다.

미국에서 한 판사가 후에 워싱턴 시장까지 역임했던 전기를 읽고 그 실례를 여기에 밝혀봅니다. 한 노인이 빵을 흠쳐 먹은 죄로 재판을 받는 법정에서 판사가 "늙어가지고 염치없이 빵을 그리도 흠쳐 먹고 싶던가요?" 이때 노인이 눈물을 글썽이며 "사흘을 굶었습니다. 그러다 보니 아무것도 안 보였습니다." 판사가 그 대답에 말문이 막혀 한참 고민하던 후에 판결하기를 "빵을 흠친 절도행위는 10달러에 해당합니다"라고 판결한 후 땅땅땅 쳤습니다.

방청석에서 너무한다고 수군거릴 때였습니다. 그때 판사가 자기 지갑에서 10달러를 꺼내며 다음과 같이 말합니다. "그 벌금은 내가 내겠습니다. 그 이유는 그동안 내가 좋은 음식만 너무 많이 먹은 죄에 해당되는 벌금입니다. 이 노인 앞에서 참회하는 마음으로 대신 내는 것입니다." 이어서 판사는 "이 노인은 이후 이 재판정을 나가면 또다시 빵을 흠치게 됩니다. 그러니 여기 모이신 방청객 여러분도 그동안 좋은 음식만 많이 먹은 대가로 이 모자에 조금씩이나마 돈을 기부해 주십시오"라고 말했을 때 그 자리에 모인 방청객들이 십시일반으로 모금하니 무려 24달러나 되었습니다. 이 명 재판관은 나중에 미국 워싱턴의 시장까지 했다는 실례의 전기를 읽으며 우리나라에도 오늘날 더럽게 오염된 관직에 현실을 실감하며 그런 참신한 판사가 나와야 하지 않을까 생각해 봤습니다.

다산 정약용 선생의 《목민심서》 48권 중 72쪽에 청심과 절용이란 조항이 있지요. 청심은 바로 맑고 깨끗한 마음이니 공직자는 청렴한 마음을 지녀야 한다는 뜻이며, 절용은 예산을 아껴서 사용하라는 뜻이니 국민의 혈세인 공금이나 공적 재산을 아끼고 절약해야만 국가와 자치단체의 경영이 유지될 수 있다고 밝히고 있습니다. 다산은 청렴이 목민관의 본무이고, 절용은 목민관의 수무라고 선언했습니다. 다산선생은 "공공의 재산을 사적인 재산처럼 아껴야 현명한 목민관이 된다"고 했습니다. 그러나 오늘날 공직자의 비리가 너무 엄청날 정도임을 개탄해 보면서 필자가 직접 격은 과거 일 하나를 여기에 밝혀봅니다.

필자가 과거 1970년대 초에 우리나라가 일본과 수교 이후 무역업 당시 우연히 일본 규슈에 시모노세키(하관 모지 항구) 어시장 공판현장을 새벽에 구경 간 일이 있었는데 그곳에서 한국에서 잡아온 장어와 도미 등 살아있는 활어생선을 경매에 부치는 한 한국인 (이창순) 분을 만나 말을 나누던 중 아직도 이분의 말이 기억나는 대목이 있습니다.

"우리 배는 활어선으로 배 밑창에 생선을 살려서 싣고 와 경매에 부쳐야 제값을 받을 수 있기에 일본 검역소 직원인 공직자가 세관장 직인을 새벽에 직접 현장까지 들고 나와 그 자리에서 바로 확인 후 결제해 준다"는 말에 깜짝 놀랐습니다.

한국에서는 당시 상상도 못하는 말이었거든요. 우리나라가 당시 과도기 때라서 공직자들의 비리가 엄청나 돈을 건네지 않으면 성사되는 일이 없고, 유행어로 불교의 '사바사바' (소원성취)로 뒷돈을 줘야 공공연히 통했고, 법조계에서는 유전무죄,

무전유죄라는 유행어가 지금 시대에까지 내려오는 현실입니다. 이번 '박근혜' 새 정부에서는 이런 부정의 뿌리를 사회 전방에서 뽑아야 하는 일이 급선무로 나라기강을 바로잡고 정직만이 통하는 사회가 우선임을 절실히 느껴봅니다.

2) 우리는 자신의 흔적을 남기고 간다

법정스님이 말하기를 "아름다운 마무리의 내려놓음이 깨끗이 비움"이라고 한 말을 기억합니다.

다산 정약용선생이 과거급제 이후 10년 가까이 공직생활을 하면서 청렴이라는 덕목으로 공무에 정성을 바쳐 일했습니다.

한번은 암행어사로 농촌의 지방관 업무현황과 실정을 파악키 위해 나섰을 때 탐관오리들을 무섭게 다뤘는데 황해도 곡산도호부사인 목민관으로 나가시는 공렴에 기본하여 그 조그마한 고을에서 형조참의로 형사사건을 엄정하고 정확하게 처리하여 억울한 죄수가 없도록 온갖 지성을 바쳤습니다. 그의 명저 목민심서에 그대로 들어나 공렴과 지성이 없는 목민관은 백성을 위하는 공직자가 아니라고 역설했습니다.

다산이 28세가 되던 정월 27일 임금님이 직접 참관한 자리에서 글을 지어 문과에 급제한 내용은 루응임간시(屢應臨肝試), 종우석갈영(終紆釋褐榮), 상천심조화(上天深造化), 징물후생성(徵物厚生成), 둔졸난충사(鈍拙難充使), 공렴원효성(公廉願效

誠), 옥음다격려(玉音多激勵), 안위노친정(顏慰老親情) 등으로 공정, 청렴, 지성(至誠)을 언약한 내용의 글이었습니다.

위 내용을 풀이해 보면 이렇습니다. "임금님 맞아서 여러 번 응시했으나, 마침내 포의 벗는 영광 얻었네. 하늘의 조화란 깊기도 해서, 하찮은 사람 후하게 키워주셨네, 둔하고 졸렬해 임무수행 어렵겠지만, 공정과 청렴으로 지성껏 봉사하리, 임금님의 격려말씀 많기도 해서, 그런대로 나이든 아버님 위로되셨네."

이런 다산의 공렴정신은 썩은 우리나라 현실 사회에 귀감이 되고, 공직자들이나 위정자인 고관 관료들이 나라를 다스리는 새 정치인들의 몫임을 깊이 본받아 통찰해 줬으면 하는 바람에서 이 글을 실어봤습니다.

다산 선생이 쓰신 《목민심서》 12편의 마지막 편 쪽에 해관 편 6조목 마지막 유애에서 밝혔듯이 목민관이 재직하는 동안 백성을 사랑한 행적이 백성의 가슴 속에 깊이 남아, 그가 떠난 뒤에도 오래도록 사모하는 마음을 지니는 것이야말로 목민관의 가장 큰 영광이라는 것입니다. 백성들이 그를 사모하는 마음이 있으면 그가 심어놓은 나무 하나도 사람들의 아낌을 받을 것이지만, 백성들이 사모하는 정신이 없으면, 그가 자랑하는 업적이나 칭송을 뒤돌아 비웃음이 되고 말 것입니다.

일찍이 맹자 말씀에 이상적인 정치를 하는 지도자의 덕목을 칭송하는 대목에 "군자는 지나가는 자리가 감화되고, 강직한 마음이 신묘하게 감응한다"고 하였습니다.

시사주간지 뉴스위크에 '미국 역사상 가장 막강한 여인' 이라는 제목으로 국무장관을 역임한 힐러리 클린턴을 표지 모델로 선정했다는 보도가 있었고, 미 공화당 상원의원인 존 매케인은 "비록 정적이었지만 그녀가 한 일에 대해선 경의를 표한다"고 말했다는 기사를 읽은 적이 있습니다.

왜 우리는 그런 장관이나 위정자를 한 번도 만나보지 못하는 걸까 생각해 봤습니다. 실상 높은 벼슬자리가 얼마나 부럽고 영광스러운 자리입니까? 그 명예로운 자리에서 자랑스러운 가문을 위해서나 자기 후손을 위해서라도 아낌없는 박수를 받을 수 있는 그런 참신한 정치인이나 높은 벼슬아치들은 오늘날 왜 나오지 못하는 것일까? 필자는 안타까운 심정으로 곰곰이 생각하며 한탄해 보기도 합니다.

그 모두는 개인의 영달과 사욕의 울타리를 벗어나지 못한 어리석은 소치에서 비롯되어 욕심이나 사욕을 버리지 못하고 마음을 비우는 참신한 정신이 없어서입니다. 마치 이번 인사청문회를 보면서 자격도 도덕성도 전혀 없고, 심지어는 성추행한 사실까지 들통이 나는 모 차관을 보면서 결국 낯짝을 들지도 못하고 다섯 사람이나 중도하차하는 망신만 톡톡히 당하는 꼴을 보면서 매우 측은한 생각이 들기도 했습니다. 떠날 때의 아름다운 뒷모습은 참으로 품위 있는 고귀한 모습입니다.

진정한 부자나 정치인은 자기 재산을 많이 가지고 있는 사람이 아니라 다른 사람을 배려하면서 명예를 존중하며 스스로 지키며 행복을 누리는 사람이라고 생각합니다. 그러므로 우리 인간은 자신이 머문 자리가 언제나 구리지 말고 깨끗해야 합니다. 국민들은 이번 18대에 취임한 박근혜 대통령만이라도 5년 후 임기를 마친 뒤에도 성공한 대통령이라는 기억으로 남을 수 있기를 진심으로 바라는 마음입니다.

과연 그가 머물던 자리가 아름답고, 성공한 대통령이 될 수 있으려면 이기적인 욕심이나 당리적 차원을 벗어나 백성들의 아픈 곳이 어디며 왜 우리는 이런 오염되고 험악한 사회 속에 휩쓸려 살아가야 하는가를 먼저 파악하고 가슴 깊이 감동을 주고 한마음으로 통합시켜 줄 수 있는 대통령이 되어야 하지 않을까 생각해 봅니다.

한세상을
살다 보니

1) 오늘의 나를 확인하는 삶의 여정

　40여 년 전쯤 저와 첫 만남이 하늘 위 비행기 속에서입니다. 무역업으로 한창 바쁘게 나들이하던 때 일본 오사카행 같은 좌석에서 두 시간여의 만남으로 인연을 쌓은 분인데 지금까지도 마치 연인처럼 보고파지는 유다르게 친숙한 사이입니다. 이분을 보고 싶을 때면 이따금 연락해 대전쯤에서 만나 하루 유성에서 온천욕을 즐기며 인생사를 자주 나누던 그런 분이지요. 요즘 어찌 지내나 싶어 안부 인사도 겸해 휴대전화로 연락을 했더니 통화가 되지 않아 혹시나 해 집으로 전화를 해 보니 그 부인의 대답이 두 달 전쯤에 부산에 볼 일이 있어 가던 중 고속도로변에서 교통사고로 세상을 떠났다는 소식을 듣고 정말 깜짝 놀랐습니다. 인명은 재천이라 하지만 그렇게 허무한 이별에 난 한동안 서러움 속에 지내야 했습니다.

부인에게 말로만 위로를 해 드리고 말았지만, 마음을 달랠 수 없어 일부러 용인장지에까지 다녀와서야 마음이 좀 놓였습니다. 그러나 이따금 외로움과 공허한 허탈감을 느낄 때마다 이분의 독특한 경상도 어투에 그리움이 겹치며 으레 모습이 떠오르면서 함께 허심탄회하게 나누던 기억이 나 먼저 간 이분을 그리며 세상사가 이러다 저러다 그냥 가는 건가(?) 하는 생각에 묻히는군요.

누가 말하기를 "인생은 만남이요, 이별의 장이다"라고 했습니다. 우리가 사는 하루하루의 삶의 여정이 마치 만남이요 헤어짐의 반복인 듯 여겨지기에 언젠가는 이 세상에 없어질 당신과 나 사이를 종종 다시 확인하고 생각해 보면서 사랑을 키워 보는 것은 오로지 아직도 우리는 생존이 값지다는 것을 느끼고 있기 때문이 아닐는지요.

그분과의 만남에서 그리움이 깊이 남아있는 대화 중 첫마디가 "야 이 산적아, 뭐 하노? 아직도 안 죽고 잘 사나? 왜 연락 좀 안 하노? 바쁘나?" 하면서 듬직한 경상도 사투리에 껄껄 웃고 나누던 그 몇 마디 인사가 이렇게 가슴에 못이 박혀 남아있을 줄이야 몰랐습니다. 이 세상에 보내와 다시 볼 수 없는 여운을 남기고 간 이분과 지금의 나의 심정은 아름다운 마침표가 아닌 쓸쓸함의 상처로 아쉬움만이 너무 깊을 뿐이랍니다.

살아있기에 우리는 만나고, 헤어지고, 아픔의 이별을 감내하고 반복하면서 살아가는 존재이지만, 얼마 전에 고인이 되신 최인호 선생이 쓴 《상도》라는 소설 속의 말이 기억납니다. "모든 사람은 일 대 일 관계의 만남이지만, 기억에 남는 좋은 사람이 있는 반면, 기억에서 지워버리고 싶은 그런 사람도 꼭 있게 마련이다"라는 말이 떠오릅니다.

한세상을 살다 보면 나에게 주어진 일이 있고, 또 해야 할 있이 있다는 것, 그리고 날 필요로 해 만나주는 곳이 있고, 내가 갈 곳이 있다는 그 감사함을 느끼게 합니다. 또한 이 몸이 나약하지도 않고 아무 곳에나 아무 이상 없이 자유롭게 가고 싶은 곳, 어디든 상관없이 갈 수 있고, 슬플 때 가슴에 담아둔 분들을 생각하며 느끼면서 울어볼 수 있다는 것, 그것이 오히려 행복이라는 것을 나 자신이 확인하면서 삶의 여정을 만들어 봅니다.

하루하루 삶의 여정에서 따뜻하게 몸을 푸는 내 보금자리에 돌아오면 반겨주는 아내의 상큼한 웃음에 나는 온 피로가 녹아내리지요. 이 한 몸 편하게 쉴 수 있는 공간이 있다는 것에 감사하고, 또, 매주 내가 쓰는 신문의 칼럼을 기다려주는 소중한 독자님들이 있다는 것에 감사하고, 그리고 지금 집 사람과 노년에 건강을 확인하며 누리고 있는 하루하루의 즐거움, 새벽 산책길에 동행하는 아내와 동트는 태양의 눈부신 햇살을 받으며 감사로 맞는 그 기쁨, 새벽마다 인사로 주고받는 분들과의 대화 속에 건강하십시오, 오래만입니다 등등의 순수한 나눔의 행복감. 보고프거나 그리운 분들이 지금 쯤 어떻게 지낼까? 안부 묻는 전화로 대화를 나누며 상대의 목소리를 확인하며 들을 수 있다는 것, 이 모든 일상이 내겐 정말 기쁨으로 가득합니다.

그리하여 한세상을 살아가며 하루하루를 시작하면서 사랑의 인사로 주위 자식들이나 친인척, 친지와 해맑은 손주 녀석들의 미소가 눈 안에 밟히는 때면 으레 먼 이국으로 떠난 아들자식의 기별이 없으면 무슨 탈이 없나 걱정되고, 그렇게 사는 날들을 확인하면서 그저 건강 무사하기를 하나님께 감사의 기도를 깊이 드려볼 뿐입니다.

정말로 옛날 어린 시절에는 없이 살았어도 순수하게 그저 행복을 느끼며 살았는데 요즘 세상은 하루하루가 너무 피곤합니다. 만나 보면 다들 푹 쉬고만 싶다고들 말합니다. 마음의 휴식이 필요한 게지요. 내가 글 쓰는 신문사의 송 국장도 어쩌다 한 번씩 나누는 술좌석에서 이야기 나누다 보면 피로가 쌓인 지친 모습을 보며 위로의 잔을 주고받다 보면 집에 들어가 다 잊고 그저 잠드는 것이 가장 편안한 시간이라고 말하더군요.

하루를 산다는 것, 그것이 별것이랑가라고 하겠지만 하루를 무사히 넘긴다는 것같이 행복한 일은 없습니다. 자신에게 주어진 것들을 추진하며 해결해 나간다는 것, 내가 지금 볼 수 있거나, 만질 수 있으며 느낄 수 있고 오늘을 확인하는 여정이 다 그렇게 사는 모습이랍니다.

2) 삶속에 지켜나가야 할 처신과 자신의 모습

한세상을 살아가다 보면 크건 작건 간에 실패를 겪은 아픈 상처가 누구나 있게 마련입니다. 그 속에는 사람 잡는 일들이 꼭 있으니 미리 주의하셔야 합니다.

첫 번째, '오해'가 사람을 잡는데 이는 반드시 진실을 밝혀 확인하고 즉시 풀어버려야 합니다.

두 번째, '설마'가 사람 잡습니다. 그러니 미리미리 대비해둬야 합니다.

세 번째, '극찬'이 사람 잡습니다. 그러니 잘했다는 칭찬의 말 이전에 자신이 신중해야 하고 칭찬을 받을 때 교만하지 말아야 합니다.

네 번째, '뇌물'이 사람을 잡습니다. 그러니 선물을 받되 뇌물은 받지 마십시오.

다섯 번째, '달콤하게 말하는 사람'이 사람을 잡습니다. 달콤한 칭찬에 넘어가지 마십시오.

여섯 번째, '정'이 사람을 잡습니다. 따뜻한 정과 함께 냉철한 이성을 가져야 합니다.

일곱 번째, '호의'가 사람을 잡습니다. 호의에 담겨진 의미를 잘 파악한 다음 감사함의 표시로 반드시 그에 합당한 은혜를 표시하십시오.

여덟 번째, '차차 하지'가 사람을 잡습니다. 오늘 반드시 처리해야 할 일을 내일로나 다음으로 미루지 마십시오. 그날 일은 그날 처리해야지요. 숙제는 반드시 그날 풀어야 합니다.

아홉 번째, '괜찮겠지'가 사람 잡습니다. 나태한 생각이 자신을 망치고 습관이 됩니다.

열 번째, '나중에'가 사람을 잡습니다. 미루지 말고, 신중하게 지금 결단하십시오.

열한 번째, '공짜'가 사람 잡습니다. 공짜는 덫이기에 반드시 대가를 지불하십시오. 그래야 탈이 없습니다.

열두 번째, '그까짓 것'이 사람 잡습니다. 남을 가볍게 보고 무시하거나 업신여기면 반드시 뒤탈이 생기기 마련입니다.

열세 번째, '별것 아니야'가 사람 잡습니다. 모든 것은 다 소중합니다. 별것 아닌 건 하나도 없습니다.

열네 번째, '조금만 기다려'가 사람 잡습니다. 기다리라 해놓고 변해버리는 인간을 경계하십시오. 그리고 시간약속과 변명이 많은 사람도 위험합니다.

열다섯 번째, '이번 한 번만'이 사람을 잡습니다. 한 번이 열 번 되고, 열 번이 백번 됩니다.

열여섯 번째, '달콤하게'가 사람 잡습니다. 만날 적마다 달콤한 말을 하는 사람.

열일곱 번째, '자기만의 주장이' 사람 잡습니다. 자기고집만으로 무조건 우기는 인간.

열여덟 번째, '남도 다 하는데'가 사람 잡습니다. 하지 말아야 할 일을 남이 장에 간다고 나도 나서야지가 사람 잡습니다. 가부를 자신이 빨리 판단하십시오.

열아홉 번째, '억울한 누명'이 사람 잡습니다. 누명을 쓰고 대신 총대를 메야 하는 경우.

스무 번째, '오기'가 사람 잡습니다. 오기가 많거나 사기성이 많은 자, 복수하려들거나 언사가 불순한 인간과는 미리 거리를 두거나 끊으십시오.

이상의 것들은 우리 일상생활 속에서 언제나 곁에 따라다니기 때문에 미리 경계하며 지켜나가는 것이 가장 지름길입니다. 사람을 대해 보면 겉 다르고 속 다른 사람이 꼭 있기에 반드시 경계해야 합니다. 말없이 꾸준히 인간관계의 탑을 쌓고 신뢰를 주는 정직하고 솔직한 양심을 먼저 실천으로 보일 때 그런 사람과 오래도록 가까운 동반자가 될 수 있습니다.

기회주의자는 항상 경계하십시오. 언젠가는 반드시 배신합니다.

3) 실패와 패배는 다르다

한세상을 살아가다 보면 행복과 불행은 언제나 함께 동반합니다. 인간이 성장하기 위해서는 매일을 살아가면서 시행과 착오를 겪으며 느끼고 반성하고 배우며 고쳐가면서 발전되는 인생 무대의 학교가 아닐까요? 그러다 보면 좋았던 일보다 불행한 일들에 더 고통을 겪게 되지요. 이런 고난 속에는 축적된 많은 경험의 노하우를 지닌 사람이 마지막 승리자가 될 수 있습니다.

일류 운동선수도, 판검사도, 사업에 성공한 분들도, 그 어려운 시험이라는 고비를 수없이 겪고 경험하면서 흘린 남다른 피와 눈물이 겹친 결과입니다. 세상에 그냥 되는 것이라고는 하나도 없고, 노력 없는 공짜란 절대로 없습니다. 반드시 그 대가를 치른다는 게 산 경험이지요.

학교 시험에 실패한 사람도 있고, 연애에 실패한 사람, 사업에 실패한 사람도 많지만 그 실패는 패배가 아니라 성공의 지름길입니다. 헤아릴 수 없는 수많은 패배의 눈물을 흘려 본 사람만이 훌륭한 스타가 될 수 있습니다. 예술가나 학자 종교가라고 해서 예외는 없습니다.

패배와 성공의 차이는 그 실수나 실패 때문에 좌절해서 주저앉느냐 혹은 일어나느냐에 달린 정신적 엄청난 차이에서 나타납니다. 그래서 오뚝이(a tumbling doll) 인생이라고도 말하지요.

그처럼 인생살이에 많은 경험을 축적한 사람은 절대로 풍부한 산경험이 밑바탕 되기에 삶에 큰 도움이 되지요. 그러니 실패는 패배가 아니라 내일의 성장을 위한 시행착오라고 말해야 마땅한 표현입니다. 노력 없는 성공이란 절대로 없기 때문이지요. 필자도 늦은 나이지만 남이 다 자는 한밤중에 매일같이 열심히 글을 쓰고 공부합니다. 할 일이 태산같이 남아있기 때문이지요. 아마도 필자는 무덤에 가는 날까지 건강이 허락하는 한 공부는 계속할 것입니다.

나중에 하겠다는 말은 필요 없으니 자기 사전에서 버려야 합니다. 지금 시행하십시오. 그리고 현실적으로 검소하게 있는 그대로에 만족하며 살아가는 정신이 더 필요합니다.

또한, 세상을 있는 그대로 보시고 가장이나 허식을 버리고 진실을 찾는 자신을 만드는 것이 중요하며, 한 사람을 사귀어도 깊은 인간미를 나누는 그런 관계를 만드는 것이 중요합니다. 사회적 지위나, 돈 많은 사람에 가까이하며 자신의 자존심을 망가트리지 마십시오. 자기대로 사는 것이 옳은 길입니다. 가족이나 가까운 친구들과 좀 더 많은 시간을 보내십시오. 그리고 스트레스가 쌓이지 않도록 자신의 휴식과 여행을 즐기십시오. 절대로 내일 할 것이라고 미루거나 아껴두지 마십시오. 오늘 다 사용하십시오. 당신의 사전에서 "시간이 없어서 나중에" 라고 변명하는 표현의 말을 지워 버리십시오. 무얼 할까? 망설이지 마시고 계획을 세워보면 할 일들이 산같이 많이도 쌓여 있다는 사실을 느끼게 될 것입니다. 찾아 나서보십시오. 훨씬 마음이 홀가분해지고, 젊어질 것입니다. 필자는 사실 노인정에 가 그저 노는 시간이 아까워서인지 한 번도 가보지 못했습니다. 지나가 버리는 시간을 후회만 하지 마시고 우선 나중에란 단어를 지워버리시면 당신은 매일매일 행복으로 가득 찰 것입니다.

행복은 자신의 삶에서 찾는 것

1) 삶은 도전이다.

옛말에 "천 번을 흔들려야 단단하게 된다"고 했습니다. 이 뜻은 시련을 디딤돌로 다지고 다질 때 참된 인간이 된다는 뜻으로 노력 없는 성공이란 절대 있을 수 없다는 의미입니다. 그러므로 도전정신은 인간 삶의 실천의 당당함을 다지는 값진 노력의 대가입니다.

하버드 대학 졸업식에서 한 총장이 "실패는 삶에서 불필요한 것을 제거하고, 다시 내게 가장 중요한 작업을 하는 데 온 힘을 쏟고, 스스로를 기만하는 일을 과감하게 그만두고, 정말 중요한 일을 시작하는 정신으로 나서야 하고, 되지 않는 일에 연연하는 것을 놓아버리면 다시 삶의 가슴 벅찬 도전이 된다"고 했습니다. 그러니 되지도 않는 일에 시간을 낭비하지 말고 마음을 재충전할 때 성공의 길이 열린다는 뜻이지요.

인간의 본질은 누구나 미완성인 존재이기에 그 모자라는 것을 결코 "나는 할 수 있다. 남이 하는데 왜 나라고 못할 이유가 있느냐"라는 정신일 때 언젠가는 반드시 성공할 것입니다. 그러므로 세계적인 부호인 '스티브 잡스'가 말하기를 "할 수 있는 일에 도전하라"(Do what you love)고 한 말은 할 수 없는 일에 시간을 낭비하지 말라는 의미가 되지요.

일본인들의 정신적 지주로 남아있는 '마쓰시다 고노쓰케(松下幸之助)'는 전기 소켓 하나로 세계적인 10대 재벌에 든 분으로 자신은 이 세상에 태어나서 세 가지 은혜를 입었다고 말합니다. "첫째로 가난한 집에서 태어나 정직하게 부지런히 일해야 했다. 둘째로 몸이 약해서 건강을 소중히 관리해 90세까지 장수했다. 셋째로 학력이 초등학교 3년이 전부라서 열심히 배우고 고개 숙이며, 노력하여 책 36권을 펴냈다"고 했습니다. 이분의 조언은 "지금 우리가 겪고 있는 고통과 어려움의 시간들이 시련의 시간들이라고 한다면, 이것이 곧 성공을 위한 축복의 시간임을 알아야 한다"고 말합니다.

우리나라 40대 주부님들같이 악바리들은 세계에서 찾아볼 수 없을 것입니다. 자식을 위해 가장 멋있게 즐거이 살아가야 할 나이에 부부가 헤어져 오직 자식 잘되기만을 위해 기러기 신세가 되어 타국에서 보내고 떨어져 살아가야 합니다.

노력하는 운명은 사람을 차별하지 않는다고 하지요. 운명이 무거운 것도, 가벼운 것도 아닌 내 자신 안에 마음이 약해질 때 무거워진다고 합니다. 살아가며 용기를 잃는 것은 다 잃는 것입니다. 남을 울리고 사기치고, 비겁하게 살아가는 자는 운명이란 갈퀴에 언젠가는 걸리고 맙니다. 요즘 세상은 너무 살벌합니다. 정말 살아가기 힘든 세상이지요. 그러나 비록 가진 게 없고 가난하게 살아갈망정 정직한 삶은 반드시 하나님이 구제하여 주신다는 신념을 믿고 살아가면 됩니다. 오염된 더러운 시궁창에 함께 휩쓸려 살아갈 필요가 없습니다. 이런 시대일수록 신앙생활과 정직한 정신무장이 절대로 필요합니다.

지금 내가 기지고 있는 것은 정말 내 것이라고는 하나도 없습니다. 다만 빌려 쓰고 있는 것에 불과합니다. 없이 살아갈지라도 자신의 삶에서 행복을 찾으면 되겠지요. 돈이 많은 자나 없이 살아가는 자나 살아있는 동안 잠시 빌려 쓰고 있는 것에 불과하기에 마지막 가는 길은 마찬가지로 다 돌려 드려야 합니다. 우리는 그것을 다 아는 사실이지만, 그저 살아가면서 과분한 욕심에 분노하고 자신의 몸을 망가지게 하고 맙니다. 내 것이라고는 실지 영혼 지어놓은 업보뿐이지요. 그 업보에 따라 하나님은 천국과 지옥으로 갈라놓기 때문입니다.

부귀, 권세, 명예도 잠시일 뿐, 다 돌려 드려야 합니다. 너무 가지려고 아등바등 살지 말고 자기 분복대로 감사하게 살아가는 것이 그게 바르게 사는 모습이지요. 오히려 가진 게 작지만 내게 있는 것이라도 남에게 표시내지 말고 베풀면 오히려 더 큰 것을 얻을 수 있습니다. 내 것이라고 집착하지 마십시오. 모두를 놓아버리고 나면 마음을 비우고 사는 것이기에 오히려 부자 같은 넉넉한 마음으로 살아갈 수 있습니다. 마음을 비우고 나면, 그렇게도 마음이 홀가분해지고 이 세상 모두가 나의 빈 마음속으로 들어오기에 부처님 마음이 되겠지요.

필자는 항상 다음의 글을 기억해 봅니다. '인간만사 새옹지마'라고, 불행이 행이 되고, 행이 불행으로 될 수 있다는 말로 사람 괄시하지 말라는 의미로 생각해볼 때 결국 역전의 인생을 말합니다. 얼마나 멋있는 표현입니까? 그래서 괴로웠던 일은 깨끗이 지워버리고, '돈이 재산이 아니라 사람이 재산'이라는 정신으로 살아가며 죽는 날까지 모든 상대를 존중할 줄 알아야 합니다. 그러므로 걱정은 단명의 주범이기에 그런 걱정, 근심을 다 내려놓을 때 발 뻗고 편히 잠들 수 있습니다. 그러면 편한 마음의 꿈속에서 축복의 열매가 주렁주렁 매달릴 것입니다. 사는 동안 정직한 삶에 도전하십시오. 인생은 잠깐이니까요…….

2) 내가 할 수 있을 때 인생을 즐겨라

다산 '정약용' 선생이 이런 말을 남겼습니다. '유생무생.' 이 뜻은 살아있어도 살아있지 않은 인생, 즉 숨만 쉬고, 밥만 축내고 살아갈 뿐, 살아있다는 아무런 의미가 없이 무위도식하듯 일 없이 먹고 노는 팔자라고 해서 "세상에서 가장 할 일 없이 하루하루를 보내는 경박한 남자"라는 의미입니다. 어떻게 사는 것이 가장 의미 있는 인생인가? 그것은 이 세상에 태어난 값을 해야 한다는 것이지요. 하루하루를 바쁘게 값진 날을 보내는 것을 말하며, 자기 자신이 지금 바쁘게 살아가더라도 그게 맞는 길인지, 나쁜 길인지를 구분할 줄 아는 참된 방향의 길을 말합니다. 즉 아름다운 인생의 값진 날을 뜻하며 그것은 자신이 살아가면서 가끔 던져보는 인생의 의미에 대해서 홀로 나름대로 답을 내어야 하겠지요.

우리는 귀한 몸으로 이 세상에 왔지만 세상살이가 불공평하게 어떤 사람은 종일토록 그저 죽어라 일하며 사는 사람이 있는가 하면, 또 어떤 사람은 할 일 없이 빈둥거리면서도 팔자 좋게 잘 꾸미고 살면서 돈도 쉽게 벌고 남 앞에 과시하며 떵떵거리면서 살아가는 사람을 많이 봅니다. 그 사람의 팔자소관이라고도 말하나 자신의 기박한 신세를 팔자타령으로 표현하기도 하지요. 그래서 흔히 말하기를 운명을 타고난 분복으로 여긴다고 말할 때 작은 복을 타고난 사람은 그저 부지런하게 노력하며 세상을 바르게 살아가는 것이기에 부러워할 필요가 없습니다, 팔자 좋은 사람은 복은 많이 받은 사람이라 해도 자신의 노력이나 정직함이 없이 욕심과 부정으로 정당하게 재산을 축적하지 못할 때 반드시 탈이 나기 마련입니다.

법정스님이 말하기를 행복과 불행이 과욕에서 생기는데 먹고, 입고, 가지고 싶은 욕구가 수도 없이 많아 마치 장작불과 같다고 했습니다. 욕구를 채워서 얻은 행복은 다시 욕구를 바라게 되어 부정으로 싹튼다고 하지요. 진정한 행복은 욕구를 충족시키는 것이 아니라 욕구에 억매이지 않는 것이라고 합니다. 참는 마음은 나를 바라보는 선이고, 마음을 비우는 것은 대나무처럼 나와 세상 이치를 바로 깨닫게 하는 수행의 길이고, 노력하는 마음은 목표를 향한 끊임없는 투자라고 합니다. 자신의 깨우침을 위해 세상의 유혹을 떨치고 머리칼을 자르고 공부하는 것은 스님처럼 꾸준하게 한길을 걷는 집념이라 했습니다.

우리의 만남이 서로 기쁨과 슬픔과 감사가 되기도 하고, 때로는 얽히고설키며 살아갈망정 아름다운 만남의 인연으로 승화되도록 서로의 노력함이 필요할 때 잘난 인생이거나 못난 인생이어도 귀한 존재임을 느끼며 존중하고 살아가게 되겠지요. 인생살이가 마치 흘러가는 저 구름 같을진대 내 곁을 홀연히 떠나고 나면 그 얼마나 보고 싶고 슬픈 일로 기억날까요.

필자는 비록 지금 가진 게 없이 어렵게 살아도 한 번도 가난하다고 생각지 않았고, 넉넉한 마음으로 행복해하며 살아갑니다. 그것은 내가 이 나이가 되도록 이 세상에 지금까지 건강하게 살아있음을 감사하게 생각하고 내가 할 수 있을 때 서로 만나고 즐기는 삶이었기 때문입니다. 가까운 친인척이나 친구들이 거지반 떠나고 없는데 나만 아직 살아있으니 그 얼마나 기쁜 일입니까? 이 한 몸이 없어져 버리면 아무 소용이 없습니다. 살아있으니 이렇게 움직이고, 즐거운 마음으로 글을 쓰는 게지요. 그러니 욕심이라는 집착을 버려버리면 다 내 것이 될 수도 있습니다. 포기할 수 있는 용기와 겸양이 필요할 때 복은 검소함에서 생겨나고, 자기 곁에 지혜로운 이들이 모이기 마련입니다. 지족상락이란 만족할 줄 알면 인생이 즐겁다는 뜻입니다.

누구처럼 애쓰지 말며, 위만 보고 살아가지도 말고, 자기다운 삶을 열심히 즐기며 살아가면 그게 되는 게지요. 부자보다 잘 사는 사람이면 됩니다.

기도의 본질은 감사함이지요. 이 세상에 아무 탈 없이 이토록 잘 살아갈 수 있게 지켜주시는 하나님께 언제나 감사하며 바른 정신으로 살아가면 만사형통합니다. 내가 할 수 있을 때 인생을 즐기며 살아가야 합니다. 걷지도 못할 때까지 일이나, 돈에 파묻혀 내일로 미루며 기다리다가 인생을 슬퍼하고, 후회하며 통곡하지 말고, 몸이 허락하는 한 가고 싶은 곳으로 여행을 떠나십시오. 목숨은 하늘에 맡기고, 마음은 스스로 책임져야 합니다. 현재에 만족하며 내가 할 수 있을 때 인생을 즐기십시오.

칭찬은 행복을 낳는 씨앗

우리가 늘 가까이 대하고 지나치면서도 서로가 큰 고마움을 모르고 살아갑니다. 그 고마움을 칭찬으로 상대에 보답할 때 행복의 씨앗을 낳는 거위로 변합니다. 가령 오래 묵은 김치가 몸에 좋고 입맛을 돋우고, 오래 묵은 된장이나 청국장이 제맛을 내듯 가슴에서 우러난 묵은 칭찬의 한마디를 아끼지 않을 때 언제나 행복이 넘쳐나게 됩니다.

칭찬하는 말에 익숙해지도록 자신이 언제나 노력하면 부정을 긍정으로 바라보게 되고, 우선 자신의 생활부터 행복해집니다. 칭찬은 자신을 늙지 않게 만드는 불로초(不老草)이며 사랑을 만드는 요술 방망이가 되고, 적을 아군으로 만들며 원수를 나의 사람으로 만드는 분명한 행복의 씨앗이 된다는 사실입니다.

가령 샘물을 푸면 풀수록 깨끗한 물이 나오듯 칭찬은 마르지 않는 옹달샘과 같이 상대에게 퍼다 준 만큼 나오는 행복이 되지요. 늘 가까이 있어 사랑과 고마움을 느끼지 못하는 부부간에도 쓰는 한마디 "당신 예뻐졌어! 참 멋있어! 당신이 만든 음식 맛은 별미야! 이젠 프로가 다 됐군…… 당신과 나와는 천생연분으로 영원한 사랑의 인연인가 봐!……" "아니에요. 내가 당신을 잘 만난 게지요."

"나는 늘 장모님이 고마워! 당신을 이렇게 예쁘도록 키워 주셔서 말이야!" 이런 식으로 부부간에도 듣기 좋은 말로 포장을 해서 가식이 아닌 칭찬을 할 때 인생의 참맛을 느끼게 되고 엔도르핀이 솟아날 것이며 가정의 행복이 언제나 샘솟을 것입니다.

또, 우리 아들이 최고야! 우리 딸이 최고야! 등등 칭찬을 아끼지 않을 때 내 평생이 언제나 행복한 가정이 될 것입니다. 칭찬은 나의 불행도 행복하게 만드는 이 세상에 가장 아름다운 표현이고 행복의 씨앗이고 꽃입니다.

곁들여 유머 같은 '김삿갓' 로맨스 이야기하나 곁들입니다. 많이 웃으십시오. 어느 시골에서 한 여인과 하룻밤을 즐기다가 갑자기 일어나 옷을 주섬주섬 입으며 실망의 표정을 지으면서 먹을 갈아 몇 글자 명필을 남기기를 모심내활(毛深內闊) 필과 타인(必過他人) "털이 깊고 안이 넓어 허전하니 필시 타인이 지나간 자취로다"라고 써놓고 한숨을 쉬며 일어나려 했습니다. 그 모습에 심사가 뒤틀린 여인이 부끄러움을 참고 붓을 잡더니 글을 썼습니다. 후원황률불봉탁(後園黃栗不峰坼) 계변양류불우장(溪邊楊柳不雨長) "뒷동산의 익은 밤송이는 벌이 쏘지 않아도 저절로 벌어지고, 시냇가의 수양버들은 비가 오지 않아도 저절로 자라나니……."

그 글을 다 읽은 김삿갓이 처녀성을 의심했던 잘못을 인정, 밤새도록 함께 자고나니 눈앞에 별똥이 번쩍번쩍하더라는 유머적 음담패설이 전해옵니다.

행복한 노후가 되는 길

　자식 농사가 부모의 노후를 보장하던 시대는 이미 지나갔습
니다. 경제적으로 독립할 수 있다면 자식 눈치 보지 말고 과감
하게 벗어나십시오. 그래야 나중이 편해집니다. 냉정하게 덧
정을 끊으십시오. 이젠 자식들에 연연하던 시대는 아닌 것 같
으니 성장하는 자식들을 의지한다는 생각조차 말아야 합니다.
집 팔고, 논밭 팔고 가축 팔아 자식 곁에 아예 가질 마십시오.
홀라당 다 주고 빈손 들고 아들 며느리에게 거리로 쫓겨나옵니
다. 그런 노인 노숙자가 이 시대에 얼마나 많습니까? 자식이 잘
성장하여 독립하였다면 그것으로 만족해야 합니다. 그 이상의
기대는 바라지 마십시오.
　과거에 자식농사가 부모의 노후를 보장하던 시대는 이젠 지
나갔습니다. 늙어서 경제적으로 독립할 수 있는 정신이면 냉정
하게 자식들에 정을 끊으십시오. 형제간의 갈등도 마찬가지입
니다. 부모로부터 시작되어 나중에는 형제간끼리 남이 되는 시

초가 됩니다. 부모가 독립치 못하면 자식들 사이에 누가 부모를 모시느냐 등등 갈등의 씨앗을 남겨줍니다. 부모에게는 열 자식이 다 소중하여 짐이 되지 않으나 자식에게는 한 부모가 짐이 되기 때문이지요.

노후를 자식들에게 의존한다는 것이 이젠 옛날의 가족 개념이기에 과감히 생각을 바꿔야 합니다.

오히려 자식들에게 독립심을 길러줘야 하지요. 또한 지금 시대에 효도사상이 현실적으로 맞지 않음을 깨닫고 자식들을 이해시키고 부모에게 공경하는 정신을 갖도록 함이 옳은 방향입니다. 급변하는 사회와 이에 따르는 가치관의 변화가 이 시대의 노인들에게 준비 없이 그냥 길로 내 몰려버린 비참한 현실을 자식들은 깨닫지 못하고 있습니다.

효도가 젊은이들에게는 이젠 현실 생활의 변화에 따르지 못하는 낡은 전통으로 여겨지고, 우습게 취급당하는 세상입니다. 그러기에 효도가 이젠 명예요, 부담일 뿐입니다. 자식들로부터어서 속히 탈피하는 것만이 편히 사는 길입니다.

늙어 마음 편하고 건강하게 노년을 즐길 수만 있다면 자식들에 구애받지 말고 과감히 나오십시오. 자식들에 돈을 나눠 주지도 않고 혼자 욕심같이 돈 보따리 짊어지고 요양원 가봐야 무슨 소용 있나요? 경로당에 가 학력자랑 해봐야 누가 알아주나요?

늙어지면 있는 사람이나 없는 사람이나 다 거기서 거기가 아닌가요. 돈 많다고 병원 특실 독방에 혼자 누어있으면 누가 알아주는가요? 다 도토리 키 재기, 왕년에 잘나가지 못해 본 사람 어디 있나요? 건강만 있으면 천하 갑부도 부럽지 않습니다.

화나고 힘들 때
참는다는 것

    살아가다 보면 억울한 일을 당하였거나 상대에 무시를 당하거나 참을 수 없이 화나고 힘들 때 참는다는 것이 그 얼마나 어려운 것인가는 살아가며 누구나 당해보는 일입니다.

참을 인(忍)자는 칼도(刀)자 밑에 마음심(心)으로 이 의미는 가슴에 칼을 얹고 있다는 표현입니다. 가만 누워있는데 시퍼런 칼이 내 가슴 위에 놓여 있으니 잘못하다가는 찔릴지도 모르는 상황이 전개될 수도 있지요. 그런 상태인데 곁에 누가 와서 폭폭 화를 지른다거나 짜증나게 건드린다면 당신은 어진 마음으로 좋게 그러지 말라고 뿌리칠 수 있겠습니까? 아니면 그런 수모를 견디며 그 자리를 박차고 일어날 수 있겠습니까?

    인간이란 감정의 동물이라 정말 참지 못하고 돌이킬 수 없는 일을 저지르고 말 때가 많습니다. 수양을 쌓고, 참을성이 많다 하더라도 정말 한계라는 게 있지요. 그러나 움직여 봤자 나만 상하게 되니 감정이 밀어닥쳐도 죽은 듯이 가만히 기다려야 하는 수밖에 다른 도리가 없습니다.

　이렇듯 참을 인자는 참지 못하는 자에게 가장 먼저 피해가 일어난다는 뜻을 담고 있지요. 그러므로 자기 평정을 잘 유지할 줄 아는 사람이 결국은 이기게 됩니다. 그러니 끝까지 이를 악물고 성질을 죽이며 참아야 한다는 뜻이지요. 그러한 생각과 행동이 습관을 낳으며 습관이 성격을 낳고, 성격이 결국 운명이 되지요. 그러므로 습관이 변해야 합니다.

　살아가다 보면 온갖 미움, 증오, 분노, 배신감, 배타심, 그리고 탐욕이 죽순처럼 솟아오르는 것이 인간의 심리이기에 이러한 것들이 싹틀 때마다 마음속에 담겨진 시퍼런 칼로 잘라버려야 하겠지요. 여기에는 자신의 수양과 인내의 아픔이 있겠지만, 자제력이 무엇보다 더 필요합니다. 그런 인고의 삶을 터득한 사람에게는 그 누구도 범접할 수 없는 인격을 갖춘 존경스러운 분임에는 틀림없습니다.

'참는다는 것' 그 인고의 고통이 우리 인간을 다시 만듭니다.

화나고 힘들 때 이렇게 한번 하여 보십시오.

1) 무조건 참자. '욱' 하고 치밀어 오르는 화를 삭이고 고비를 넘기자.

2) 원래 그런 거라고 생각해 버리자

3) 웃기고 있네. 문제를 단순하게 생각하고, 상대를 피해 버린다.

4) '좋다, 까짓것' 이라고 생각해 버리는 너그러운 마음을 지니자.

5) 내가 좀 바보가 되더라도 '뭔가 그럴 만한 사정이 있겠지' 라고 생각해 버리자.

6) 내가 왜 너 때문에 속 끓이고, 고민해야 하지.

7) '시간이 약이다' 라고 생각, 두둑한 배짱으로 버티는 것.

8) 세상만사 마음먹기에 달렸다고 생각해 버리자 새옹지마.

9) 즐거웠던 생각만을 기억하라. (기분전환)

10) 눈을 감고, '쉼 호흡'. 눈을 감고 치미는 분노를 침을 삼키
    듯 '꿀꺽' 삼켜보자.

마치는 말

저는 무슨 특기나 말 재주와 다른 내세울 자랑거리가 실상 아무것도 없습니다. 그저 부지런해야 한다는 정신 하나를 나의 선친에게서 배운 것뿐입니다. 선친께서는 조실부모(早失父母)하시고 어린 나이 때 작은 조부님 슬하에서 자라며 초등학교 3년이 전부셨는데 우체부 집배원 일과 일본인 정미소 급사로 근무하며 근면 성실하게 살아오면서 자식들에게 정직하고 부지런히 노력하면 먹고산다는 정신을 가르쳐 주셨습니다.

필자가 청소년시절 선친께서는 여수에 살러 오셔서 유류, 미곡상, 염업, 해산물위탁상을 하시면서 생활이 넉넉해지며 선친이 배우지 못한 것을 한하여 자식 형제들(2남 5녀) 거의를 대학까지 보내셨습니다. 더구나 장사하시던 그 바쁘신 와중에도 자식들 공부를 위해 붓글씨로 쓰신 《通學徑編》(1955년 己丑 年 正月)책을 엮어 가보로 남겨주신 그 정신을 본받아 필자도 열심히 살아가며 저서 5권을 남기게 된 것 같습니다.

선친께서 저에게 평소 유언처럼 하신 "매일 일찍 일어나 새벽 별을 보라. 남이 놀 때 일하라. 조강지처 버리면 벌 받는다. 신용은 생명이다"라는 말씀을 한평생 명심하고 실천하며 살아온 것 같습니다.

중학교 교직 생활을 하던 집사람을 부모님의 중매로 만나 손 한번 잡아보지도 못하고 한 달 만에 결혼식을 올린 후, 이날까지 서로 양보하며 살아온 지가 어언 52년이 되나 봅니다. 집사람과 저는 오랫동안 살다 보니 닮은 게 너무 많은 것 같습니다.

진정 나이보다 젊게 늙어가는 비결이 무엇일까? 생각해 보니 글 쓰는 일과 청소년 시절 배워둔 바둑을 인터넷에서 젊은이들과 자유롭게 겨루고 즐기다 보니 훨씬 젊어지는 기분으로 살아가며 아마도 치매는 걸리지 않을 것 같은 생각이 듭니다.

이곳 강진에 살러 온 지 어언간 7년이 되네요. 강진에 와 처음 살게 하여주신 '황주홍' 당시 군수님(현재는 이 지역 국회의원) 백영종, 김상수, 박회곤 분들의 도움이 컸습니다. 김현철(김영랑 선생의 셋째 자제) 중학 동창을 60여년 만에 강진에서 재회했습니다. 그러고 보니 강진은 참으로 엄청난 인연이 맺어진 곳입니다.

특히, 황주홍 후배님은 인간관계의 끈을 머릿속에 외워두고 누구 앞에서건 자신 있게 처신하는 천재적 두뇌의 소유자임을 보여주고 있습니다. 후배님의 승승장구를 빕니다

세월은 쉬어가지 않는다

지 은 이	이형문
초판 인쇄	2014년 4월 13일
초판 발행	2014년 4월 18일

펴 낸 이	최두삼
펴 낸 곳	유나미디어
주　　소	서울특별시 중구 을지로3가 315-4
	을지빌딩 본관 702호
대표전화	(02)2276-0592
F A X	(02)2276-0598
E-mail	younamedia@hanmail.net
출판등록	1999년 4월6일 /제2-27902

ISBN=978-89-90146-16-8 /03330

값 13,000원